西藏视点丛书

藏传佛教中的活佛转世

蔡志纯　黄　颢　著

华文出版社
SINO-CULTURE PRESS

图书在版编目（CIP）数据

藏传佛教中的活佛转世 / 蔡志纯，黄颢著. --北京：华文出版社，1999.10（2025.10重印）

（西藏视点丛书）

ISBN 978-7-5075-0912-0

Ⅰ.藏… Ⅱ.①蔡…②黄… Ⅲ.喇嘛教—转世 Ⅳ.B946.6

中国版本图书馆 CIP 数据核字（1999）第 37738 号

藏传佛教中的活佛转世

著　　者：蔡志纯　黄　颢
责任编辑：刘超平
出版发行：华文出版社
　　　　　（北京市丰台区右外西路 2 号院　100069）
电　　话：总编室 010-59900723　发行部 010-59900727
　　　　　责任编辑 010-59900736
经　　销：新华书店
印　　刷：三河市航远印刷有限公司
开　　本：710mm×1000mm　1/16
印　　张：14.75
字　　数：215 千字
版　　次：1999 年 10 月第 1 版
印　　次：2025 年 10 月第 12 次印刷
标准书号：ISBN 978-7-5075-0912-0
定　　价：35.00 元

版权所有，侵权必究

图一
乾隆皇帝颁赐拉萨所存金本巴瓶及象牙签

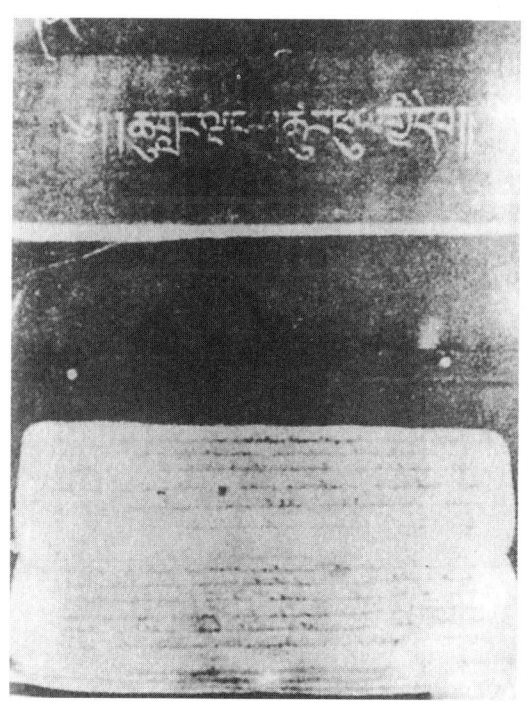

图二
清朝颁发《水牛年文书》中之《钦定藏内善后章程》

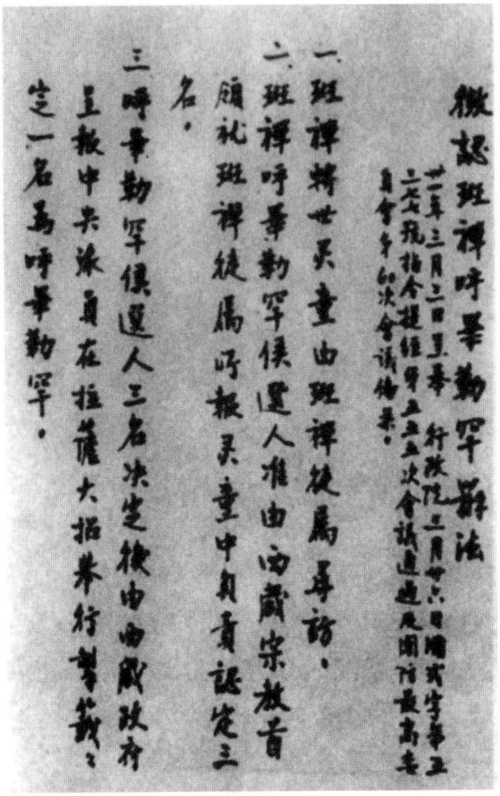

图三
国民政府行政院核准徵认班禅呼毕勒罕办法

徵认班禅呼毕勒罕办法

廿一年三月二日奉行政院二月廿六日临字第五号令准第五次会议通过及国防最高委员会第卯次会议确定

一、班禅转世灵童由班禅徒属寻访。

二、班禅呼毕勒罕侯选人准由藏宗教首脑祝班禅徒属呼报灵童生辰定三名。

三、呼毕勒罕侯选人三名决定后由西藏政府呈报中央派员在拉萨大招寺行掣籖礼定一名为呼毕勒罕。

图四 清册封达赖喇嘛为"西天大善自在佛所领天下释教普通瓦赤喇怛达赖喇嘛"并赐金印

图五 清册封"班禅额尔德尼"并赐金印

图六　五世达赖喇嘛罗桑嘉措朝觐清顺治帝画

图七　十三世达赖喇嘛朝觐清慈禧太后画

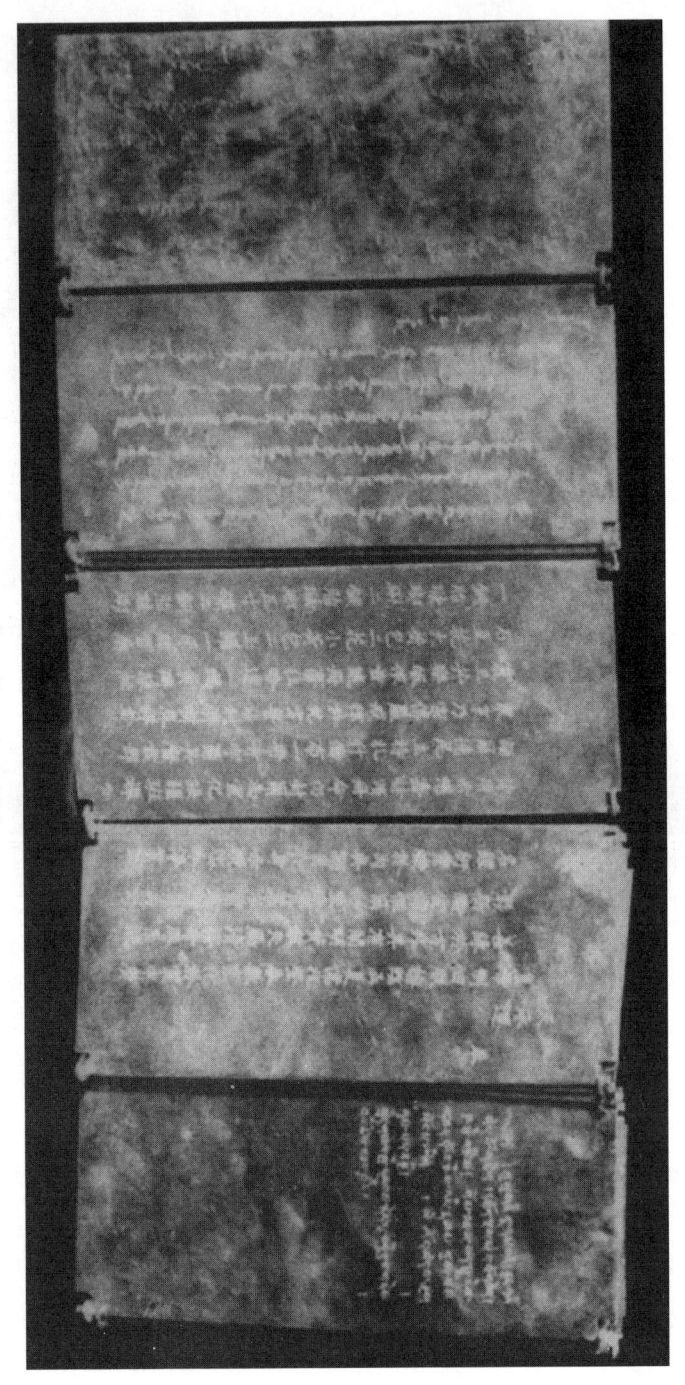

图八　清册封七世班禅金册

图九 清册封十一世达赖喇嘛金印

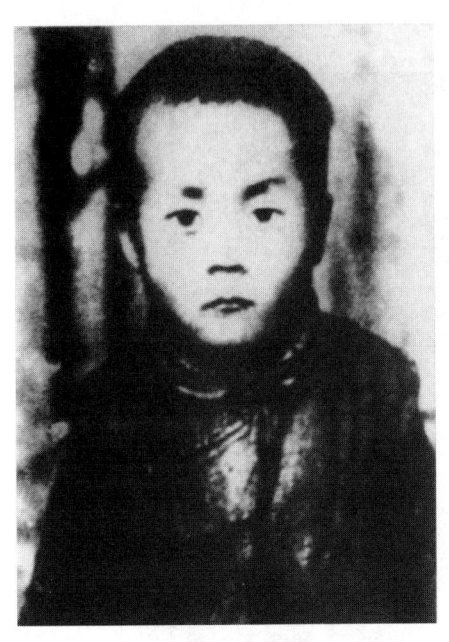

图十 在青海寻访到十三世达赖喇嘛转世五岁灵童

图十一 九世班禅转世灵童官保慈丹

图十二 十四世达赖喇嘛幼年与父母及兄弟合影

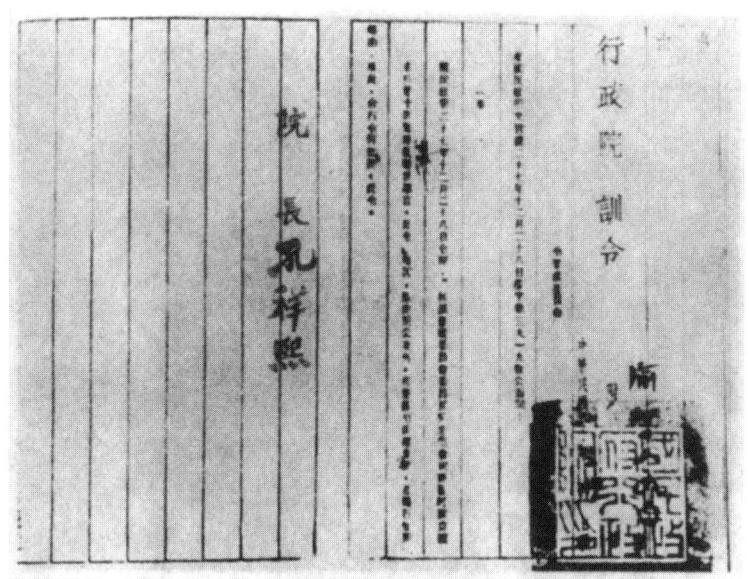

图十三　国民政府特派员吴忠信同热振主持十四世达赖喇嘛转世事宜致蒙藏委员会训令

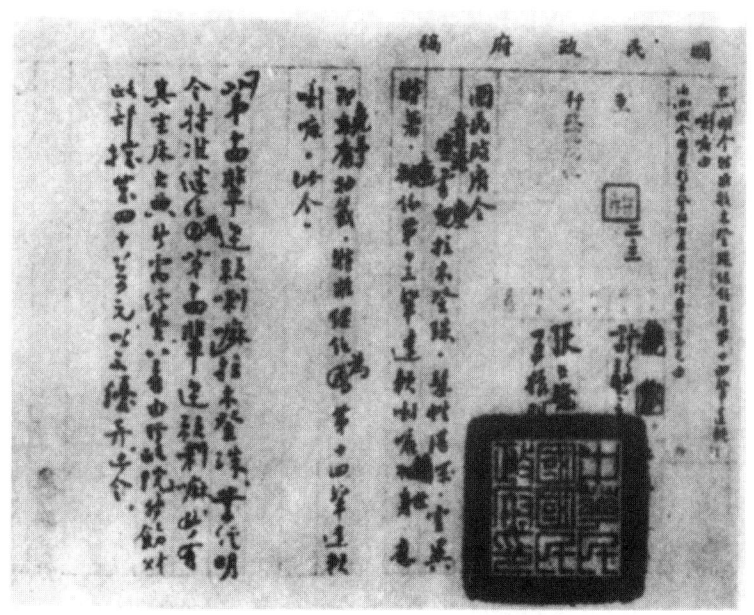

图十四　一九四〇年二月五日国民政府批准十三世达赖转世灵童为十四世达赖及拨给十四世达赖喇嘛坐床典礼经费令稿

图十五　十四世达赖喇嘛在布达拉宫

图十六
十世班禅额尔德尼·却吉坚赞在塔尔寺举行坐床典礼

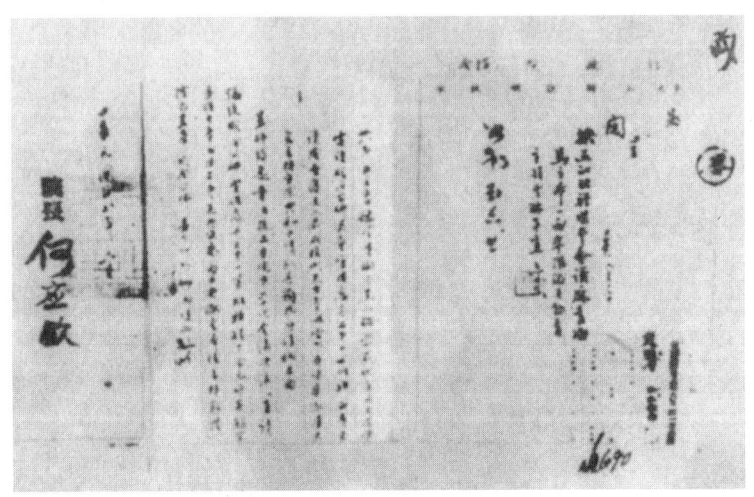

图十七　一九四九年八月十一日明令官保慈丹为十世班禅呼毕勒罕在塔尔寺坐床

图十八　国民政府特使吴忠信查看十三世达赖喇嘛转世灵童

图二十　乾隆皇帝颁赐雍和宫所存金本巴瓶

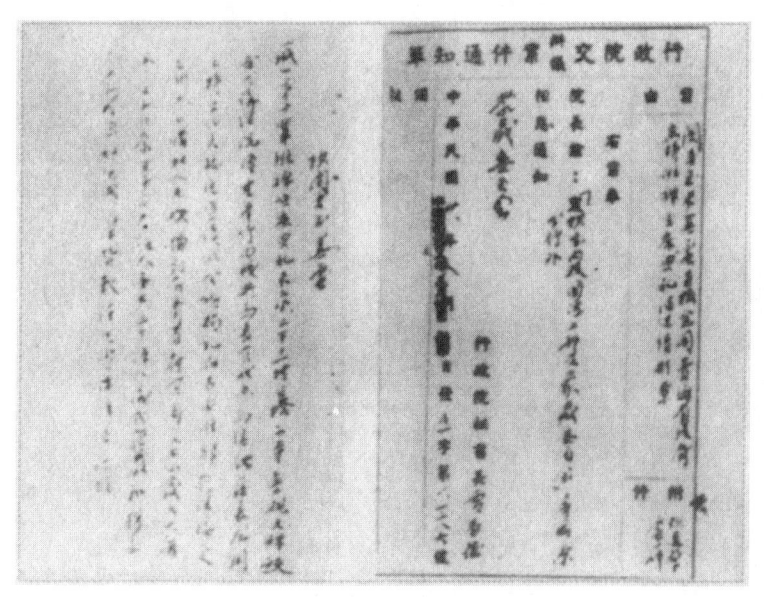

图十九　关吉玉向国民政府报告主持十世班禅坐床典礼情况电文

图二十一
北京雍和宫班禅楼

图二十二
十世班禅在拉萨大昭寺向僧众布施并发表讲话

图二十三
六世班禅居住过的北京香山昭庙

图二十四　十世班禅在西藏山南桑耶寺观察

图二十五　一九三四年国民政府追封十三世达赖喇嘛玉册

图二十六　达赖喇嘛在布达拉宫朝拜皇帝"万岁万岁"的牌位

图二十七　九世班禅与戴传贤合影

图二十八
十世班禅与中央人民政府
代表张经武合影

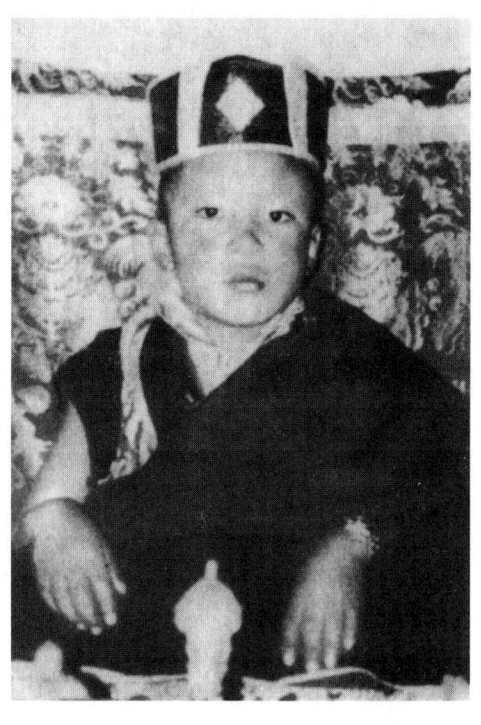

图二十九
当今藏传佛教噶马巴教
派第十七世活佛伍金卓
堆·赤列多吉

图三十 九世班禅额尔德尼·曲吉尼玛

图三十二 达赖喇嘛土登嘉措

图三十一 活佛转世制度其始于公元十三世纪的楚布噶马巴教派,图为楚布寺

图三十三 布达拉宫

图三十四 一九五四年,达赖(右)与班禅在第一届全国人民会议上,就《中华人民共和国宪法》投票

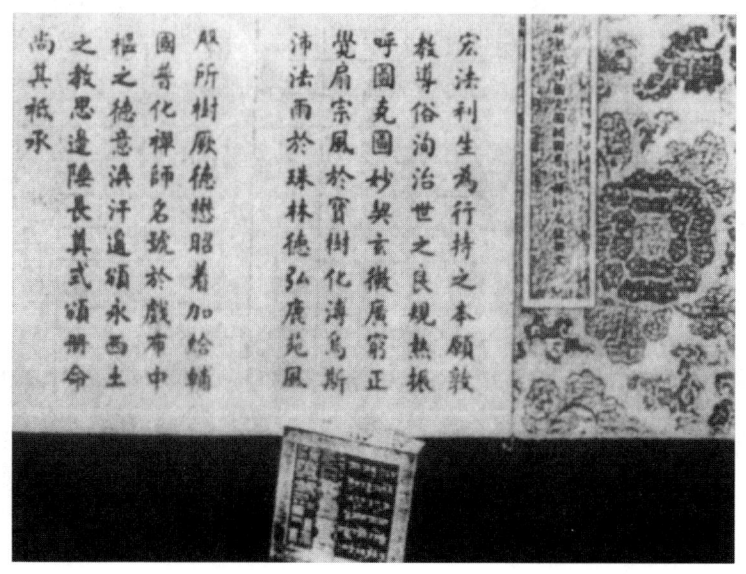

图三十五 一九三五年国民政府加封热振禅师册印

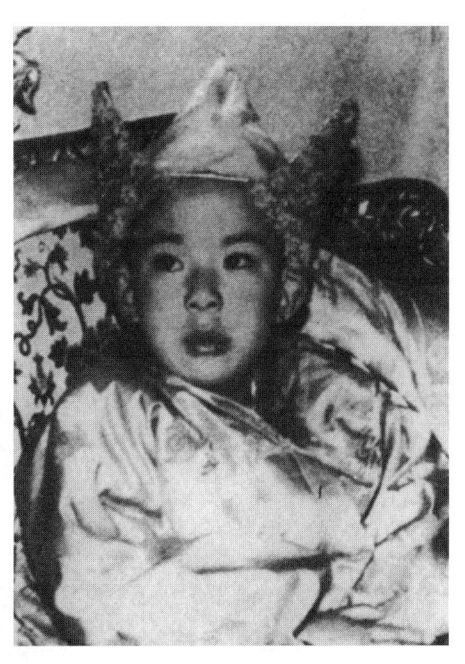

图三十六
嘉黎县男童坚赞诺布中签后被认定为第十世班禅额尔德尼转世真身（廖东凡摄）

图三十七 一九九五年十二月八日，在国务院代表李铁映的主持和照护下，在日喀则札什伦布寺为第十一世班禅额尔德尼隆重举行坐床典礼（樊如钧摄）

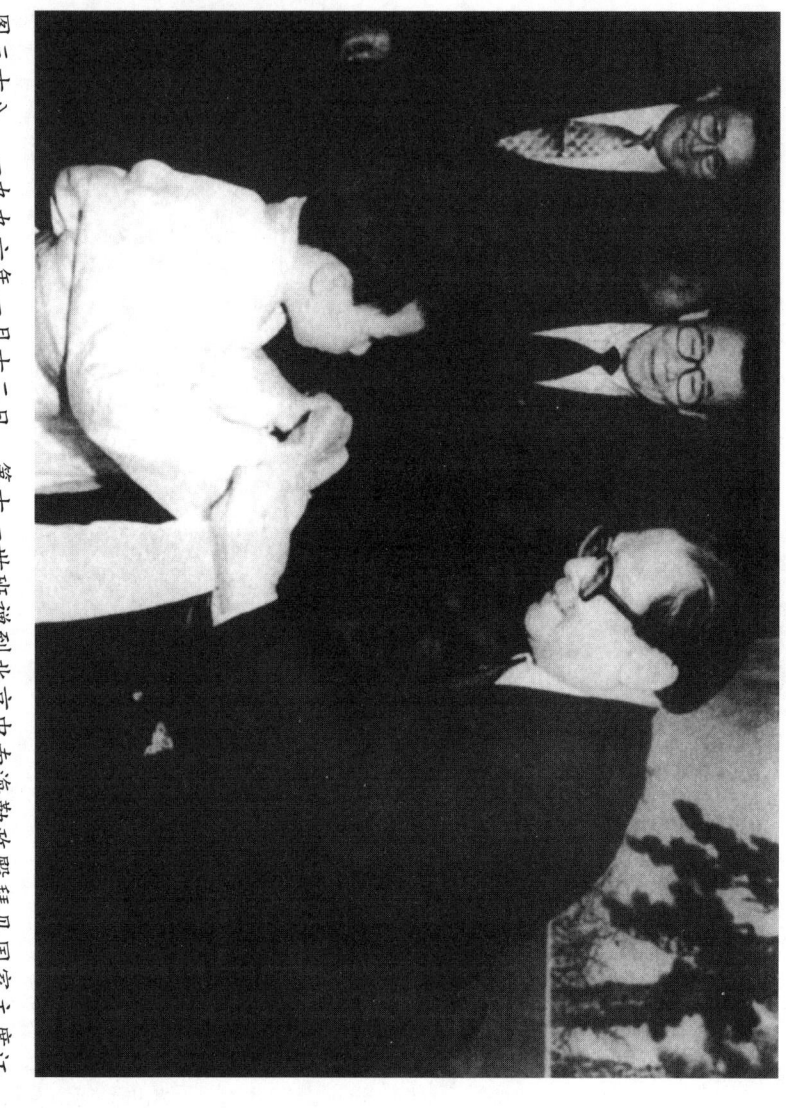

图三十八 一九九六年一月十二日,第十一世班禅到北京中南海勤政殿拜见国家主席江泽民,这是班禅向江泽民献哈达

再版序言

华文出版社于2000年首版《西藏视点丛书》,受到了广大读者的好评。为适应读者群,特别是藏学爱好者和工作者的需要,现在又对这套丛书进行再版。

丛书中的《达赖喇嘛传》、《班禅额尔德尼传》是西藏刚和平解放时就进藏工作的牙含章先生的力作,以元朝西藏正式纳入中国政府行政管理以来的历史为经,以达赖、班禅两个世系历代活佛的主要活动为纬,织成了一幅西藏600多年历史的画卷。这两本书作为早期自觉以马克思主义理论为指导,研究西藏历史和社会,研究达赖、班禅世系发展的学术专著,曾对几代藏学研究者和涉藏实际工作者产生启蒙的作用,至今有着重要的学术价值和资料价值。蔡志纯与黄颢合著的《藏传佛教中的活佛转世》比较系统、扼要地介绍了活佛转世的由来及转世全过程、新转世活佛的教育和日常生活、中央政府对转世活佛寻访认定的管理和对大活佛的册封,等等。活佛及活佛转世是藏传佛教的一种特有现象,对西藏的政治及社会生活曾具有关键性影响,至今这种影响力仍不可忽视。无论是从西藏的发展与稳定工作角度看,还是从藏学研究的角度看,活佛转世问题都是一个必须重视、必须搞懂的问题。赵志忠的《清王朝与西藏》将满学与藏学相结合,详细论述了清朝对西藏长达二百多年的有效治理,记述了清朝的西藏政策、这一时期西藏的重大事件以及达赖、班禅进京觐见皇帝等重大历史活动,不仅以丰富的史实说明西藏自古是中国领土的一部分,而且也为今天涉藏工作提供了一定的历史借鉴。这四本书分别出自不同时期我国学者之手,各有特点,自成体系,同时又互相映衬,可以视为研究西藏的历史,研究西藏的政治、经济、文化、宗教,研究西藏与中央政府关系的基础性读物。

在中国,现代意义上的藏学是在新中国成立以后才逐渐发展起来的。特别是改革开放以后,国家高度重视藏学研究工作,促使藏学研究更加生机勃勃、繁荣兴旺。中国藏学研究中心、西藏社科院等一大批综合性专业研究机构、出版机构以及群众性的学术团体相继建立起来并不断发展壮大，全国藏学科研人员逐年增长到3000多名，研究领域扩大，研究成果丰硕，基本形成了系统的学科框架，国际学术交流也日趋活跃。这些不仅使藏学在短短20多年间成为我国学术界一门"显学"，也为藏学今后更大的发展打下了雄厚基础。

当前，我们国家已经进入全面建设小康社会的新的历史阶段。加强藏学研究与出版，对于人们从历史和文化的更深层面上理解国家对西藏工作的方针政策，对于促进西藏社会的长期稳定和经济的跨越式发展，对于保护和发展西藏文化，对于世界上更多的人正确认识西藏，都具有重要的意义。藏学工作者如同他们的研究对象——西藏一样，都面临着历史上未曾有过的大好机遇。

现代意义的藏学研究从一开始就有很强的政治属性。早在17、18世纪，外国殖民势力觊觎西藏，从不同方向派遣人员进藏刺探情报，其中的一些人也就开始研究西藏，以"藏学家"自居。为殖民主义服务是出不了什么真正意义上的科学成果的，直到今天，国际上还有一些势力或挖空心思地歪曲历史，炮制所谓"西藏独立"的依据，或在民族、宗教、人权等领域以学术为幌子，攻击我们国家的西藏政策。这就使我国藏学研究领域不能不成为学术领域维护祖国统一和反对分裂的前沿，我国藏学工作者不能不直接面对维护民族利益的责任。多年来，我国的藏学工作者倾注大量心血，拿出了一大批兼有正确的政治立场和深厚的理论学术水平的成果，使国际藏学研究领域一扫阴霾，透出些许生气。但是战斗未有穷期，我们还要在已有基础上，深入研究，还西藏历史和文化的本来面目，有针对性地批驳各种谬论，自觉为维护国家统一和民族团结服务。这是西藏反分裂斗争的重要组成部分，也是我们的藏学工作者光荣的历史使命。

进入新世纪新阶段，国家作出了促进西藏从加快发展走向跨越式发展、从基本稳定走向长治久安，与全国人民一道实现全面建设小康社会宏伟目标的战略决策。实现这一决策，需要藏学研究从各个领域予以理论和学术上的支持，同时也就为藏学研究指明了方向，提出了新的更高的任务。藏学工作者要始终把握时代的发展脉络，把自己的研究最大限度地同西藏各族人民创造历史的实践结合起来，提高为藏区经济社会发展、满足群众精神生活需求服务的能力。只有这样，藏学研究才能建立在坚实的基础之上，才能找到广阔的舞台。

藏学是一门富有民族（藏族）和地域（藏区）特色的学科，领域广阔，门类众多。由于历史的原因，也由于学科发展自身规律，藏学在相当长一段时间内囿于狭小领域。时代到了今天，我们不能再接着画地为牢，不自觉地限制了自己的视野。要坚持以马克思主义为指导，贴近社会的发展变化，关注藏族群众现实的生产生活，从更广阔的角度研究西藏的过去、现在和未来，研究西藏的经济和各项社会事业，吸收、运用国内外新的理论成果和研究方法，推进藏学不断拓展新的研究领域。中国是藏学的故乡，有着取之不尽的藏学资源，新时代的新生活又为藏学提供了新的源头活水。我们要进一步加强对藏学研究的领导和协调，统筹研究项目，整合各方力量，形成整体优势，使藏学在其故乡不断焕发新的光彩。

2006 年 6 月 13 日

前 言

活佛转世正成为社会上热门的话题，引起人们的关注。奉献给读者的这本《藏传佛教中的活佛转世》，比较系统、扼要而又通俗易懂地介绍了令人感到神秘的活佛转世全貌。作者力图从历史事实出发，用科学分析的方法，根据我国有关宗教政策，从令人眼花缭乱的各种宗教活动中叙述活佛的由来、转世的过程、程序、方式，接受佛学教育，在寺庙的生活、地位、等级、世系，执掌僧职，接受中央政府的赐封，转世的纷争，直到圆寂、塔葬等问题。全书分为十章，叙述了转世佛在人间世界的活动。活佛是藏传佛教在强烈的崇拜偶像象征物的基础上，根据佛教的发展、社会的需要而产生的。人们把出家为僧的教派首领，赋予特殊的地位，崇拜他为在世的佛。

佛教发源于印度，后来逐渐传播到锡兰、中亚、东南亚、南亚、日本、中国等许多国家，成为世界性的宗教。藏传佛教是我国佛教的一个流派，在青藏高原、蒙古高原地区经过长期的传播、发展，具有地区性和民族性的特征。它与印度、日本、东南亚地区的佛教相区别，与内地佛教也不相同，具有浓厚特点的是活佛转世，这是与其他教派相区别的特征之一。

佛教从7世纪初传入西藏，迄今已经历了1300年。其发展可分为五个阶段。即唐吐蕃时期（7世纪至9世纪初）为早期阶段，藏族称作佛教的前宏期；五代宋初（9世纪初至10世纪初）是灭佛停滞阶段；宋代（10世纪至12世纪）为佛教的复兴阶段（称为后宏期）；元至清中叶（13世纪至19世纪初）是稳定和发展阶段；清末至民国（19世纪末至20世纪初）佛教开始走向衰落。活佛转世产生在第三阶段，它经历了不断演变的过程。从佛教理论上，很早就强调在现实世界中佛的作用。人们祈祷佛的保佑，使人们感到佛就在世上。但是作为佛附身于人体，是经过了很长时间才提出来的。这种理论在藏族称为化身，藏语读作"朱古"，蒙古语读为"呼毕勒罕"。从有活佛到活佛转世是藏传佛教的新发展。

藏传佛教俗称喇嘛教，"喇嘛"，藏语意译为"上师"或"上人"。对佛教寺院的首领和高僧才称喇嘛，一般出家人称扎巴，后来扎巴也被称为喇嘛。藏传佛教的特点，是显宗和密宗的密切结合。除显宗要求皈依佛、法、僧三宝之外，密宗还要接受灌顶，特别强调皈依。以喇嘛为师，受到信仰者的特别崇敬，喇嘛具有很高的社会地位。高僧圆寂以后，为其寻找转世者，开始于元朝西藏噶玛噶举派。至格鲁派的出现，并成为主要教派后，西藏出现达赖、班禅两大活佛系统。这两大系统的推广、盛行于清初。西藏有十多个教派争相效仿，在蒙藏等许多大寺庙中高僧都实行活佛转世。到清朝中叶，活佛转世制度逐步法制化，转世的程序越来越复杂和神秘化，以神秘化来显示转世者的神圣，而神圣又具有神威，靠神圣加神威来树立权威，使信徒们更加崇拜。

活佛转世的权力，虽然表面上以前世的预示、遗嘱，借前世的某件事，作出预示的解释，但真正的权力则操纵在掌有实权的人的手中。因此在活佛转世过程中曾存在徇私舞弊，或以姻亲关系、同族亲友关系，借机谋取政治、经济利益，从而引起纷争。由于西藏实行政教合一制度，主要活佛转世不仅仅是教权、财权问题，还涉及对西藏社会的统治权问题。这自然影响到中央政府对西藏地方政府的权力，因此中央政府制定其活佛转世办法。清乾隆五十八年（1793）中央政府颁发了金瓶掣签制，把活佛转世置于中央政府的监督下，实际上由中央政府控制主要活佛的转世。

西藏佛教与中央政府的关系从蒙元时期开始得到了发展。元朝政府不仅支持西藏僧人，而且赋予政治权力，出现西藏的政教合一制度。元朝的统治者对国内民族问题的处理是善于利用佛教来治理西藏。为了利用佛教，而采用尊佛的一系列措施。西藏在元朝中央政府的管辖下，佛教得到迅速发展，获得了很高的威望，并取得了前所未有的权力。西藏佛教势力从此开始走上了依靠中央政府支持而生存发展的道路。不管是元末取代萨迦的帕竹派，还是明末清初的格鲁派无不如此。这种关系并不因为中央政权的更迭而受到影响。这种隶属关系以及承担的责任和义务，体现在政策的连续性和继承性上。明朝政府继承了元朝政府治藏政策，"因俗以治"，仍从佛教入手，"善用僧徒"。《明史》记载，"元尊番僧为帝师，授其徒国公等秩，故降者袭旧号"。元摄帝师喃加巴藏卜带头率先归顺明朝，受封为明朝官吏。以后又封西藏教派首领为八大法王，使他们秉承朝廷的意旨治理西藏，整个明朝统治时期使西藏得到稳定发展。明末西藏格鲁派兴起，其领袖宗喀巴及其弟子大慈法王，以及后来的再传弟子达赖、班禅活佛均倾心于中央政府。西藏佛教同中央政府关系密切，以政治、宗教的双重身份隶属于中央政府管理下的西藏地方政府。

　　清朝政府对西藏的佛教政策，不仅是承上启下的继承，而且还有创新。既以"兴格鲁派，以安众蒙古"，又以"兴格鲁派安群生"。清朝政府对藏传佛教作出了许多法律规定，在具体执行时，又有一定的灵活性，充分地体现在政兴则教兴，教兴则政兴，两者相结合，使双方在政治上互相利用，双方均自觉、主动维护这种关系。例如元代先是萨迦，后是帕竹主动归顺中央王朝，获得中央王朝给予统治藏区的权力。藏区的政权也因而得到发展，格鲁派得势绝非只是靠宗喀巴宣扬其《菩提道次第广论》及《略论》等教理所能实现的。主要依靠的是政治军事势力，其沉浮均取决于本身依靠的世俗政治力量的大小，当然也有赖于本身内部的实力。为自身的生存发展寻找出路，以便摆脱信奉噶玛噶举派的藏巴汗强权带来的困境，为振兴格鲁派，先是三世达赖喇嘛赴内蒙古，得到蒙古俺答汗的全力支持，后来又得到明朝中央的册封。三世达赖喇嘛圆寂后，转世于蒙古地区。继之五世达赖喇嘛和四世班禅又请蒙古固始汗率兵进藏，平息了藏巴汗势力。噶玛噶举派从此一蹶不振。格鲁派在蒙古的支持下，摆脱了束缚而获得了发展，而使蒙古人统治西藏达80余年。清朝进军西藏，取得直接对西藏的统治权。清朝政府对蒙藏地区采取的策略是护佛、崇佛、信佛，利用佛教又限制佛教。最初采取政教分离政策，建立噶厦政府以治世俗，发生三噶伦之乱时，达赖出力平息有功，便令达赖喇嘛执掌政教，集两权于一人，《钦定二十九条》体现了这一精神。清朝政府和国民党政府都制定了活佛转世制度。总之，历代统治者利用活佛在社会上的地位，"使世世转生的呼毕勒罕，以镇服僧俗"，加强其统治。"诏达赖、班禅两汗僧当世世永生西土，维持教化。故卫藏安，而西北之边境安，格鲁派服，而准、蒙之番民皆服。"① 历史表明活佛本身必须依靠中央政府的力量，才能兴教，巩固活佛的地位。我们对活佛转世制度的研究刚刚开始，我们奉献给读者的这本书，力图用唯物主义观点来叙述活佛转世。由于我们水平有限，错漏之处，敬请读者指正。

---

① （清）魏源撰：《圣武记》卷五，《国朝扶绥西藏记下》，1984年中华书局出版，第219页。

目 录

再版序言
前言

第一章　活佛转世的由来
　　第一节　西藏各教派的传承　　　　　　　　　　1
　　第二节　活佛转世的佛教理论　　　　　　　　　6
　　第三节　活佛转世的社会历史背景　　　　　　10
　　第四节　活佛转世制的形成　　　　　　　　　13

第二章　转世的程序
　　第一节　预示转世　　　　　　　　　　　　　17
　　第二节　转世的宗教活动　　　　　　　　　　20
　　第三节　寻访转世灵童　　　　　　　　　　　25
　　第四节　活佛名号　　　　　　　　　　　　　36

第三章　活佛转世方式
　　第一节　前期转世法　　　　　　　　　　　　41
　　第二节　西藏拉萨金瓶掣签　　　　　　　　　46
　　第三节　北京雍和宫金瓶掣签　　　　　　　　53

第四章　童年的活佛(呼毕勒罕)
　　第一节　灵童的迎迓及坐床　　　　　　　　　57
　　第二节　童年的教育　　　　　　　　　　　　62
　　第三节　幼年的生活　　　　　　　　　　　　68

第五章　活佛的地位

- 第一节　活佛的等级　71
- 第二节　活佛在政教合一制度中的地位　76
- 第三节　活佛在社会上的影响　80

第六章　寺庙与活佛

- 第一节　活佛与寺庙的关系　85
- 第二节　寺庙机构与活佛　90
- 第三节　活佛与寺庙的财产　94

第七章　中央政府与活佛转世

- 第一节　噶玛噶举派的活佛转世与中央政府　99
- 第二节　达赖、班禅转世与中央政府　101
- 第三节　哲布尊丹巴、章嘉转世与中央政府　108

第八章　披着袈裟的僧官与转世纷争

- 第一节　披着袈裟的僧官　113
- 第二节　活佛转世的斗争　120

第九章　主要活佛世系

- 第一节　达赖、班禅世系　131
- 第二节　哲布尊丹巴、章嘉世系　141
- 第三节　阿嘉、嘉木样等世系　147

第十章　活佛圆寂

- 第一节　活佛延寿与圆寂　157
- 第二节　塔　葬　162
- 第三节　转世与停止转世　169

附　录

- 一、指认呼毕勒罕定制　173
- 二、喇嘛说　176
- 三、藏内善后章程二十九条　179

四、喇嘛转世办法 186

五、国务院关于第十世班禅大师治丧和转世问题的决定（摘要） 188

六、国务院关于特准经金瓶掣签认定的坚赞诺布继任为第十一世班禅额尔德尼的批复 189

七、国务院颁授第十一世班禅金册册文：授第十一世班禅额尔德尼金册 190

八、主要活佛佛号表 191

九、主要参考著作 198

后　记 201

第一章 活佛转世的由来

活佛是指所谓已经修行成佛的人，在他圆寂后为了继续完成普度众生的善缘，再度转为世上人，以人的肉体为其显身。活佛转世是指所谓佛在现实世界中显身的肉体圆寂后，以化身方式转生为另一肉体之人。不昧本性，通过寄胎转生，复接其前身之位。活佛转世的由来，有其政治、经济、宗教等方面的原因，需要从多方面来加以剖析。

第一节 西藏各教派的传承

佛教大约在公元前1世纪传入我国，至今将近有两千年的历史了，在我国有很深的影响。至于西藏，最早流行的是原始本教，据传说大约在5世纪后佛教才开始传入吐蕃（今西藏）。正式传入，应该是在松赞干布时期。当时是从印度和汉地两个方面传入的，松赞干布娶尼泊尔尺尊公主和唐朝文成公主，她们各自带来了佛像，在西藏修建了大昭和小昭两座寺。到赤松德赞执政时期（755～797），他排斥本教，提倡佛教，并引导人信仰，请来了印僧寂护和莲花生传教。从公元763年至774年历时12年，在山南扎囊县雅鲁藏布江的北岸修建了西藏历史上规模比较大的首座正式寺庙——桑耶寺（一说建于787～799）。寺中塑佛像，壁上画有佛教故事，建造佛塔，并为吐蕃人剃度出家。有名的"七觉士"的七人法名，最末都有一个"护"字，表明传戒师与其师兄弟的关系，形成吐蕃最早的僧侣。请藏、汉、印度僧人在该寺翻译梵、藏、汉等佛经。佛教在西藏从此逐渐占据了统治地位，到处兴建寺院，僧人受到优待，让僧人参政，出现了僧官。但是到朗达玛即赞普位（836～842）后，在今前后藏地区开始禁佛，封闭佛寺，破坏寺庙佛像，焚毁佛经，迫害僧人。佛教的所谓"三宝"即佛、法、僧（或佛经、佛像、佛塔）在卫藏地区遭到严重毁坏，佛教受到严重的打击。不久吐蕃王朝也在属民起义中崩溃。到10世纪后半期，西藏佛教又逐渐得到了恢复和发展。从吐蕃王朝崩溃到元朝统一400年间，西藏地区长期处于分裂割据状态，西藏社会由奴隶制向封建制过渡。

10世纪后半期，阿里、卫、藏、康区的藏族地区社会逐渐稳定，佛教在这些地区得到复兴和发展。新兴的封建地方势力具有雄厚的经济实力和政治地位，为了巩固他们刚刚建立起来的封建剥削制度，感到需要有适应封建制度的佛教思想，并利用佛教思想和文化来为他们的政治服务。于是新兴的封建领主依靠他们的政治地位和财力，派子弟赴印度学习佛法，或延请印度僧人前来西藏传教，并修建寺院。在新兴封建主扶植下发展起来的西藏佛教，与封建的政治、经济、文化紧密结合，地方封建领主往往又是寺院的大施主，有的是直接穿上袈裟的僧人。于是形成了僧俗一体、政教不分的局面。如阿里地区的古格王朝兴起，佛教获得了发展。拉德王把普兰的协尔这一地区封赐给僧人仁钦桑布，称为供养的根本驻地。又如意希坚赞是吐蕃王室后裔永丹一支，六传到他，成为山南的一个地方势力的首领，他所统治的属民是封建农奴，他需要佛教这一精神武器来帮助他进行统治，便积极发展佛教，并成为桑耶寺的寺主。由此开始萌发出"政教合一"现象。由于当时藏族社会在政治上是分散的，各地方势力各自为政，致使佛教的活动也是分散的。11世纪中叶，西藏封建社会有了进一步的发展，地方势力统治地位得到巩固，开始互相兼并。他们都积极利用宗教来进行政治、经济的斗争。西藏佛教派别始于阿底峡入藏传法，其诸弟子传播其学说，按章嘉大国师的说法，认为西藏各教派"都是佛教，只是各自在修行等方面有些差异而已"，"各教派并不矛盾，因为诸教派把全部经典都奉为教诫"，各派互相学习，导致各教派的形成和发展。

以寺院为据点形成的西藏佛教的各教派，主要有三种传承形式：一是父子或家族传承，二是师徒传承，三是活佛转世传承。现将各教派分别叙述如下。

宁玛派。这是西藏佛教中历史较早的一个教派。据说主要是莲花生（印度僧人）所传。以密宗续部密咒为主，以大圆满法为主要教义，他们在家庭中以父子兄弟相传。主要的宗教活动：念经、念咒及祭祀仪轨。其经典的来源分口传和挖掘出来的经典（即伏藏），后者即把几百年埋藏的密宗经典挖掘出来传授。到11世纪以后，封建主释迦迥乃（1002～1062）建立乌巴垅寺，人们称他为索尔波且，是大素尔，他的门徒很多，他的养子是他最好的门徒，叫素尔穷喜饶扎巴（1014～1074），他学习了全部密法，和有钱的赛母的小女结婚，继承了乌巴垅寺寺主的职位，是第二个素尔，即小素尔。素尔穷喜饶扎巴的小儿子释迦僧格（1074～1134）努力学法，成为著名的僧人，传法收徒约有千人，他在濯浦地方建立濯浦寺，是第三个素尔。三素尔的传承是父子传承，是以娶妻生子相承袭的。宁玛派后来发展成几个分支，其传承也各不相同。16世纪末到17世纪中叶，在前藏的雅鲁藏布江的南北分别建立敏珠林寺及多吉扎寺，寺主是以父子或翁婿相传承。一些寺院出现转世传承，如康区佐钦寺等。

　　萨迦派。这是吐蕃王朝时期藏王墀松德赞的大臣昆拨窝伽第三子昆龙王护（最初出家的"七觉士"之一）创立。他的后代衮乔杰波（1034～1102）继承了师尊卓弥释迦智的传承和其他各派的教法，并于1073年在后藏本波日山旁创立萨迦北寺（在"文革"时期被毁，现存萨迦南寺）。萨迦意为"灰白土"，寺的围墙上涂有红、白、蓝三色条纹，以密宗的喜金刚及道果论为其特点，但亦提倡"显密贯通"。萨迦寺的寺主从衮乔杰波开始，主要采取家族传承的办法，该派并不禁止僧人娶妻生子，规定生子后不再接近妇女。他卒后，其子衮噶尔宁波（1092～1158）继承寺主之位，他使教派扩大，体系完整，被称为"萨勤"（萨迦大喇嘛之意），称为第一位祖师。卒后，由其次子款索南泽摩（1142～1182）承袭，为第二祖师。其卒后，由弟款扎巴坚赞（1147～1216）继承，称为三祖师。衮噶尔宁波的第四子款贝钦哦保齐（1150～1203）未出家，娶妻生子，其长子衮噶坚赞（1182～1251）随款扎巴坚赞出家，后继承萨迦寺寺主职位，为四祖师，就是历史上著名的萨迦班智达，简称萨班·衮噶坚赞。萨迦派发展到萨班时期，已成为西藏的重要教派，直接控制当地政治、经济的主要权力，在西藏有很大的影响。萨班成为西藏和蒙古王室建立政治联系并使西藏纳入蒙元版图的第一个人。其后萨班的侄子八思巴（1235～1280）继位，为萨迦第五代祖师。他追随忽必烈，被封为国师，使萨迦派取得在西藏的统治权力，并被封为帝师。卒后，由其弟子答麻八剌继承。大约到14世纪前期，萨迦款氏家族分裂，萨迦派在政治上失势，在西藏地位衰落。萨迦派分裂为四个支系,其传承虽出现过师徒传承,但主要仍然采取家族世代传承的方式,如四川德格更庆寺,相传是第四十一代德格土司坚巴彭措时建立的,始终是家族世代传承,一直到解放后,没有采用活佛转世制度。

噶丹派。创始人仲敦巴(1005～1064),出身于富豪之家,师从阿底峡学法"显密贯通,观行并重",即"显密双融"之法,但不公开宣布密法。提倡"业果论"即因果报应。1054年阿底峡死于聂塘。1056年仲敦巴被请至热振,1057年建立热振寺,以寺为基础,逐渐形成噶丹派。"噶"意为言教,指显密经论,"丹"意为对僧徒学习的指导,也就是说,把佛的一切言教都看成是僧徒的行为和修持的指示。仲敦巴卒后,由阿底峡的另一弟子南交钦波(1015～1078)继承,他扩建了热振寺。卒后由阿底峡的另一弟子衮巴哇(1016～1082)继承。衮巴哇卒后由仲敦巴的弟子博多哇(1031～1105)继承,博多哇有八大著名弟子,他卒后,由朗日塘巴及夏尔哇巴(1070～1141)继承。承传他的弟子是甲怯喀巴和董敦两个分支。甲怯喀巴(1101～1175)卒后,其继承弟子为塞基布巴(1121～1198),赛基布巴卒后由其弟子拉萨给旺秋(1158～1232)继承,卒后由其侄子拉卓微衮波(1186～1259)继承。董敦(1106～1166)在纳尔塘讲经传法,1153年创建了纳尔塘寺。总之,噶丹派分为教授派、教典派及其他几个分支。教授派又分京俄巴和内邬素巴两个系统,可以说是相当分散和复杂的,其特点是重视遵照师长的指授,致力修持,此即旧噶丹派或老噶丹派。到15世纪初,格鲁派兴起,格鲁派是在噶丹派教义的基础上发展起来的,又称为新噶丹派。旧噶丹派改宗格鲁派就不单独存在了。旧噶丹派所编藏文大藏经是西藏最早之大藏经。

噶举派。称为注重口传的教派。藏语"噶举"即"口传"或"教授传承"之意,以空乐大手印等为该派教法之精要。该派有两个传承,一派的创始人玛尔巴(1012～1097),出身于一个富足家庭,由弟子传承。他的著名弟子是米拉日巴(1040～1123)。他是西藏佛教界苦行僧人的典范,并被统治者极力宣扬,由于忍受和顺从,从而得到善果的典型。他们在修法时都穿白色的僧裙。它又分成香巴噶举和塔波噶举。米拉日巴属于后者。由琼波南交所创之香巴噶举派,颇有名气,铁索桥的建造者塘东杰波即属此派,该派延至14、15世纪时已经衰落,但是属于该派的桑定寺的主持人以女活佛传承,到1959年,女活佛多吉帕姆被叛乱分子裹胁到印度,后经苏联回国,现任西藏自治区政协副主席。塔波噶举又分出四大支派及八小支派。其中的噶玛噶举支派，由都松钦巴（1110～1193）于1147年建噶玛拉定寺，1187年在堆垅地方修建了粗朴寺，以此为噶玛噶举派基地，后来分裂为两个支系，一个为黑帽系，一个为红帽系，这两个系都采用了活佛转世制度。

黑帽系的首领噶玛拔希（1204～1283）是噶玛噶举的著名高僧，1253年忽必烈南征云南大理经过康区，派人到粗朴寺，召请噶玛拔希，在绒域色堆相见。忽必烈要他随侍左右，他不从，离开了忽必烈，北上至灵州、甘州等地。1256年受蒙古大汗蒙哥召见，为汗王之供奉上师，据说蒙哥赠给他一顶金边黑色僧帽，这就是黑帽系名称的由来。由于噶玛拔希在蒙哥汗宫中，而1259年蒙哥汗去世，又在阿里不哥处，1261年忽必烈战胜阿里不哥，噶玛拔希以协助阿里不哥的嫌疑罪，被投入监狱，又被流放到边地。后来忽必烈察觉此系冤案，遂下令于1264年释放，赐其丰厚礼品，同意其返回粗朴寺，随着噶玛噶举的政治、经济实力的增长，在13世纪中叶，为了维护本教派的利益，创立活佛转世制度，出现了黑帽系活佛的转世，以都松钦巴为一世、噶玛拔希为二世，三世活佛为攘回多吉（1284～1339），四世活佛为乳必多吉（1340～1383），五世活佛得银协巴（1383～1415），其被明中央封为大宝法王，传至十六世活佛日必多吉（1924～1981，1959年参加叛乱，流亡印度）。红帽系一世活佛扎巴僧格（1283～1349），据说得到元朝皇室的赐封，被封为灌顶国师，并赠给一顶红色僧帽，遂出现红帽系活佛的转世。二世活佛喀觉旺布（1350～1405）是黑帽系三世的弟子和五世活佛的老师。传至十世活佛却朱嘉措（1738～1791），因唆使廓尔喀侵藏，以叛国罪自杀。寺庙改宗为格鲁派，停止了该系活佛的转世。此外，还有德格八蚌寺的司徒活佛，乃囊寺的巴俄活佛，粗朴寺的贾曹活佛等。另外噶举派还有许多支系，如蔡巴噶举、拔戎噶举、帕竹噶举、止贡噶举、达垅噶举、主巴噶举、雅桑噶举、绰浦噶举等，各支系的传承并不完全相同，有的支系采用了活佛转世的传承方式。

格鲁派。这是西藏佛教各教派中最后兴起的一个大教派。因寺僧戴黄帽，又称黄帽派。宗喀巴（1357～1419）是格鲁派的创始人。格鲁派的出现有着深刻的社会历史背景。西藏社会从13世纪初形成封建领主制，元朝把西藏分封为13万户，通过萨迦派来统治西藏。元朝晚期，新兴的封建主帕竹·绛曲坚赞的势力兴起，于1348年灭掉蔡巴，1350年灭掉止贡，1354年攻下萨迦寺，建立了帕竹地方政权，并向元中央请封，获敕封印诰，采取措施，发展封建庄园制。在这时期有些教派已不完全适应当前的形势，特别是萨迦、噶举等教派，他们的权势达到极盛时期，这些教派的上层僧人直接参与掌握政治、经济的权力，积聚财富，享有特权，欺压百姓，横行不法。为争权夺利，各教派之间经常发生斗争。14世纪以后，各教派戒律松弛，僧人腐化，占统治地位的教派逐渐丧失民心，丧失宗教的号召力和帮助封建统治阶级进行统治的功能。在这样的情况下，宗喀巴提倡佛教僧人严守戒律，过僧人的宗教生活，严禁僧人娶妻，强调僧人与世俗相区别，这些倡议和做法一方面迎合了封建统治阶级的需要，一方面人民群众也反对僧人不受戒律约束而胡作非为。宗喀巴在帕竹地方政权属下的贵族支持下，于1409年在拉萨以东偏北30公里的地方创建甘丹寺。他的宗派遂即称为"甘丹必鲁"（意为"甘丹寺派"），后来简化和因字音的变化被称为格鲁派。由于宗喀巴以"昔时持律大德均以黄帽为冠，为重振戒律之故，将僧帽染黄，表示与持律大德一致"。该派僧人戴黄帽即源于此。虽然帕竹政权的掌权者是噶举派，但宗喀巴的主张在人民群众中有号召力，统治阶级以此把它作为统治人民的思想工具，是理想的一个教派。因此帕竹地方政权对该派采取支持的态度。格鲁派在15世纪初出现于西藏社会，并得到了迅速的发展，其宗教首领的传承，不久就以佛的化身转世说为根据，以寺庙经济为基础，采用活佛转世的传承制度，以此来维护宗教特权和寺庙的经济地位。后来其势力和声望超过了其他各教派，成为在西藏佛教中占统治地位的教派。活佛的转世制度也就成了格鲁派传承的一种重要的特殊的宗教形式。

第二节 活佛转世的佛教理论

活佛转世，来自佛教的三身学说的理论，三身即报身、法身、化身。所谓报身是时隐时现；法身不显；化身则随机显现。化身又称应身，即所谓佛为超度世间众生，随三界六道的不同状况和需要而变现的种种化身。佛由出家人修行而成。据载在公元前6世纪，古印度有一位王子姓乔达摩，名悉达多，是释迦族人，人们称他为释迦牟尼，意为释迦族的圣人。他是印度北部迦毗罗卫国（今尼泊尔境内）净饭王的太子，母亲是拘利国的公主，名摩耶。她在临产前回娘家，到蓝毗尼园途中分娩，七日后去世。其姨摩诃波阇扶养悉达多。由于他相貌端庄，天资聪慧，净饭王希望他继承王位，成为"转轮王"（统一的君主），对他加以教育和培养。悉达多不仅知识广博，而且善于骑射击剑，文武双全，智勇兼备。在他14岁时，外出郊游，看到农民们在田里耕作，气喘不息，在烈日下光着上身，大汗淋漓，引起他的感触和深思。茫茫世间，是如此的残酷、悲惨！直觉得所见皆苦，触目惊心，想到应该去救济他们。后来又相继遇到老态龙钟的老人、辗转呻吟的病人及亲人哭送埋葬死人，这些都是无法摆脱的命运，使他感到人生的短暂和苦难，他思索如何解脱人间的痛苦。他遇到一位出家人，从他那里听到出家可以解脱生、死、病、老的道理，使他产生了出家念头。在16岁时，净饭王为他完婚，娶邻国公主输陀罗，后来生一子名罗睺罗。但是悉达多只想帮助所有的人能从痛苦中解脱出来。29岁时他抛弃王位，离别妻子，剃发出家，去追求解脱。经过六年艰苦磨难，结果徒劳无获，于是在尼连禅河畔静修，他在河中洗去积垢，并接受牧女献的鹿奶的调养，恢复了气力。他坐在毕钵罗树下，苦思冥想，至后半夜，豁然觉悟一切真理，从此释迦牟尼得道。经过45年传教，有众多弟子。他80岁去世，称为涅槃，意译为圆寂，是佛教全部修习所要达到的最高理想。佛教把涅槃作为成佛的标志。起初释迦牟尼被人们看作先觉者，后来逐渐被佛化，尊为"觉者"或"智者"，从人变成了佛。按照佛教徒的说法，佛是超人的，具有法力无边、神通特异的本领。佛超出了生死轮回的范围，成为无生无死的精神世界的崇拜物。按照佛教的教义，佛不是人格化的创物主，也否认宇宙本原的人格化的存在。以"诸物皆空"否定创造世界万物之神，但佛具有超人的智慧和能力，并把自己的解脱与拯救人类相联系。小乘佛教把佛作为对释迦牟尼的尊称。而大乘佛教认为在释迦牟尼佛之前已有佛存在，称为本初佛。佛有无数，除释迦牟尼为佛，还泛指一切觉行圆满者，宣称三世十方到处都有佛，如过去佛、燃灯佛、未来佛、弥勒佛，东方有阿閦佛、药师佛，西方有阿弥陀佛等。从佛的化身来说有报身佛、法身佛、应身佛。

  佛教还利用灵魂转世说，以佛为普度众生，来到现世，佛变成人。霍夫曼在《西藏的宗教》一书中记载了这样一个故事：一位蓝色的瑜珈者，额上长着三只眼睛，手中拿着一具香木的金刚杵，来到一位正在行经的女瑜珈行者面前——她是孟加拉地方的一位酒贩。他买了一些酒，到晚上，他就向这位女瑜珈行者求爱。天亮后他钻入金刚杵中，使她看不到他，当她怀疑地拿起金刚杵时，从金刚杵中射出一道蓝光进入她的腹中。一年以后，她生了一个儿子。七年后，当她带着儿子出去旅行时，遇到了一位僧人，他要她的儿子做徒弟，她同意了。这个儿童颖悟过人，僧人向他传授了恒特罗，要儿童紧紧抓住他的裟裟，他们便腾空而起，僧人把儿童带到金刚座，传给他香巴拉的库里喀法。后来儿童返回时，其僧人师父告诉他要到东印度传时轮金刚法。这位僧人师父就是观音菩萨的化身，这儿童是佛的转世。这种宗教传说故事在藏族地区流行。佛的化身在藏族社会对人的思想产生了很大的影响。

　　活佛是佛的化身，是在特定的政治环境下的产物。把佛与人结合起来，形成为一体，在宗教史上是一个创举。宗教是社会意识形态之一，是一种歪曲的世界观，是支配人们日常生活外部力量在人们头脑中幻想的反映，相信在现实世界之外还存在着佛界，从幻想世界中寻求精神上的安慰。大乘佛教自称能使无量众生从生死大河之此岸达到涅槃之彼岸，成就佛果。提倡三世十方有许多佛，普度众生，度世成佛，基本教义之一有四谛，即苦、集、灭、道，所谓谛是真理之意。苦谛即认为世俗世界的一切本性都是苦的生命，就是苦难；集谛即认为造成世界人生及其痛苦的原因是行动、行为、思想、语言；灭谛即指灭尽世间三界之烦恼；道谛即认为要超脱痛苦，从因果关系达到涅槃道路的手段。实际就是分四个阶段，即生、住、异、灭。生即产生，住即暂时维持不变，异即发生变化，灭即消灭。人的生与死不是人力所能控制的，在古代一直是个谜，对于生和死是不可解的，为此产生了种种传说，其中最神秘的是有关灵魂问题，认为灵魂不灭、由今世转来世。后来又进一步发展，佛教的轮回说认为，从前世又转到今世，这就是灵魂的转生。人死了以后，灵魂不灭，或者投生为人，或者投生于其他动物，并进一步释解为一个人的命运有善恶之分，善人死后，他的灵魂会得到好的转生，即转生为贵族，如果是恶人做坏事就转生为动物，甚至被打入地狱，一辈子受苦。这种因果关系和轮回的学说，根据人的生前、生后及其未来，出现了六道轮回的宗教论理。轮回藏文为"阔瓦"，意思是既死而转生，如车轮之回转。《心地观经》载云"有情转回生六道，犹如车轮无始终"，这是佛教唯心主义观点的轮回说。所谓六道，一是地狱，藏文为"涅瓦"，即地下的八寒八热之地狱。二是饿鬼，藏文为"耶达瓦"，即所谓魔鬼界也。三是畜，藏文为"都瓦"，又译作"旁生"，即所谓指人以外的动物禽兽。四是阿修罗，藏文为"拉玛寅"，又释作"非天"，即所谓爱好战斗一类众生。五是人，藏文为"弥"，即指人类，也译称"人类界"。六是天，藏文为"拉"，又译称"神明界"。佛教教义认为众生因前生所做的业果，在此六道转生轮回。六道轮回的众生是痛苦的，认为众生之生与死，可以轮转复生，生而后死，死而后生，这是凡人的轮转。六道轮回中转生，分善恶，行善的可转生为天、人、阿修罗。行恶的只能转生到地狱，转生为畜生、饿鬼。这种凡人轮回转生，意味着新的开始。佛教认为修行达到解脱而成佛，超出了生死轮回的范围，自然就没有佛生及佛死的问题，佛成为无生无死的精神世界的崇拜物。如果达不到超脱，就要落入轮回的苦海中。凡是得道成佛、超脱生死的圣者，已不是凡夫俗子，是大彻大悟的觉悟者，不灭不生。来去如一，不入色或无色界，已是涅槃的境界。佛教中修行达到成佛而为最高境界。阿底峡在《菩提道灯论》中提出了修行的次第，认为作为佛教徒，从最初拜师学佛到最后修成佛果，是一个逐步攀登阶梯的过程。一个人若想学佛，必须先求名师，并照师长的指导，身体力行去修行，才能避免误入歧途，这是学佛修行的一个重要条件。该书中详细地论述了不同层次修行的阶梯，称为三士道，即上士、中士、下士三个层次，不同的层次有不同的要求，用轮回之说来阐释成佛之道。第一步是下士道，这种人不求解脱世间的苦难，只求今生今世的"快乐"，死后有一个好的转生，称其为"人天乘"。下士道的主要内容认为人一死，所有的名利、财产并不能带走，就连自己的身体也不能带走，修佛就应该爱惜这不容易得来的一生，必须努力学习佛法，皈依佛、法、僧三宝，死后才可以在地狱、饿鬼、畜生、阿修罗、人、天这六道中上升一步，免堕入三恶趣，即地狱、饿鬼、畜生，可转生为三善趣，即在阿修罗、人、天中转生。下士道虽然经过努力修习佛法，在来世可以不受地狱、饿鬼、畜生三恶趣的痛苦，但修习佛法不好，还可能堕入三恶趣的苦海之中。下士道的快乐是相对意义上的快乐，只是三善趣与三恶趣相对的快乐。这种只求自身的解脱，这是第一步，佛要求能进入涅槃境界，就是中士道，不只是追求个人解脱世间轮回之苦，还需要进一步遵循师长的指导，进行修行，达到涅槃境界，称作"小乘"。中士道的主要内容以戒、定、慧三学之因，求取戒、定、慧三学之果，进入涅槃世界。也就是说"欲得正果，须得正因"。所谓戒，就像屏风，或是墙，可以挡住风，外面的危害不能构成内在的威胁。这样就可以使内在平静，由戒达到定，在这样的条件下，智慧之光才能像蜡烛的光亮一样，得到发挥，从定达到慧。这戒、定、慧的次序是渐进的，由三定之因，得三定之果，最后进入涅槃世界。但是取得这样的成果，不只是解脱自身，还要进一步要求应该普度众生，这即大乘之道。要成为佛，必须得到无上佛道，只发菩提心而没有菩提行也不成，要实行六度，也叫"波罗蜜"，即布施、持戒、忍耐、静进、静虑、智慧。把布施、持戒、忍耐称为前三度，静进、静虑、智慧称为后三度，既可以度自己，又可以度别人，脱离六道轮回之苦。也就是说达到了成佛的境界。随着大乘佛教在西藏的发展，认为佛的任务要普度众生，要引导人解脱轮回痛苦。佛以化身投胎转世，来到现实世界，以济世度人，引导人们信仰佛法，诵经、念佛、祈求、超度。以布施行善积德免入地狱，宣扬善恶报应，因果轮回，还编造出许多神话故事。于是活佛之说在西藏佛教界开始形成。到15世纪宗喀巴大师研究阿底峡著作及其教义，为了整顿佛教，创立格鲁派。宗喀巴辞世之后，形成达赖、班禅两大活佛系统的活佛转世制度。活佛转世理论的形成逐步完善，在很多寺庙中，实行活佛转世制度。

第三节　活佛转世的社会历史背景

活佛转世是佛为普度众生、引人从佛而显现的佛的化身。随着社会历史的发展，为适应现实社会的需要，以变现的幻化身加以附会，突出佛教高僧，抬高其身价，把佛教的化身学说同世俗的世袭制度巧妙地结合起来，逐渐形成活佛转世制度。

活佛转世是藏传佛教中独具特色的，经历了一个形成和发展的过程。首先是把人尊崇为佛，以示其来历不凡。在7世纪吐蕃王朝时期，把统治阶级的首领假托为一些佛的化身。化身之说就越来越使人相信。在松赞干布前的五世祖拉脱脱日宁协时期，印度僧人来西藏活动，后世有人附会，遂称拉脱脱日为普贤菩萨的化身。松赞干布被说成是观音菩萨的化身，赤松德赞被说成是文殊菩萨的化身，赤祖德赞被说成是金刚手的化身。甚至信佛的赞普之后妃也被说成来历不凡，是佛母或度母的化身。从10世纪以后，西藏社会逐渐向封建社会过渡，在新兴的封建领主的扶植下，佛教在藏族地区复兴，各教派及新的寺院纷纷建立，形成政教合一的制度，教派与地方世俗封建贵族紧密结合，教依政而行，政恃教而立。长期分裂、频繁的战争给人民生活和生产带来严重的破坏，统治阶级也需要一种远胜于武力的精神统治工具，各教派正是适应了这种要求，并维护其封建统治的需要，于是在统治者支持下大力提倡发展佛教。西藏各寺院的建立，形成独立的寺庙经济，它拥有土地、牲畜、牧场和属民。由于政治和经济上的原因导致各派之间展开了激烈的竞争和吞并，各个教派都不希望自己被别的教派吃掉，都希望自己的教派兴旺发达，后继有人，为了自身的发展，无数高僧用自己的智慧进行传承，使其教派发扬光大。可以说各教派的形成、发展不但需要与其他教派进行宗教思想方面的斗争，还要与其他教派进行政治、经济乃至军事上的斗争。各教派利用人们对佛的崇拜，赋予高僧以佛的化身。

由于寺院政治、经济的发展，寺院集团必须解决其首领的继承问题。在噶玛噶举教派中，为解决权力的传递，开创了高僧的转世。高僧的转世，一开始就强调要借助于中央王朝的支持，以巩固其宗教首领的地位。

活佛转世，藏语称为"朱古"，是化身的意思。"朱"意为"变化"，"古"意为"身体"，其意是"变化身"、"幻化身"、"化身"。在藏语中关于"转世"或"化身"有不同的写法，至少有近十种，经过元、明、清三朝逐渐以"朱古"一词所取代。最早出现在唐代吐蕃时期，《唐蕃会盟碑》藏文部分记载为"圣神赞普"，其中"圣神"二字可以译成"幻化之神"或"变化之神"。"幻化"即后来的"化身"，于是出现化身赞普，这是造化偶像和偶像崇拜的产物。随着时代的发展，化身或变化一词在汉译时亦有变化，在乾隆皇帝的《喇嘛说》碑文中，译作"化身"或"化生"、"转世化生"。"朱古"一词在蒙古语中为"呼毕勒罕"。"朱古"、化身之说与宗教首领的政治特权和寺庙经济势力的发展互为因果。为了不使因宗教首领去世而丧失本教派的政治特权和经济势力，并能保证得到延续，遂创立转世传承，以巩固其地位。其实，所谓的活佛转生、转世不过是世俗的世袭传承制移植到了宗教上，而加以神秘的佛化，使宗教进一步神秘化，在蒙藏地区得到了宗教界的普遍肯定，使信徒们也信以为真，同时还为封建统治者更好地利用宗教来维护自己的统治提供了方便，有利于麻醉民众，强化了宗教首领和封建领主阶级的联合统治的作用。噶玛噶举的黑帽系采取以化身到转世结合起来的方式。元朝皇帝诏请黑帽系第三世和四世多次进京，受到元朝政府的支持。噶玛噶举派创立和确定了活佛转世，至1992年已传承了十七世，而发扬这一制度的是格鲁派。

格鲁派的创始人是宗喀巴大师（1357～1419），曾举行拉萨祈愿大法会，1409年建造甘丹寺。在他辞世以后，他的事业落在了他的弟子们身上，知名的弟子有嘉样却杰（1379～1449），他于1416年建立哲蚌寺；释迦意希（即释迦也失大慈法王，1352～1435）1414年受明封为"西天佛子大国师"，1418年建立色拉寺。最小的弟子根敦主1447年在日喀则建札什伦布寺。卫藏格鲁派四大寺院形成。1577年仁庆宗哲坚参在青海建立塔尔寺。1709年由嘉木样俄昂宗哲在甘肃建立拉卜楞寺，形成格鲁派著名的六大名寺。以寺庙为基础形成政教合一，这远在吐蕃时期已见其萌芽，赤祖德赞就曾用高僧为执政大臣（即"豫国事者"），藏文作"钵阐布"。是西藏佛教干预政治的开端。元中统元年（1260）萨迦派第五祖八思巴被忽必烈封为国师，后进封大宝法王，受命管理吐蕃，形成政教合一。14世纪噶举派帕竹系又继之以政教合一的形式建立帕竹政权。格鲁派兴起以后，寺庙的首领成为三大封建领主之一，故藏学界亦有认为"政教合一"应始自七世达赖。

格鲁派禁止僧徒婚娶，也就是说僧人不能结婚而无法采取父子传承，所以该派也采取了噶玛噶举派的转世制度来解决政教方面的继承。这不仅仅是解决师祖的法统继承问题，更重要的是政权地位和财产的继承。实际上活佛的权力、地位、财产通过转世的形式而加以延续，与封建贵族世袭制颇为相似，因此这种转世制不仅是从宗教理论来叙述活佛转世制度，更重要的是它包含着深刻的社会、政治、经济问题。宗教领主和世俗领主是西藏社会的支柱，共操政权。活佛转世制度的出现使两者联结更加紧密。往往大的活佛转世都出于当权的贵族之家，在政治上强化了僧侣贵族的联合专政，是统治阶级更好地实行统治的一种手段。活佛转世制度所以能使人相信，是由于统治阶级政治上的残酷统治、压迫以及宗教哲理的迷惑。活佛转世制度在格鲁派的各大小寺庙效法沿袭，出现了大大小小的转世活佛，其数量不断增加。寺庙领主控制大量的财富，给西藏、蒙古社会的发展带来了严重的影响。

第四节　活佛转世制的形成

　　在佛教中，僧侣经过修行达到成佛，是佛教实践的根本目的。西藏有很多人出家为僧，一般说来是为摆脱世俗的压迫，寻求一条现实生活的出路，当然也有出于宗教信仰而出家者，也有支僧差，被迫违愿出家的。至于在家的信徒，主要也是着眼于现世利益，自然也是为了求得来世的幸福，以布施、写诵佛经来积累功德，为来世进入佛国做准备。当然，在统治阶级中，为追逐宗教权力而出家者亦不乏其人。作为普通僧人多出自下层，他们深感人在现世的艰难、痛苦，把希望寄托于佛的大慈大悲，以望得到保佑、救助，能度到佛国天堂。但是怎样成佛，成佛的方式和途径是什么？过去信徒们把成佛的希望只是寄托在来世，但也提出了一种新看法，认为成佛不在于时间，或是今世还是来世，而在于修行的程度如何，这就使信徒从可望而不可即的来世成佛变成首先要着眼于现实世界。这样修行多年的高僧，收徒很多，有很大的影响，在死后，达到"涅槃"而成佛。同时又认为在世也能成佛，可以是佛的代言人。进一步加以附会，利用灵魂之说，以灵魂的转世，抬高宗教首领的地位，以佛的再现来统治现实的宗教。提出转世之说，本来佛是超生死的，既没有死佛也没有活佛。但为着适应佛教的发展，产生了一种需要，随之而来的新说，按照大乘佛教，菩萨宏愿，菩萨虽成佛，且愿留下化身在现世普度众生。各大寺庙的高僧、大德修行成佛，在涅槃之后，去而又返，仍留在人间，完成佛的意愿，形成佛的化身。

　　前述已提及最早的活佛转世制度是从噶玛噶举的噶玛拔希开始的。噶玛拔希被称为"祝钦"，其意为大成就者，是"神通"的僧人，说他是印度萨罗诃的化身，是都松钦巴的转世者，实际上都松钦巴去世11年后，他才出生于西康止垄丹地方贵族家庭，他从都松钦巴的再传弟子崩扎巴读佛书，从喀脱巴出家，授名为却吉喇嘛，意为法师。后到蒙古地区，蒙古称却吉喇嘛为噶玛拔希，以后通称噶玛拔希，而本名却吉喇嘛却很少再用。晚年在西藏堆垅的粗朴寺居住，临死前对自己的弟子邬坚巴说："拉朵方面，必出一位继承黑帽系者，仍至彼未来以前，汝当代理一切。"并将金丝黑帽传给邬坚巴。噶玛拔希圆寂，邬坚巴根据噶玛拔希生前的预示寻找转世幼童，在后藏贡塘地方寻找到了噶玛拔希转世的幼童攘回多吉，这是藏族佛教史上第一次确认一个幼童为前辈的转世。攘回多吉5岁（1288）被接到粗朴寺，从邬坚巴学法。他7岁出家，18岁（1301）受比丘戒，后来修寺传法收徒。1331年、1332年得元文宗诏书，召他进京。他曾为宁宗帝后灌顶。1336年元顺帝再召他进京被封为灌顶国师，赐玉印。1339年圆寂于北京。他的弟子衮杰哇等人认定工布地区富人家的儿子、1340年出生的名为乳必多吉的孩子为攘回多吉转世的幼童，从衮杰哇学经。后来攘回多吉的弟子扎巴僧格称红帽系，1349年圆寂，以红帽系转世，确认1350年出生的喀觉旺波为扎巴僧格的转世。1387年黑帽系五世活佛得银协巴4岁开始从红帽系喀觉旺波学法。从此以后，黑帽系与红帽系两系活佛个人之间互为师徒关系遂成定例。这与后来格鲁派兴起，实行活佛转世制度，形成达赖、班禅之间互为师徒关系，其情况相差不大。

格鲁派的特点是以噶丹派的教义为基础，糅合噶丹派、宁玛派、萨迦派和噶举派的教规而创立的。因此在宗教内容上是"各取所长、兼收并蓄"；在政治上重视依附中央王朝、广结善缘；经济上在世俗领主的支持及赞助下建立独立的寺庙经济网络，名义上标榜出家人应脱离对世俗封建领主的依附，在僧俗界限上应有明确的区分，以拉萨的三大寺和日喀则的札什伦布寺为主，形成寺庙网，各寺庙之间建立母子关系，出现一个主寺统属许多子寺系统。在范围上，不拘泥于西藏地区，在蒙、满、土、纳西等民族地区建立寺庙。该教派的首领采取转世制始于三世达赖和四世班禅。后来一般较重要寺庙的首领，也普遍采取活佛转世制度。这不仅解决格鲁派的法统传承，而且使有成就的喇嘛的政治地位、财产以及社会上的影响，都得到了传承，促进了格鲁派的发展，巩固了格鲁派僧侣的地位。

格鲁派的活佛转世经过了一个发展过程。宗喀巴1419年去世，将自己的衣帽给他的最大门徒嘉曹杰（1364~1432），他的本名称达玛仁钦，继承宗喀巴的宗教传统，宣传格鲁派教义，重视维护戒律。1432年，嘉曹杰去世，将法位传给第二位门徒克主杰（后来被追认为一世班禅）。宗喀巴、嘉曹杰、克主杰三人后来被人尊称为"师徒三尊"。宗喀巴最小的弟子根敦朱巴（1391～1474），明太祖洪武二十四年（1391）出生于后藏萨迦寺附近的霞堆牧场。15岁在纳塘出家，1415年投宗喀门下当弟子，后来又向嘉曹杰、克主杰学习。1447年在帕竹政权的桑主孜宗本穷结巴·班觉桑布的支持下，在日喀则附近修建了札什伦布寺，成了该寺的寺主，有人认为格鲁派的活佛转世从根敦朱巴开始，实际上在当时还没有实行活佛转世。他在明成化十年（1474）去世，过了11年，才有人把根敦嘉措（1475～1542）送到札什伦布寺，把他说成是根敦朱巴的转世，实际上根敦嘉措被送到札什伦布寺，有些人不承认他是前任寺主根敦朱巴的转世，受到僧人的冷淡和排挤，被迫出走前藏的哲蚌寺，这是格鲁派视哲蚌寺为母寺的由来。根敦嘉措是在根敦朱巴死后一年出生的，幼年时也未被认作根敦朱巴的转世"灵童"，而是在11岁时被当作"灵童"送到札什伦布寺去的。也没有坐床的记载，看来当时是否采取转世制度还存在着分歧。这也反映出转世制一开始就充满着斗争，并不平静。在他20岁时与寺院的一位领导人意希孜摩不和，遭到排挤而出走，到拉萨哲蚌寺去学经，当时还不具有领导人的身份，是后来才被哲蚌寺僧人赋予的。但这被一些学者认为是格鲁派实行转世制的先声和萌芽。

由于格鲁派寺院经济进一步的发展，支持格鲁派的帕竹地方政权的衰落，致使仁蚌巴家族和噶玛噶举派相联合，并限制格鲁派的发展。根敦嘉措在受到限制的情况下，为了生存和发展，积极进行活动，寻找新的支持力量。在游历中向群众宣传格鲁派的教义，扩大影响，修建寺庙。后来仁蚌巴家族的衰落，使格鲁派处于有利的地位，根敦嘉措实际上成为格鲁派颇有声望的领导人。明嘉靖二十一年（1542），根敦嘉措去世，其伟业必须有人继承，于是转世制对格鲁派来说已是迫切需要了。根敦嘉措的一切活动和他作为根敦朱巴的转世地位被肯定，哲蚌寺正式寻找他的转世灵童。1544年认定堆垅地方的贵族子弟为根敦嘉措的转世，这个灵童就是三世达赖索南嘉措（1543～1588）。他被称为活佛，这也就是《明神宗实录》首次记载的"师僧活佛"，是格鲁派采用活佛转世制度的正式开始。以此来巩固内部的团结和实力，加强与其他教派的斗争。以活佛转世的办法相传承，稳定了格鲁派首领地位，并把转世者的身份抬高，甚至超过世俗贵族的地位。藏族文献一向把宗教置于政治之前，称作"教政"，而不称"政教"，足见宗教地位的崇高。

索南嘉措周游各地，收徒传法。1576年蒙古土默特部首领俺答汗遣使邀请索南嘉措去青海相会。1577年11月索南嘉措从拉萨哲蚌寺动身，1578年5月与俺答汗会于青海湖畔仰华寺，并互赠尊号，索南嘉措赠俺答汗为"咱克喇瓦尔第彻辰汗",其意为"转轮聪睿汗王";俺答汗赠索南嘉措为"圣识一切瓦齐尔达喇达赖喇嘛",其意为"一切智执金刚大海上师"。从此开始有了达赖喇嘛的称号。明神宗于1587年颁敕命"番僧答赖准升'朵儿只唱'名号",这是明中央对达赖(答赖)的正式赐封,是明以来蒙藏佛教和蒙藏政治关系密切的开始。索南嘉措为三世达赖喇嘛,追称根敦嘉措为二世达赖喇嘛,根敦朱巴为一世达赖喇嘛。从此开始达赖喇嘛系统的传承。1588年索南嘉措在蒙古去世,蒙藏僧俗贵族出于各自政治、经济利益的需要,共同认定出生于1589年的俺答汗之曾孙云丹嘉措为第四世达赖喇嘛,以四世班禅罗桑曲结为师。罗桑曲结明隆庆四年(1570)四月十五日生于后藏兰伦热布地方。明万历十年(1582)正月初十到安贡寺出家当喇嘛。他精通佛经,很有辩才,很多僧人输在他的手下,僧众讨论,认为他是"安贡朱古",是罗桑丹珠转世。经过安贡寺的僧众讨论,遂在万历十一年(1583)举行了"坐床"典礼,成为安贡活佛。后来担任札什伦布寺第十六任池巴(住持),是一位佛学知识渊博、德高望重的僧人,在格鲁派与其他教派斗争中起了重大的作用,特别是厄鲁特蒙古首领固始汗的入藏,与他有着密切的关系,因此1645年固始汗赠给罗桑曲结"班禅博克多"的称号,自此有了班禅的名号。康熙五十二年(1713)清朝中央政府封他为"班禅额尔德尼",正式确定了班禅的地位,为第四世班禅,形成班禅活佛转世系统,追认宗喀巴的门徒克主杰为一世,索朗却朗为二世,罗桑丹珠为三世。以后进一步发展,达赖与班禅转世,必经中央政府正式册封,成为制度。

活佛转世制度从噶玛噶举派开始以后,格鲁派也建立起活佛转世制度,而且使这一制度更加完善,并使其他教派以及各地的寺院也普遍采用活佛转世制,第穆、帕巴拉等四大呼图克图,如拉卜楞寺的嘉木样活佛,喀尔喀蒙古哲布尊丹巴活佛,塔尔寺的阿嘉活佛,佑宁寺的章嘉活佛,等等。不仅大寺庙采取活佛转世,就是中小寺庙也采用活佛转世。从西藏到甘、青、川藏区以及蒙古地区各寺庙,普遍形成活佛的转世系统。本教也逐渐采用了活佛转世制,甚至受到西藏佛教影响很深的不丹历辈大法王,也采用转世制。

第二章 转世的程序

活佛转世的程序,起初比较简单,后来越来越复杂,特别是大活佛的转世,不仅手续繁多,还具有浓厚的神秘色彩。活佛的地位不同,分成不同的等级。活佛所在的寺庙规模不同,其政治经济地位也不同,转世的程序也各不相同。但主要的程序,大体是以活佛生前的预示和遗嘱提供的线索,或别人虚构的线索,通过占卜、降神、观圣湖等方式确定其下一世活佛出生的方向,然后,前往寻访转世灵童。对寻访的幼童进行了解、观察,对寻访到的若干幼童进行筛选,最后确定其转世灵童。迎回寺庙,举行坐床仪式。

第一节 预示转世

活佛转世"预言",藏语称为"龙单"。有许多活佛在圆寂前,往往预示或遗嘱自己再次降生的地点,其形式是多种多样的,有遗嘱,有梦示,或者对某一地方的赞誉、委婉预示或以诗或书面预示等。后人为了便于行使权力,借前世活佛的某件事做出转世预示的解释,也有活佛突然圆寂,并未留下遗言或预示,则以占卜、降神等方式确定。

活佛转世主要以寺庙为基础,以灵魂转世之说为根据。在西藏,活佛的社会地位很高。元朝萨迦派的八思巴有活佛的尊号。元朝已见使用"活佛"的名词。元朝诗人韩邦靖的诗句中有"更宠番僧取活佛,似欲清净朝西天"。朱古与活佛两个词不完全相等。朱古,俗称为活佛,这种提法可能更确切一点。活佛转世，是从噶玛噶举派开始的。噶玛噶举派高僧在13世纪中叶，与萨迦派进行斗争的过程中，为了维护本教派的利益，防止教派内发生分裂，突出教派首领的地位，利用在西藏宗教界流传的佛的化身的说法，以转世的传承方式来巩固教派的政治、经济特权，开始了转世制度。高僧在生前预示和留下遗嘱，作为后世寻访转世灵童的线索。

格鲁派最早采取活佛转世，应该说是从达赖喇嘛开始，据说他是观世音菩萨的化身。索南嘉措应蒙古土默特首领俺答汗邀请，前往青海。俺答汗赠以"达赖"之号，其蒙古语意为"大海"，是说其智慧如大海。于是"达赖"成为达赖喇嘛系统的专用佛号。索南嘉措为三世达赖喇嘛，1588年3月26日在内蒙古地区圆寂。据说三世达赖喇嘛曾立遗嘱转世于蒙古。这种预言在西藏佛教中有许多记载，如周加巷的《宗喀巴传》引经典预言说：佛陀对阿难说法时，预言未来会诞生宗喀巴，并在西藏建立噶丹寺。这种预言实际上是伪造的，但预言却能使很多信徒相信。在经典中有许多预言，颇难理解，往往后人附会解释。活佛转世预言，是颇受重视的。根据三世达赖喇嘛的遗嘱，蒙古统治者与格鲁派上层喇嘛安排以蒙古土默特部俺答汗后裔为四世达赖喇嘛云丹嘉措。关于达赖喇嘛转世的预言有真有假，也有后人加以附会。如阿旺多杰的《六世达赖仓央嘉措密传》预言了仓央嘉措出生年代以及出生的方向等。六世达赖仓央嘉措写的一首诗："洁白的仙鹤，请把双翼借我，不到远处去飞，只到理塘就回。"据说这是六世达赖仓央嘉措生前对转世的遗嘱。嘉木样活佛就是根据仓央嘉措的这种预言，寻认理塘的噶桑嘉措转世成为七世达赖。据说十三世达赖喇嘛在1908年离京回藏，经青海的夏宗寺时，曾把一双靴子遗放在夏宗寺后面，在视察村子时，赞扬这是一块美丽的吉祥地。十三世达赖喇嘛圆寂后，这种附会被作为寻找十四世达赖的依据之一。

格鲁派中另一大活佛是班禅额尔德尼，据说他是无量光佛的化身。罗桑却吉坚赞是格鲁派中开辟基业，立有卓越功勋的重要人物，根据《菩提道次第传承高僧传》所记，三世班禅罗桑丹珠圆寂前，向大弟子克珠桑结益希叙述他将很快降生于拜哇地方，克珠桑结益希做了同样内容的梦。拜哇地方在后藏日喀则之西，克珠桑结益希在后藏兰伦热布豁卡的竹拜哇村住了一个月，进行了详细观察和调查，认为曲结巴丹桑布幼童是三世班禅罗桑丹朱的转世灵童，即四世班禅罗桑曲结。

关于章嘉活佛的转世，在《蒙藏佛教史》中，有一段追溯前世虚构的转世遗嘱，说五师祖索坡苦巴专学佛典、经律，翻译经卷，名望很高，有门徒千余人。将圆寂时，宣谕四大佛教门徒等，集合于祖师修法处，宣扬密宗教义后，谕众曰：今拟弃此而去西方，诸众勿以我去，因生哀怜，而要强留，世界众生，莫不有死，衣、食、住、行，亦无所用，唯愿死后，早到西方，斯为极乐。说完后，灵魂即上升天空，随之诵经，肉体已弃于地下，诵经之声尚在云际，历历可闻，僧众见状，悲泣交集，咸乞求回世，顶礼哀恳而无已，索坡苦巴遂发慈悲之念，化为一鸟，向下飞来，谓大众曰，勿再悲哀，我已回来，复归于尘世矣。遂将灵魂赋于肉体之内，迄第二甲寅之年，乃圆寂而去西方极乐世界。遗体荼毗，当此次圆寂之时，众见一少年乘马而来，毛色淡黄，鞍似海螺所成，及抵寂所，下骑牵赠之，转瞬而少年不见，又有龙王人等来赠珍璧礼品无数。这是以充满宗教色彩的故事形象化、理想化地描述其转世。在章嘉二世阿旺洛桑却丹（1642～1715）圆寂前，噶钦喜饶达杰等僧徒提出希望他能预示转生，他说："你们向三宝祈祷，我亦祈祷三宝。"言讫圆寂，遗言简短，不明说转世，而让僧徒深思，要弟子一心祈求三宝，借助三宝之护持，进行转世。第五世班禅罗桑益喜（1663～1737）向嘉色活佛晋美益希扎巴，珠旺赛化仁波且，拉莫护法，乃穷护法，噶栋护法等求示章嘉活佛会不会转世的预言，他们都预言将会转生。但不知在什么地方降生，拉莫大护法说将在活佛自己愿意的地方降生，噶栋护法也说将在活佛自己的地方降生。就是说转生在安多地区，乃穷护法说按他驻的寺院算，当在西北方向，珠旺赛化仁波切说，将在寺院的北面出世。这寺院是指佑宁寺。后来寻找到了二世章嘉呼图克图。二世章嘉阿旺罗布桑却拉丹圆寂前，对清高宗说："我自入寂之后，又有转世，请勿忧虑。"圆寂之后，高宗命硕林安巴办理转世之事。三世章嘉呼图克图圆寂前，亲笔书呈献藩院，转奏宣宗皇帝，预示转世。活佛转世的预言和遗嘱往往带有神秘的宗教色彩。

喀尔喀蒙古的最大活佛是哲布尊丹巴，据说蒙古阿巴岱汗到西藏请多罗那他往蒙古，但多罗那他没有立即答应，只同意以后前往。后来他到喀尔喀传教。崇德七年（1634），在蒙古喀尔喀部的库伦圆寂。转世于喀尔喀蒙古，以土谢图汗衮布多尔济之子扎那巴扎尔为多罗那他转世灵童，这是有权有势的贵族家庭的灵童。五世达赖喇嘛授以其哲布尊丹巴之尊号。后来一世哲布尊丹巴在北京将入寂前,有人问:"今欲转生于何处?"预言曰:"达尔汉亲王与申年所生之女结婚所产之子即为二世哲布尊丹巴。"一世哲布尊丹巴圆寂后,在转世问题上蒙古王公发生纷争,最后以世宗敕旨为准,以达尔汉亲王之子为二世哲布尊丹巴。

实际上活佛转世受到强烈的世俗政治影响,不是单纯的宗教事务,而且往往形成权力之争。如拉卜楞寺的一世嘉木样俄昂宗哲(1648～1721)圆寂,其是否转世形成权力之争。直到1743年寻访了转世灵童,嘉木样活佛转世系统从此正式开始。

活佛转世的预示,也可以说是多种多样,如活佛圆寂时,其弟子在其所住的屋顶,点燃一把烟火,并登楼观察烟飘的方向,认为这是活佛投生的方向。如十三世达赖圆寂时,其烟向东北而去,有人说,十三世达赖圆寂,其头扭向东北,就是扶正后,复扭转东北,认为这是预示其转生青海。

第二节 转世的宗教活动

活佛转世,除前世活佛预言之外,还要通过一系列的宗教活动来确定下一世活佛是否出生、属相,在哪一个方向,有什么特征和标志,然后才能寻访。简要叙述如下。

一、垂仲降神,指示活佛转世

垂仲是藏语,佛教护法神的汉语译音,亦译作"吹忠",或"曲仲"。"垂仲",清代文献又译称"神汉"。所谓降神,是以所谓神灵附体表达佛的旨意。降神最早起源于吐蕃时期,当时吐蕃赞普赤松德赞请乌仗那国(今巴基斯坦境内)的莲花生到西藏,据说莲花生使用所谓降神附体于幼童,指出什么鬼在为害作恶。从此以后,据说在西藏逐渐兴起降神术,神是保护佛法的。形成为护法神。格鲁派兴起以后,有护法喇嘛,即"吹忠"。根据《西藏志》记载:"垂仲殿,在大召东半里许,古名噶玛霞,内塑神像狰狞恶煞,内居护法,乃喇嘛装束,仍娶妻生子,世传其术,即中华之巫类。每月之初二十六下神,头戴金盔,上插鸡羽一束,高二三尺,穿甲,背插小旗五面,周身以白哈达结束,足穿虎皮靴,手执弓刀,登坐法台,凡人叩问吉凶,托神言判祸福。出则人从,装束鬼怪,执旗鼓钹导引……凡各大寺皆有垂仲,亦有女人为之者,俱为番人所敬信崇奉焉。"哲蚌寺山下里许,有垂仲殿,为护法喇嘛所居,亦降神附体,判断祸福。哲蚌寺山下的垂仲殿,称为乃穷法殿。拉穆系前藏的地名,离拉萨约有二日路程,有一寺名香曲觉,拉穆护法源于此。以地名为护法神名。西藏转世灵童,书中记载以拉穆护法降神指示。护法降神的僧人是经过训练的专职人员。他在一定条件下作为神与人之间的中介,以降神保护佛法。在清代,正式确定西藏有四大护法寺,一是拉穆,该寺在拉萨东北的拉萨河的上游,属达孜县境,寺内供有护法神的天梵天神像。二是乃均,也称乃琼、乃穷,该寺在拉萨不远的哲蚌寺东南山下。三是噶东或称噶瓦东,该寺位于哲蚌寺西北不远与堆隆相近。四是桑耶,也称萨穆叶、桑鸢,该寺位于拉萨东北的扎囊县境,雅鲁藏布江北岸附近,属山南区。以上四寺有四人担任专职护法,这种僧人藏语称为"古甸巴",意为"神师"或"巫觋"。作法降神要举行宗教仪式,喇嘛要诵经念咒,形式极为隆重。僧众诵经之后,在数名僧人协助之下,试演降神之法,以神灵附体发言解答,喇嘛以笔录,僧众诵念佛经,染上了一层浓厚的神秘宗教色彩。凡是大活佛的转世都要护法降神,如十二世达赖喇嘛于1875年3月20日逝世,西藏噶厦请山南桑耶寺垂仲降神,说达赖灵童转生在东南方向,噶厦政府根据各种说法,一致决定向拉萨东南方寻访灵童,在拉萨东南部达布地区朗敦村寻获到转世灵童。又如五世班禅1737年圆寂,札什伦布寺派人在1740年找到后藏南木林宗扎西则谿卡唐拉家生的男孩,认为是五世班禅转世的灵童。七世达赖喇嘛派卓尼阿旺罗桑为代表,会同颇罗鼐和札什伦布寺的班觉坚赞等人,同赴拉萨甘丹康萨寺请吹忠降神,询问后藏南木林宗札西则谿卡出生的幼童,是否前世班禅转世的灵童,吹忠降神确认是前世班禅的转世灵童,于是七世达赖喇嘛写信正式通知札什伦布寺,札西则谿卡出生的幼童为六世班禅。

实际上垂仲降神,不过是打着神附体的招牌,宣布某些人的意见。《西藏宗教源流考》附录一指出:"或贿恣意舞弊,或偏庇亲属妄指,或达赖喇嘛、班禅额尔德尼暗中授意,令其指谁。此等皆有之事。"吹忠护法降神营私舞弊,因此出现活佛转世很多都出自达赖、班禅两喇嘛的亲属及世家之内,相习相沿。如六世班禅罗桑丹贝益喜(1738~1780)是后藏地方扎西则人,其一个兄弟却智嘉措是噶玛噶举派红帽系的第十世活佛，另一兄罗桑金巴是札什伦布寺的仲巴呼图克图，其侄女多杰帕姆是香巴噶举派桑定寺的女活佛，一门之中出了四个活佛。清乾隆皇帝鉴于垂仲护法降神舞弊，为"去转生一族之私"，以"辑藏安边"，遂决定实行金瓶掣签制，加强了对大活佛转世的控制。

二、观察神湖，显示活佛转世

西藏塔布地区加查宗的拉莫拉措湖被认为是神湖，该湖四周多森林山峦，湖中多倒影，以其反映之各种形象显示未来，因此凡有重大事情，高僧就到湖边作法事，进行祈祷，然后观看湖中出现的景象，并加以意测，来判断或说明其景象所表现的是祸还是福，以及活佛转世的幻影。十二世达赖喇嘛成烈嘉措于清光绪元年（1875）三月二十日在布达拉宫突然逝世，为求得其转世灵童出生地以及家庭的某些特征，1876年9月特派拉萨上密院卸职堪布罗桑达吉到拉莫拉措湖边，向湖中抛了哈达和宝瓶药材等物，诵经祈祷，罗桑达吉根据看到的湖中幻景获知，拉萨东南达布地区的朗敦村一家农户生了一个男孩，便前去查访，在朗敦村看到的情形和他在湖中所见的幻景完全相似，看完幼童以后，他回到拉萨作了详细的报告，认定为十二世达赖喇嘛的转世灵童，即十三世达赖喇嘛土登嘉措。1933年10月30日十三世达赖喇嘛圆寂，进行转世，热振活佛到圣湖看显影，据说从显影中他看到一家农户，位于路的尽处，门前有一株巨柳，门旁拴一匹白马，一位妇女抱一小孩立于树下，热振活佛将见到的幻景，命人详细画出，派格桑活佛按图向东北方向寻访，结果在青海湟中县南20公里的祁家川寻到了转世灵童的家庭。据说，1933年十三世达赖圆寂后，摄政十一世热振活佛率领三大寺上层和地方政府官员于1935年去拉莫拉措湖，经过几天的念经祈祷，热振活佛看到湖中有一座具有金顶及翡翠屋脊的寺院和一所有绿松耳石顶的房子，于是他将此写成文字，严格保密，第二年密授三大寺上层喇嘛，组织寻访团，去青海的是色拉寺格桑仁波切，他来到像湖景中出现的具有金顶和翡翠屋脊的寺院即塔尔寺，绿松耳石作顶饰的房子即十四世达赖出生的家，确定了转世灵童。

关于十三世达赖转世，除去上述两种说法之外，还有如下两种较为详细的记载，一则见之于摄政热振向民国中央政府的呈文，一则出自国民政府行政院致蒙藏委员会的公函。由于这两则资料都是国家正式档案，又因其内容涉及活佛转世的许多鲜为人知的细节，不妨将档案中的内容移录如下：

摄政热振1936年将其于1935年"琼科尔结天海"（即圣母湖）的观海"求神验卜"事报告国民政府，其内容是："先见一破篮式房屋，继见一所三层汉式房屋，上盖玻璃瓦。于是彼（按：指热振）即为达赖转世问题虔诚祷卜。海中遂现出藏文中之第三十、第一、第十六亚字母［按：即藏文阿（a）、嘎（ka）、玛（ma）字母］，继出现一条大路，远远望有前所见之三层汉式房屋，其旁有一蒙古包，惟不甚显……并云依其（按：即热振）推测，新达赖当转生于中国本部蒙古或青海，盖所现藏文三字母，似为安都功棚密三（字）之第一个字母，意译为青海塔尔寺人［按：文中'安都'即藏人所称之'安多'（amdo），泛指青海，'安'字即'阿'之别译，'功棚'即藏文塔尔寺之音译，藏文作'sku vbum'，其第一音节之基字即嘎（ka）字；'密'即藏文'人'之音译（mi），其基字即玛（ma）字］。"①

另一文件也是热振呈报民国中央政府的呈文，时间是1940年1月26日。此件有汉、藏文两式，今均存。其内容甚详而有趣，今分述如下：

1. 达赖是否出世？

热振："在达赖寝室内所奉发言女神前拈取卜丸，神示已经出世"。

2. 观湖时机是否已到？

"本呼图克图（按：即热振）于布达拉释迦佛前亲诣卜问观湖时机到否，回示已到。"

3. 赴曲科吉（按：即圣母湖所在地）。

"遂于十三辈达赖金塔格勒笃觉建筑完成之后，余（按：即热振）主仆一行人等不辞苦，竟赴曲科吉，于对康汪母女神前供陈亿盏祭灯，虔诚祝告。"

4. 观湖景。

"乃审视神湖，果见'a'阿、'ka'嘎、'ma'玛三字，以及产生之房（按：即达赖灵童诞生之房），并山野形势，皆甚明显。"

5. 求神卜问灵童诞生方向。

在桑鸢寺求降仔乌马布神，降临之时，神以哈达向东而投；噶东神亦先后明示生于东方；乃冲（乃穹）神新选降神人，初次降神于达赖寝室之时，亦将

---

① 《民国档案史料》，1988年第4期，第41～42页。

哈达向东投递。

后藏政府又请降神："致祭后，噶厦公所求降乃冲大神。方将叩问，大神（按：即护法神汉）起立欢跃，向东顶礼三次。"

6. 十三世达赖圆寂时的示意。

"前达赖初在坚岭颇章宫殿之期美巧基寝室作卧狮之形，面向东北面圆寂，及至移柩俄察白期宫殿，至石路上时，参孝（即侍读）打扎佛爷瞥见达赖笑向东北天空。又俄察白期宫及其后布达拉各宝座上，原系向南，乃无人移动，竟自转向东方。"

对上述诸项，热振的判断是："以此观之，转生灵儿必生于西藏之东或东部何区无疑。"

7. 由护法神决定寻访灵童的人选。

"各寺佛爷名册内，由乃冲大神（按：即乃穹护法神）特派下列有缘者三员前去寻访"（按：即普布觉降巴佛、纪仓佛及色拉吉巴康萨佛爷。此处所说之"佛"或"佛爷"，均指"活佛"而言）。

三、占卜，确认活佛转世的方向

占卜是很古老的宗教活动，西藏在吐蕃时期，宗教界就广泛使用占卜。《西藏志》记载，西藏占卜之术，有喇嘛以纸画八卦，书番字而占者，有以青稞排挂抽五色毛线而占者，或数素珠而占者，或画地而占者，或烧羊骨，或看小碗，种种不一，然亦有颇验者，大抵在所学之精浅耳。格鲁派兴起以后，使用占卜作为活佛转世的一项宗教活动，如十二世达赖喇嘛成烈嘉措于1875年3月20日逝世。这一年后，为了寻访转世灵童，请八世班禅丹白旺修（1854～1882）打卦问卜，指出转世灵童在拉萨之东南已经出世。八世班禅丹白旺修圆寂后，札什伦布寺于1887年派人前往拉萨，向达赖请示八世班禅转世灵童的方向，达赖在布达拉宫吉祥天母佛前打卦问卜，根据指出的方向前往寻访。九世班禅于1937年在青海玉树逝世以后，1941年在班禅行辕堪布会议厅，由摄政的热振活佛占卜，确定班禅已转世于东方，经过辨认，确认了九世班禅的转世灵童。又如拉卜楞寺高僧三世贡唐仓贡曲乎丹贝仲美逝世，1829年4月15日，由三世嘉木样、德瓦仓、霍尔藏仓等在前世嘉木样灵塔前占卜，确定贡唐仓转世灵童为1824年11月11日出生于今夏河县托油分傲奇地方的贡曲乎丹贝嘉措。在活佛的转世过程中使用占卜的宗教方式为手段是比较普遍的一种形式。

四、夺舍[①]，也就是附体转世

活佛是由佛附体与人相结合。活佛的逝世是佛离开了人体，经过怀胎转世外，还有一种是佛的附体转世，称为夺舍，是西藏佛教密宗中的一种转生法。《安多政教史》记载，三世东科尔活佛杰瓦嘉措（1588～1639）死于凉州，遗体送往东科尔寺途中，碰到有人送殡，死者是一位19岁的汉族青年。三世东科尔活佛之魂附于尸体，青年死后复苏，自称"东科尔"，这样就成了四世东科尔活佛多居嘉措（1621～1683）。青海却摩寺最后一代却摩仓活佛也是附体转世。这种转世方式记载不多，这或许是一种特殊的转世方式，一般著名大活佛转世均不采用夺舍法。据说，人死后灵魂到达中阴界，如有必要，可转到刚死的别人的尸体上，而使其形体复活，这就使夺舍成为一种活佛转世的方法。

活佛转世分成不同的等级，除了宗教首领活佛转世要经过复杂的宗教活动的程序外，在《钦定二十九条》章程中规定各大寺首要堪布活佛人选，得由达赖喇嘛、驻藏大臣及摄政呼图克图等协商决定，并发给加盖以上三人印章的执照，呈报理藩院注册。

第三节　寻访转世灵童

蒙藏佛教中活佛转世制度，是特有的一种遴选其宗教及其寺庙首领的方法。滥觞于13世纪末，逐步发展、扩大，特别是格鲁派各寺庙普遍实行活佛转世传承，虽然活佛转世蒙上神秘的宗教色彩，但这种遴选本身在宗教传承方面似是可取的。因为挑选灵童要对将要成为活佛之幼童的身体素质和思维能力进行全面考察，以此使转世的灵童能有比较好的先天条件，然后对选的灵童进行教育，使其成为佛教中最有学问和佛学造诣最深的人物。因此寻访转世灵童是活佛转世中极为重要的一环。当然，实际上人为的干涉是显而易见的。

---

① 藏文称"波哇仲久"，意为"往生夺舍"，是纳若六法之一。

寻访转世灵童前往往根据前世活佛圆寂的年月时辰，推算下一世转世灵童的年庚生辰。按推算的生辰寻访登记该时出生的幼童，转世的时间大约上下相距一年，不过也不都是这样，有的相差两三年，甚至更长，据民国档案载，最长不得超过七年。这是由于在转世过程中发生政教权力承袭等问题，或条件尚不成熟等各种因素造成的。一般正常的情况下是以圆寂、投胎到出生，进行推算年庚生辰，然后进行寻访转世灵童。

活佛转世，据说会出现各种预兆，异瑞或生时虹见屋上，或其父母自感天兆，其家遇到不幸等。这些预兆便于寻找转世灵童。如七世达赖喇嘛，康熙四十七年(1708)在理塘出生，初生之际，据说彩云呈祥。十世达赖喇嘛，嘉庆二十一年(1816)在理塘地方转世，记载说祥云聚于房顶。各吉祥征兆极多，诞生之屋的木柱忽见流乳，房内忽有丸药撒地，其语言行动，均与一般人相异，能预示前事，聪慧颖悟。十一世达赖喇嘛于道光十八年(1838)在噶达地方（即泰宁）转世，诞生以前青黄花在冬天不萎，噶达寺（即泰宁寺，又称惠远庙）又生历来未见之花，一枝上有花三朵，房前水井内均见有各色牛羊，寺院楼顶有五色祥云，诞生时自早晨起皆见祥云聚成幡、幢等形。幼孩还能说"准备行装到我寺院去"。又向众人说："我见观世音菩萨像，这是我的化身。"十二世达赖喇嘛，咸丰六年(1856)转世，是年冬，墙园内忽生树木，上有五朵花枝。灵童出生时见其两手合掌下地，即能在地盘膝。九世班禅于光绪九年(1883)转世，其母生后即哑。是年其母抱儿屋侧石板上，教以起立，两脚印深迹在石上，如踏泥然。章嘉活佛若必多吉出生之前，传说有预兆，其母怀胎时，多次梦见自己身体变化成金身，腹中怀着一座金山，在其降生的白崖附近出现彩虹，当彩虹消失，石崖上出现一座门，听到声音说：弥勒佛将从这座门里出来。认为这是伟人转世的诞生。活佛转世中出现的预兆，有许多是附会解释，不可信。但当时种种预兆的传说有利于转世灵童的寻找。当然也有在寻访到了转世灵童后，对转世的灵童出生时发生的情况事后加以附会渲染，借此证明这是佛的转世。寻访过程中寻访人员要不让人辨认出来，这要化装，编造理由，这样才能便于寻访，反映真实情况。

在寻访转世灵童时采取的辨认办法是用宿通的方法。所谓宿通，是通过灵童记忆前世佛所使用的物件或共同生活过的人物或诵出前世诵过的一些经典，来辨认是否为前世活佛的转生。例如，1586年三世达赖喇嘛索南嘉措到内蒙古参加土默特首领俺答汗的葬礼后，于1588年圆寂。《夷俗记》记载，达赖每指今松木台吉所居曰，此地数年后有佛出焉。后达赖喇嘛卒不到一年，在万历十六年（1588）松木之妻孕，生儿之后，此儿自言"我前达赖喇嘛也"。于是将前世达赖所乘之马及经一册，以及其他之物，让幼童辨认，他将达赖所乘马曰："此我之马也。"于诸物品中独取念珠和经曰："此我故物也。"松木之子即四世达赖云丹嘉措。七世达赖喇嘛于康熙五十三年（1714）取道德格，前赴青海，对前世认识之人，凡来见面，皆如素识。六世班禅，乾隆三年（1738）生于后藏，在寻访时，闻扎希则地有一灵童，便派卓尼罗桑咨锥携带前辈法物，借沐浴之名，往扎希则密访。一日造庐，灵童见客，即呼罗桑扎巴（为卓尼之法名），罗桑扎巴惊奇，于是以前世班禅法物试之，灵童取而不舍。后为六世班禅。

寻访八世达赖喇嘛灵童时，后藏、江孜、工布、江达、扎雅、理塘六处报称各有一男孩，均具吉兆，派人查访，皆不能说话，没有列入验视名单。后在理塘、西宁、德格各访得男孩一名，其中德格地方的幼童是春科土司之子，据报，生下时连叫阿妈三声，口念六字真言，六个月能扶人行走，八个月即会说话，家内供一世达赖像，他能指像对人说，这是我的前身，有人问他是何人，他自称阿旺罗桑嘉措（即五世达赖的本名）。西藏地方又派人前往理塘、西宁了解，所报幼童虽然各有吉兆，但都不能说话。济咙呼图克图认为既不能说话，就不必验看，然后独差布达拉的管门喇嘛将春科土司之子接到拉萨附近贡塘，请驻藏大臣玉宁、文弼会同班禅额尔德尼、济咙呼图克图、第穆呼图克图、呼征呼图克图等，及噶伦、代本、三大寺众喇嘛到贡塘验视，聚集人不下数万，幼童谈话举止非常灵异，能认出五世达赖喇嘛的遗物。驻藏大臣指着第穆呼图克图问幼童，你认识此人吗？答认识，是第穆呼图克图，又问你是何人，答是阿旺罗桑嘉措。你是否认识我两人，答是大皇帝差来的大人。经过验视，认为确实灵异。后向皇帝呈报请免金瓶掣签。

在寻访灵童时，采取观察的方法，对灵童的身体、相貌、思维等都加以考察，特别注意与平常人有相异之处，认为是转世灵童的祥兆。如腿上有类似虎皮之斑点，或眉目颇长，其外端上弯，或大耳，或掌中有海螺形印，等等。在寻访七世达赖喇嘛噶桑嘉措时，发现其左臂有海螺之形，右臂有莲花之样，左掌中有法轮之形，肩头之下，多有祥征之虎皮文。八世班禅"生时洁白有光，额宽鼻隆，凤目长耳，诸相俱足"。

寻访转世灵童的过程,还要经历很多复杂的程序和办理各种手续。如八世班禅丹白旺修圆寂后,光绪十三年(1887)三月札什伦布寺派苏本堪布、旺加大卓尼达娃两人前往拉萨,向达赖喇嘛请示寻找九世班禅灵童的方向,达赖喇嘛卜卦,根据卜卦的结果,札什伦布寺派人前往卫藏地区寻访。当时寻找到三个,一个是前藏达布地方的幼童,一个是前藏拉昌地方的幼童,另一个是后藏托不甲地方的幼童,三个幼童需要经过金瓶掣签的手续,选定一人为九世班禅,六月十六日札什伦布寺派了业领苏康巴、卓尼苏岗二人前往拉萨,筹办掣签的准备事宜,十一月经光绪皇帝批准,于光绪十四年(1888)正月十四日举行金瓶掣签仪式,札什伦布寺的僧俗官员500余人前往,在布达拉宫的萨松甲殿举行,驻藏大臣文硕、达赖喇嘛、摄政第穆呼图克图、达赖佛师、札什伦布的僧俗官员以及灵童家属等参加。在布达拉宫经过文硕亲自掣签,选定塔布地区的仓珠嘉措为九世班禅。凡是达赖喇嘛、班禅大师等大喇嘛转世进行寻访,都要举行仪式、诵经祈祷,希望能顺利寻找到转世灵童。组织寻访的人员,有的是经护法神卜定的,如寻访十三世达赖灵童的三要员即是。除了高僧活佛为首外,还有平时随侍前世的人员参加,有时多达百余人,少则几十人。寻访人员出发,仅知所去方向,并不知道确切的所在地,故须准备长时期的寻访,因此途中之费用,给养都必须携带充足,寻访人员往往要带骡马数百,驮载各种用品财物,由出发之日起,即沿途依照其所得的指示,询问灵童的踪迹,凡听到传闻,即进行考察、观察、询问。如果发现名字巧合或房名、地名巧合,或与所携图相类似,须仔细访问考察,有时这种访问费时数载,才能寻获。九世班禅1937年12月1日逝世于玉树。他曾留下遗嘱:"后藏政务委定罗桑坚赞为扎萨克。"寻访九世班禅的转世灵童也由罗桑坚赞主持。据《西藏班禅驻京办事处致蒙藏委员会呈文》载:1941年7月初前往西宁,开始寻访转世灵童,以坚赞赴贵德一带;策觉林活佛赴湟源、都兰一带;恩久活佛赴大通、互助、门源一带;森吉堪布赴同仁、贵德一带;李金钟堪布赴共和一带;卓尼赵旺赴循化、化隆一带;卓尼拉敏等赴乐都、民和一带;巴楞堪布与香日德堪布赴果洛和二十九旗一带;卓尼旺堆赴玉树一带。在原西康(今甘孜州一带)诺云堪布和随从等在北路寻访;马索堪布、书记般丹以及随从等在南路寻访;又请丁杰活佛前往西康各路复寻;并派人到甘肃夏河、临洮、川边等地以及蒙古地区寻访。这样大规模的寻访到11月才告一段落,然后罗桑坚赞写了一份寻访报告，呈报蒙藏委员会，将各地寻访所获15名转世灵童按姓名、年庚、家世列表。罗桑坚赞向蒙藏委员会呈报有《寻访灵童经过报告书》，《各方推算班禅大师转世灵童证明书》，《寻访灵童支出各项费用数目清单》等。现将《寻访灵童经过报告书》抄录如下：

(1) 关于青海贵德方面

贵德县属朵让（亦名朵夏）却滇克地方的官嘉仓，有一个孩童，名叫隆热嘉措，颇有慧性，一般人均传说是班禅大师的转生。本年三月间，森吉堪布同李堪布金钟专往该仓去访，并且在经过的各大寺院诵经祈祷，希望大师早日转世。到了该仓的门首，李堪布看见这个小孩，即低头表示敬意，这小孩俨然以佛的态度，用双手摩着他的头顶。森吉堪布等和他的父母互叙寒暄的当儿（父名官嘉，系一活佛），这小孩以手指叫先佛的小狗："朵呀朵呀！"（先佛小狗原名朵沙。按狗的习惯，每见小孩子必然狂吠，唯对此孩并没吠叫，亦表示敬意）李堪布于是抓着小狗，问道"你要不要？"小孩答道："要。"同时右手拍着左肩说："放在这里。"（先佛在世时，常将小狗放在肩上玩耍）这种情形，尤为奇异。后来李堪布指着森吉堪布对着小孩说："这个人你认识么？"小孩答道："知道。"李说："是谁？"小孩说："阿格传巴。"（森吉堪布原名传巴堪布）李又说道："他从何处来？"小孩说："结古结古（按：玉树区之首府）。"李堪布又把先佛和森吉堪布的念珠交给小孩，让他挑选，小孩遂将两个念珠一同拿出门去，先把森吉堪布的念珠交给他的母亲说："这是阿格传巴的牟尼牟尼（按：玛尼念珠——宝珠）。"可是把先佛的念珠牢牢拿在手里没有丢开。李又问道："你拿的念珠是谁的？"小孩答道："且吉嘉宝，且吉嘉宝多玛喜（即法王的意思）。"这时候大家把念珠索要了好几次，他任何人都不给。后来他的差人向小孩的手里夺取念珠，因为用力太大，把小孩拉倒了，但是念珠始终没有离开他的手。后来森吉堪布等快要离开他们家庭的时候，经过他父亲严厉的申斥，那小孩很不高兴地才把念珠搁在桌子上面了。总括起来说，那一天这小孩的态度是庄重的、亲爱的，没有一点儿生疏不惯的表现，并且说了许多话，但是因为年纪小的关系，讲得不大清楚，然而当中最明显的话，就是"且吉嘉宝，且吉嘉宝多玛喜"两句经语。同时双手做供佛和送魔的姿势，意态极为自然，竟无矫饰气象。他的面貌很丰满、仪容很秀丽，还带着一种慈悲的模样儿。

据他的父亲说：这孩子生于虎年的农历八月二十四日黄昏时候，当生产时，西方天上出现了一道白色光芒，直射到他们的地方。当那一年八月的初间，他们花园里的桃树，好像春天一般的忽然开放了美丽的桃花，后来有个德扎寺的大喇嘛格西图丹，他说："这个孩子是具有大智慧的人，你们好好保养"等语。再，他的父亲睡梦中得获了许多菩萨宝剑和螺贝喇叭，他的母亲并且捡出了三个螺贝，抱在怀里。此外还有许多的征兆呢。

当年农历六月间，坚赞和李堪布为了彻底甄别这小孩的灵异，作二次的访问，由塔尔寺出发，于六月十五日到达朵让却滇克的官嘉仓。据他的父亲官嘉说："昨天这孩子说'明天客人来呢'，叮咛着不要忘记的样子，今天你们果然来了啊！"

一会儿坚赞问这小孩说："你从哪里来？"小孩答道："从上边结古来的。"又问："你认识我么？"这小孩审视了半晌说道："老隆朵布大大热（汉语译为你是年高的老汉）。"又问："你往札什伦布去不去？"小孩说："去。"又问："你有事没有？"小孩说："有。"又问："事情大么？"小孩说："很大。"正讲这些话的时候，这小孩手拿上一个小银铃，一面摇着铃子，一面念着："桑节吉朵丹巴堂，却吉朵丹巴"两句经语（即是佛语的真谛的意思），很喜欢的在地下轻轻跳跃。后来坚赞把历辈班禅佩带的护身佛像和一个扳指（是玉质的），一个念珠（此念珠是先佛的师父丹增旺加送给先佛的，先佛在世时，常悬项上）三件法器，同时杂加了同样优美的非先佛法器六件，错综的摆列起来，叫小孩检认。这小孩首先注视坚赞的护身佛像和念珠（原来此佛像和念珠先佛在世时很喜爱），最后他的当差喇嘛从旁给小孩说："且吉嘉宝的法器，你拣出来！"那小孩很从容地把历代班禅佩带的佛像举在头顶，表示敬意，并且在大家的头上轮举一次，然后奉安到佛阁里了。同时也把先佛的念珠和扳指一一捡取出来，其余非先佛的法器他就不注意了。于是他的父亲指着小孩对坚赞说道：这个小孩是不是班禅的呼毕勒罕，我们不敢言定，可是灵异的情形，已经给森吉堪布详细讲过了，以往这孩子只能念"且吉嘉宝"，现在还能念，"且吉嘉宝贡且罗桑察"（即大智慧法王宗喀巴之意）。并且在本年三月下旬的某一天，这小孩嘴里念着"荼贝且贝"（即武力降伏之意），整个一天，这些经语都是自然念诵，并不是别人教给他的。

再，由西藏札什伦布来的人说：当建修班禅大师寺庙土木工程刚完成的时候，寺内的柱子上，忽然长出一个蘑菇（如帽子大）。蘑菇的藏名叫做"朵夏"。

(按：贵德朵让地方，亦名朵夏)，这也是奇异的征兆，因为第八世班禅圆寂后，佛寺里也长出了蘑菇，最后佛爷果然在西康的朵夏地方转生了。

(2) 关于共和方面

在共和县属业隆恰果地方，有一个百户名叫拉玛才仁，他的小孩名叫索南旺堆，也非常聪慧。该年三月间，先由策觉林佛去看，当策佛等刚到这小孩住的帐幕前的时候，大家都看见一条白蛇，缠绕在帐幕天棚上边的脊梁上面，蛇头仰望着塔尔寺。大家非常惊奇，后来策佛的管家问这小孩道："你家在哪里？"小孩说："我的家很远，我要到家里去。"最后他的父母亲说，这孩子在虎年农历七月七日东方将明的时候生于狮龙多地方，同时适逢阿柔活佛开始举行时轮法会，在吹螺贝喇叭声音悠扬当中，这小孩即产生了，所以名叫索南旺堆(即法会之意)。时轮法会告竣以后，他们请阿柔佛到帐幕里去，刚引入帐幕时，扑鼻的香味充满了帐幕的四周，同时天空射出五色祥云，映照在帐房的上面，大家都很显明地看见了。且在怀孕的时候，他的母亲梦见黄花尔的花园里面，捡得了一副法器铃子，并且在他们家里的空场里边，长出奇怪的鲜花，从来没有见过。

这一次罗桑坚赞和李堪布又到那里去访，刚到他们的帐幕里面，这孩子有点愁容模样。在谈话的时候，他的父母说："昨天这孩子说，'明天有客人来哩'，说了好几次。"坚赞等坐了一会，问这小孩子道："你从哪里来？"小孩答道："从札什伦布来的。"又问："札什伦布大不大？"小孩答道："很大。"又问："你去不去？"小孩答道："去。"又问："你几时去？"小孩答道："快要去。"后来坚赞把历辈班禅的法器和同样优美的非先佛法器，混合摆列起来，这小孩一面注意坚赞的护身佛像，一面望着坚赞的面孔，好像喜爱的样子，他的差人从旁给小孩说："索南旺堆，你的东西，你拣出来，假如不是你的东西的话，可以交给你的哥哥拉贵。"小孩听到这话后，马上把先佛佩带的佛像和念珠都悬在自己的项脖上，扳指串在左手的大拇指上。他的当差又说道："唉！你捡错了，你和你哥哥的东西，交换不交换？"小孩说："不换，我取的都是我自己的东西。"同时对着坚赞说："你拿来的东西，还有什么？"坚赞答道："没有拿来别的东西，你认得我么？"小孩说："认识。"又问："我是谁？"他再没有答复了。李堪布又问他："你认识我么？"小孩说："不知道。"坚赞又问他道："札什伦布你部下的人有多少？"小孩说："有。"又问："有谁？有谁？"孩又不回答了。坚赞继续又问："你的部下的苏本堪布、森吉堪布、却奔堪布、玛青木、索得巴、森格巴……这些人有没有？"这小孩听到这些话以后，连一句话也不说，愀然转回了面孔，望着他的母亲，几乎要哭，好像对刚才说的这些人有点挂念的心思，可是喉咙里说不出来的样子。坚赞等临行的时候，这孩子表示出恋恋不舍的情况，好像挽留我们。

这个孩子的身体，没有不好看的部分，但是他的头是个长方形的，额部很窄，后脑肥大，看起来不十分雅观。

(3) 关于共和阿左方面

共和县属的阿左地方，有一个民人，名叫让孝热，他的孩子名叫朵桑。策觉林佛专往去访，据他们的家属说：这孩子是兔年农历四月十一日生的。当生的那一天，同时他们的海骝马也生产一个小驹子，这驹子的前左腿上，另生出一只小蹄。并且那一天他们的帐房上，飞来了一只小红鸟，头上长着一个像凤头式的长毛，在帐房竿头上住宿了七昼夜。他的母亲又梦见了一座宫殿，金碧辉煌，殿旁还有许多的牡牝野兽呢！

策觉林佛乘骑的有两匹马，一匹黄马是先大师的，一匹是他自己的。策佛的差人抱上这小孩问："这两匹马哪一匹好？"小孩说："黄马好！这匹马是我的。"并且抓着黄马的缰绳，牢不放手，这些情形也是很奇怪的。

又在共和阿左地方，有一个民人名叫义嘉，他的孩童名叫拉加慈仁。也由策觉林佛去访，据其家属说：这孩子生于龙年四月八日，当生的那时候，他们的地方上，有一个大石头上面忽然出现了五色的光芒，映照在他们家里。但这孩子经策佛的观察，也没有特殊的表现。

(4) 关于共和达隆方面

共和县属的果密达隆地方，有一个民人名叫散丹，他的孩童名叫班玛多吉。曾经森吉堪布去访，据他的父亲说："这孩子生于虎年农历五月初，他平素无论是见了任何喇嘛，都非常和蔼，好似会晤了故旧朋友一般的亲热。"森吉堪布去的时候，看见这小孩端端正正地坐着，嘴里喃喃念经的样子。

(5) 关于同仁方面

同仁县属的特武地方的名人朴力巴加的孩童，名叫贡格金赞，生于虎年农历十月二十日。听说这孩子降生的时候，天上出现了五色的祥云，当地的人均传说是班禅大师的转生，所以恩久佛前往去访。除掉这些传话以外，亲自见了这小孩，也没有什么奇特的表现。

又在同仁县属的林加地方,有一个民人名叫夏苦,他的孩子名叫彭奔加,生于龙年十二月初八日下午一时。当生的时候,从南方出现白光一道,并且他们家里的老妇人在睡梦中,看见这小孩子的母亲由小土丘里取出金质的佛像一尊,藏在怀里了。这些话是传说的。可是经恩久佛到那里去访的时候,看见这小孩非常活泼,面貌清秀,此外再无别的奇特啊。

(6)关于循化方面

循化县属完得千户的孩子名叫官保慈旦,生于虎年正月初三日。当生产这孩子的那时候,五色霞光笼罩了他们的地方,这样传说着。但是恩久佛前往该处去访的时候,看见这孩子并没有任何奇异的情形。

还有循化县属的朵楞地方,有一民人名叫般丹加,他的孩童名叫旦正才仁,生于虎年八月二十三日下午。一般人都说这孩子非常魁伟,面貌不凡。但是恩久佛前去观察以后,这孩子的举止言语各方面也没有什么特别之处。

(7)关于互助方面

互助县的哇热俄果地方,有一个民人名叫官保松,他的儿子名叫旦正多结。曾经由恩久佛前往去访。据他的家属说:"这孩子生于龙年,他的母亲怀孕时,梦见三个神仙对她说,'你怀的小孩是一个大智慧的人,你要清净的好好保养',小孩的胸部上,有一个很光彩的阿(a)字。"他的母亲就这样做了一次睡梦,但是经恩久佛的观察,这孩子也没有什么灵异之处。

(8)关于民和方面

民和县属的三川慈丹寺附近的村庄,有一个民人名叫乙细达结,他的幼童名叫宗哲达吉,生于虎年十一月十五日凌晨三时。曾由卓尼拉敏去访,据其家属讲:这小孩的母亲怀孕时,梦见他们的家里从(重)新建筑了一个转经轮,并且有个慈旦寺的喇嘛旦巴给她一个护身符等语。可是拉敏观察这个孩子,除了活泼以外,再没有别的稀奇之处。

(9)关于西宁方面

在西宁塔尔寺附近的俄西地方,有一个民人名叫朵孝芝,他的儿子名叫般玛团柱,生于兔年六月十三日东方将明的时候。传说去年九月十五日他们的花园里的果树上忽然开了花儿。当年尼纳佛去访的时候,在各方面探询,花园里开了花儿是事实,可是小孩儿没有什么特别的表现。

在塔尔寺所属的却加地方,有一个民人名叫加拉结,他的儿子名叫官保慈丹（蒙藏委员会按照班禅办事处所报灵童姓名、家世表所列第九名在西宁所获灵童应为官保却丹）。曾由当柴佛（按：即当才活佛）去访，据他的家属说：这孩子生于虎年九月十五日，他的母亲怀孕时，梦见太阳投入怀中，一会儿，太阳仍然升上天空，变为喇嘛衣服，同时五色的霞云包围了这件衣服。可是当柴佛观察这孩子的一切，也不见得有奇异处。

（10）关于西康方面

据西康访佛人员堪群、滇洛云、麻索等的报告：德格土司的孩子名叫罗加结卜，是虎年九月十日东方将明的时候生的，一般人传说是班禅大师的转生。但是他们专门去看以后，这孩子除对他们表示亲热以外，再无其他奇特的表现。

又接滇洛云的报告：仲宜般登等前往理化一带寻访灵童去的时候，有一个布丹的流落人名叫图丹洛样，他说："他的儿子名叫慈巴多结，于虎年十一月二十五日东方将明的时候，在打箭炉上边的哲多山的一个石洞里面生下了。刚生的那时，一轮明月恰恰照在石洞里面，还有一线白色的光芒，直射到洞上，天亮时候才没了。同时有两个老鸦喈喈的喊着，好像表示喜悦，噪叫好久，向西方飞去了。同时还来了一只小红花狗，卧在小孩的身旁，好像保护小孩来的。并且小孩的额上，有时出现一个阿（a）字和热（ra）字，或者现出一只眼镜，或者现出有光的宝石。并且这孩子将会说话的时候，说着他是札什伦布的，还有很多的随从和东西呢！可是仲宜般登等亲自见了这小孩仔细观察时，不过小孩有点活泼的样子，其他语言、动作、面目等等方面，没有甚么特异象征的表现。

再据滇洛云等报告：他们在西康的各大喇嘛前推算的结果，均说班禅大师已转生青海方面了。

当年农历八月十五日，为了彻底甄别访获孩童的灵异起见，将贵德、共和、同仁、民和、西宁等县寻获的孩童九名，一一接到塔尔寺，作详细的试验。试验的结果，其中五名是很聪慧的，或者认识先佛法器准确，或者举止言语合乎班佛象征，而灵异最显著的是贵德县所属却滇克官家仓的孩子隆烈嘉措和共和县属恰果地方的索南旺堆这两个小孩了。

罗桑坚赞派恩久活佛等，携《寻访灵童经过报告书》以及灵童名册，前往西藏，恩久佛等到达西藏后，与西藏当局磋商，当时西藏当局提出要派员在金沙江西岸进行复访的要求，事实表明，此举目的在西藏当局自己图谋树立一个可以由噶厦控制的班禅，排斥堪厅，对抗中央。但是，恩久等仍接受了西藏当局的意见，由札什伦布寺派员分南北两组从事寻访。恩久活佛及森格巴为南组，比伦活佛及龙仲堪布为北组，分别赴前藏所属之西康地区寻访。同时罗桑坚赞又派策觉林活佛赴西康再度寻访，1943年5月，寻访事宜告竣，这次在塘泊、贡泊、黑水等地发现的幼童，无甚灵异，未能寻获。后又到青海省湟中县一带以及青海的南北地区再次寻访，也未寻获。于是班禅堪布会议厅决定将卜定官保兹丹认定为班禅正身。西藏当局有达赖及打扎摄政卜定三名，即青海官保兹丹、恪琼札喜、拉玛三名电告中央，提出三童齐集拉萨，最后选定一名。当时这种做法是不符合中央政府的决定和要求的，因名册中没有拉玛，是西藏当局擅自列入的，自然就不能选定。西藏当局却派员前往昌都，将拉玛迎往拉萨，并自行举行坐床典礼。这是西藏当局制造分裂、对抗中央的行径。在这样的情况下，经蒙藏地方各大活佛及堪厅向中央迭次呈请，蒙藏委员会奉行政院令于1949年明令公布官保兹丹为十世班禅额尔德尼呼毕勒罕，先在青海塔尔寺坐床。继之由中央派蒙藏委员会委员长关吉玉前往主持办理。官保兹丹从此由中央正式特准为十世班禅额尔德尼，西藏当局私立班禅非法无效。

内蒙古呼和浩特席力图召活佛席力图十世于1941年圆寂于西藏，由于处在抗日战争时期，西藏与内蒙古交通断绝，没有能传来他为转世寻访灵童的遗嘱，席力图召的喇嘛们从十世生前的言谈中讲到在家乡转世，故决定到他的故乡寻访他的转世灵童。1943年派出由呼和浩特掌印扎萨克达喇嘛为首的寻访团，乘骑骆驼跋涉几个月后到了青海贵南县过马营乡席力图十世的故乡。青海德钦寺的七世赛赤为首的三位活佛前来协助寻访转世灵童。他们把羊年出生的孩子逐个查访登记，有80余名，经过认真考察，最后集中在三个孩子身上，举行了隆重的确认仪式，有千余人参加。席力图召的喇嘛把三个孩子的姓名及父母的名字写好，用黄色绸子包好，投入瓶内，举行诵经，最后七世赛赤从瓶中抽出一个，当众揭示，结果是强巴的名字，宣布后，立即鼓乐齐鸣欢呼。席力图召十世转世灵童被确认了。

拉卜楞寺的五世嘉木样丹贝坚赞于1947年2月逝世，1949年2月拉卜楞寺活佛、寺院属寺及部落代表，又特请佑宁寺活佛参加，共同商量寻访五世嘉木样转世灵童，先卜算转生的方向，即在纸上写上四个方向的四个纸条，包藏在面丸之中，置金瓶内加封，供奉在嘉木样舍利塔前，诵经祈祷，次日当众摇瓶开封，摇跃出一面丸，落于黄缎中，打开视之为北方。四月，便派出活佛及随行人员30余人，向北方寻访，为了慎重起见，对其他三个方向，亦派人寻访，最后寻访到两千余名儿童，1950年正月将名单供于五世嘉木样灵塔前，在解放军一野代表范明及黄正清等主持下进行卜算，当时没能有结果。于是又派人四路寻找，访得儿童800多。1951年正月在拉卜楞寺集会，决定请班禅大师卜算，那时班禅驻在塔尔寺，三月七日班禅大师在宗喀巴佛前诵经卜算，仍在北方，应属马，又按照卜算向北方寻找，共访得儿童200余名，然后请班禅大师到拉卜楞寺，亲自主持卜算，九月二十九日由240名儿童中选出两名，将名字写在纸上，包在面丸中，放入瓶内加封，供奉在历代嘉木样舍利塔前，全体佛僧诵经五昼夜，然后于十月一日由佛师雍曾仓久美启封，由班禅大师从瓶中摇出一面丸，打开，名为周本塔尔，随即在黄纸上写着："经班禅额尔德尼大师卜算决定，第六世嘉木样灵童出生于青海省岗察县岗察上部，父名多拉海，母名才旦卓玛，佛名周本塔尔。"当众宣布展示，由此结束了五世嘉木样活佛转世的寻访。

寻访转世灵童，虽然是宗教、寺庙的首领传承，但涉及世俗政治。因此清朝政府以及蒙古王公对活佛的转世都很重视，在活佛转世中往往发生纷争。转世也主要在贵族王公家庭，当然也有出生于贫苦家庭，有的掌权者寻访穷人家庭灵童，便于在背后操纵。由此可见，活佛转世的寻访过程是错综复杂的。

第四节　活佛名号

藏族活佛名号是从元朝开始的，随着佛教的发展，蒙藏佛教界的活佛转世越来越多，各自都有自己固定的活佛名号，在活佛名号下叙述其世系。这种活佛名号是伴随着转世开始的，实际上是转世活佛名称，活佛名号的形成各不相同，但实际上有时又是藏区某些教派的别称。

一、以僧帽为活佛名号

元代西藏的噶玛噶举派的黑帽系喇嘛，开始实行活佛的转世制度，以黑帽为其佛的转世名称。根据传说,噶玛拔希曾得到元宪宗的召见,宪宗赏赐给他一顶金缘黑色僧帽,获得这顶僧帽是非常荣耀的,噶玛拔希很珍惜,以此作为传世之宝。黑帽系的名称由此而来。噶玛拔希在宗教活动中是一位富有传奇色彩的人物,虽然他在政治斗争中曾一度任蒙古汗供奉的上师,但未能取得理想的成就,但在宗教上则具有卓越的地位。他为了不使噶玛噶举派衰弱,想方设法来加强其宗教地位,用黑帽为标志传世来加强噶玛噶举派。噶玛拔希圆寂前留下的遗嘱主要有两个内容,一是要保护法王都松钦巴所建的寺院,佛教将永世弘扬。二是采用活佛转世制度来保持教派在宗教上的优势。嘱托其弟子"在活佛未来之前,你应护持佛教"。这表明噶玛拔希生前就确定了从自己开始转世主持噶玛噶举派的宗教事务。他的弟子们深感噶玛拔希有崇高的声望,为保持和继续发扬他的权威,为该教派的新首领树立像噶玛拔希一样的权威,采取转世的特殊形式,赋予佛的化身,使信徒拜倒在佛的脚下。第一位转世活佛是让迥多吉(1284～1339),他被认为是噶玛拔希的转世,5岁(1288)时他进入粗朴寺,随噶玛拔希的弟子邬京巴学法,从小就开始了严格的宗教训练,很好地掌握了噶玛噶举派的全部的教法,具有很深的功力,这样活佛不仅是佛的化身,而且一般说来还是具有特殊才能的人。活佛转世制度造就了高僧,也可以说造就了自己的宗教领袖。以黑帽为活佛名号传世,使黑帽系活佛具备了特殊的"佛"所给的力量,成为信徒们顶礼膜拜的偶像,并使广大民众强烈信仰和崇拜。历史表明,在封建社会里,对佛的信仰宗教首领起着不容忽视的巨大作用。

噶玛噶举派的扎巴僧格(1283～1394)是黑帽系第三世活佛让迥多吉的弟子,于1333年在粗朴寺之东建立乃囊寺,据说扎巴僧格曾得到元朝帝室成员赐给一顶红色僧帽,从他开始了红帽系的活佛转世,以红帽为佛名号,由此,形成了黑帽系和红帽系的两个活佛转世系统。

另有黄帽派,即格鲁派,该派僧人戴黄帽,其始于拉勤贡巴饶塞。宗喀巴沿用此俗,既作为戒法重兴的象征,又作为一派的标志。

二、以尊号为活佛名号

格鲁派是西藏佛教各教派中最后兴起的一个大教派,采取活佛转世制度。活佛名号开始并不十分明确。格鲁派首领宗喀巴的弟子根敦朱巴,在青年时期被大班智达晋扎称为"坦木杰钦巴",意为"善识一切"。就是说"通晓佛教的经、律、论三藏者"。后来哲蚌寺的僧人称根敦嘉措为"坦木杰钦巴"。1542年根敦嘉措逝世以后,哲蚌寺正式寻访了他的转世灵童,为索南嘉措,也有人称他为"坦木杰钦巴"。1576年土默特蒙古首领俺答汗赠送给索南嘉措尊号"圣识一切瓦齐尔达喇达赖喇嘛"。"圣"在佛教里表示超出世间的意思;"识一切"是指西藏佛教界对在显宗方面取得最高成就的人的称号;"瓦齐尔达喇"是梵文的译音,意为"执金刚",这是西藏佛教界对在密宗方面取得最高成就的人的称号;"达赖"蒙古语为大海的意思;"喇嘛"是藏语"上师"的意思。总起来说,这个尊号的意思是说索南嘉措在显宗、密宗两方面都修行到了最高程度,是一个超凡入圣、学问渊博得像大海一样的大师,这就是达赖喇嘛名号的开端。从此索南嘉措这一转世系统就用达赖这一活佛名号,并成了固定的活佛名号。

格鲁派中的重要活佛四世班禅罗桑却吉坚赞(1557～1662)在格鲁派遇到困难的时候,积极想办法,取得和硕特蒙古首领固始汗的支持,使格鲁派获得了发展,立下了不朽的功绩,人们称他为"大班智达",简称为"班禅"。清顺治二年(1645)固始汗赠送给罗桑却吉坚赞"班禅博克多"的尊号。"班"是"班智达"的简称,是梵语智慧的意思,尤指通达"五明"学问的大学者,"禅"藏语是"大"的意思。"博克多"是蒙语对有智、有勇人物的尊称。从此以后"班禅"成为班禅转世系统的专有称号。班禅活佛转世系统也从此正式建立起来。康熙五十二年(1713)清朝政府封给五世班禅罗桑益希(1663～1737)金印为"班禅额尔德尼印"。"班禅"作为活佛名号固定了下来。

三、以达赖等赠的"封号"为活佛名号

这是达赖在宗教上以教派首领封赠名号,西藏觉囊派的多罗那他(1575～1634)初名为衮噶宁波,他写了若干部宗教著作,并建立寺庙,享有盛名。他精通佛法,并到喀尔喀蒙古传教,蒙古人称他为"迈达理"活佛,他得到了蒙古汗王的信奉和支持。在喀尔喀蒙古约20年,于1634年逝世。在喀尔喀蒙古转世,土谢图汗衮布多尔济之子被认定为多罗那他转世,1649年前往西藏学经,五世达赖喇嘛赠"哲布尊丹巴"封号,这是藏语音译,蒙古语称温都尔格根。从此哲布尊丹巴为佛号,后经清朝政府的正式册封,"哲布尊丹

巴呼图克图"一名遂为法定封号,这样就形成固定的活佛名号。隆巴端住布在西宁建立果莽寺,五世达赖喇嘛封他为"敏珠尔诺门汗"。以后以敏珠尔为活佛名号,进行活佛转世。阿旺罗桑丹贝坚赞(1660～1728)于1680年在拉萨从五世达赖喇嘛受具足戒,后返回青海,建立寺院。康熙五十五年(1716)七世达赖喇嘛在塔尔寺举行出家仪式时,他为戒师,后来七世达赖喇嘛授他为"察汉诺门汗",以后活佛转世即以此为佛名号。

四、以一世活佛出生地点命名活佛名号

章嘉呼图克图是内蒙古的主要活佛,出生于青海宗喀巴降生地点附近的小村张家,后来任佑宁寺法台,人们称他为张家喇嘛或张家法王,成为张家呼图克图。康熙时将张家改为章嘉,故以后活佛转世即以章嘉为活佛名号。却藏呼图克图是青海塔尔寺的活佛,一世南结环爵尔(1578～1650)从崇祯三年(1630)起任塔尔寺法台8年,崇祯十二年(1639)起任佑宁寺法台。他出生于青海多隆沟却藏村,因此人们称他为却藏活佛,后有改译为朝藏活佛者,以此佛号名进行活佛转世。松巴呼图克图一世丹却嘉措出生于青海互助县哈拉直沟的松布村,是青海佑宁寺的活佛,他被称为松巴(布改为巴)活佛,以松巴为佛名号转世。拉穆活佛一世措尼嘉措是前藏拉穆人,以拉穆佛名号转世。贡唐仓一世活佛格登彭措,降生在后藏贡唐地方,缀地名后加仓,以表示尊崇,成为贡唐仓。他是一世嘉木样俄昂宗哲在拉萨的弟子,曾任噶丹寺五十代池巴,在格鲁派中有较高的地位。凡是任过噶尔丹寺池巴的都可以进行活佛转世,并以贡唐仓为佛名号转世。由于藏族一般对高级活佛不能直呼其名,因此藏族人对名人、学者特别尊重,以出生地缀以仓或巴。如格鲁派的创始人,罗桑扎巴出生在宗喀,人们便称他宗喀巴。另外还因有许多藏族人名多用佛教术语,往往出现许多同名人物。于是在其本名前加出生地等名称以区别。

五、以功绩等来命名活佛名号

蒙古多伦诺尔甘珠尔瓦巴噶卜楚活佛,是由于在康熙年间将甘珠尔经从藏文译成蒙文,并校对、整理、定稿。皇帝赐给他"甘珠尔瓦"称号,其活佛转世乃以甘珠尔瓦为佛名号。后来在喀尔喀蒙古也有了甘珠尔瓦活佛。赛赤活佛阿旺洛锥嘉措(1635～1688),康熙二十一年(1682)为四十四任甘丹寺池巴,

甘丹寺池巴意为"甘丹寺主持"或"甘丹寺法台"（此寺法台有"金座"之称，音译为"赛赤"，阿旺洛锥嘉措成了"金座"的继承者），于是人们称他为赛赤（因为金座藏语称为"赛赤"）。数年以后，他回到塔尔寺，其活佛转世遂以"赛赤"为佛名号，成为塔尔寺十八大活佛之一。赛朵一世活佛阿旺成勒嘉措，是塔尔寺地位较高的喇嘛，曾随三世达赖喇嘛去蒙古化缘，后又随四世达赖喇嘛到西藏，他把化募的资金给拉萨小昭寺建金顶。"金顶"，藏语称为"赛朵"，四世达赖喇嘛赠给他"赛朵诺们伊增"的名号，他后来回到青海，80岁卒，其转世即以此为佛名号。阿嘉活佛是青海塔尔寺寺主，"阿嘉"藏语意为父亲。据说第一世协饶桑波是宗喀巴父亲转世。另一种说法是因生在塔尔寺，寺庙庄园的阿昌地方，阿昌即是阿嘉，卒后转世以此为活佛名号。呼和浩特席力图召的席力图呼图克图，是因为四世达赖喇嘛幼年随希体图葛布鸠学习经典，举行坐床典礼时，曾由希体图葛布鸠抱持坐床。由于希体图葛布鸠曾坐过达赖喇嘛的法座，蒙古语称"法座"或"首席"为"席力图"，以后即以此为活佛名号转世。在呼和浩特的西边，离城30公里土默特的兹寿寺，由察罕达彦齐呼图克图主持，蒙古语"察罕"为"白"，"达彦齐"是"坐禅者"，便以此为佛名号。活佛名号的命名是多种多样的。一般活佛转世使用固定的佛号，有时加上转世的序数词，只有在特别需要时才加以说明或写出名字，因此对使用佛名号的活佛要根据时期来判断是哪一世及其具体名字。

第三章 活佛转世方式

转世传承，不是世袭，也不同于传贤，更不是传徒。这种传承是按照佛教的化身之说，以神秘的佛化方式进行。佛教徒认为一个佛教徒，进行修行，得道成为高僧，死后成佛，就离开了人间世界，而到西方极乐佛界去了，也就是死后成佛。随着佛教的传播和发展，伟人高僧以佛的化身之说逐渐流行，转世而来的教派首领在社会上地位的日益提高，信徒认为首领是神奇的超人，具有卓越的才能，是佛给予的智慧，把人作为"佛"的化身树立起来，逐步与普通僧人相区别。他们以人间佛的化身，具有超出自身之外的威力，这种威力可以引发信徒们强烈崇敬的心情和产生巨大的吸引力，为了保持地位和影响，通过转世进行传承。最初转世方法比较简单，后来逐步复杂，出现了多种方式。

第一节 前期转世法

佛教首领传承，采取转世制是在长期发展过程中形成的。起初只是少数有名望的首领进行转世。噶玛噶举派的黑帽系、红帽系的活佛由于在政治上势力不大，在社会上影响也不十分深远，因此活佛转世仅仅在教派和寺庙内部进行。格鲁派兴起后，虽然开始实行师徒相承，但也很快实行了活佛转世，形成两种传承制度同时并存。活佛的传承是在与其他教派的纷争中对有一定造诣，而且有威望的格鲁派的首领加以佛化，认为他是佛的化身，产生的原因绝不是什么"佛"的启示，因为这种"佛"是人塑造出来的，转世是教派和寺庙的掌权人物基于实际利益创造出来的,也就是说不是佛的原因,而是人为的原因。有的人把格鲁派实行活佛转世只作为教派内部的事务,实际上是在有权势的俗人支持下形成的。如在根敦朱巴死后,并没有寻访转世灵童,经过11年后才有人把根敦嘉措送到札什伦布寺,说他是根敦朱巴的转世,但没有得到札什伦布寺首领的承认。由于根敦嘉措和有关寺院势力进行各种活动,才成为格鲁派的首领,在格鲁派中起了重要作用,地位越来越高。明嘉靖二十一年(1542)根敦嘉措圆寂,哲蚌寺正式寻访他的转世灵童,从此正式开始采用活佛转世制。其手续开始比较简单,后来逐渐复杂。不同地区不同时期转世的方式也不完全相同。开始有的是附会已故首领的转世,有的是生前预示转世,也有降神、占卜以及宗教首领、世俗首领确定活佛转世,其主要认定方式如下。

一、抓阄法

在寻访灵童过程中,发现有数个幼童,一时难以确认,又不便于公开举行仪式的,就采用抓阄法来确认。例如,四世达赖喇嘛云丹嘉措于明万历四十四年(1616)在哲蚌寺圆寂。第二年,藏巴汗推翻了帕竹的第巴政权,建立起噶玛政权,对格鲁派采取压抑政策,宣布四世达赖云丹嘉措不准转世。于是格鲁派的哲蚌寺僧人在暗中寻访转世灵童,寻访到三个男童,一个在雅隆塞玛雄,一个在格喀萨,另一个在娘布。四世班禅和娘麦、夏仲加木样衮却群佩大德研究决定派人去热振寺卜卦,抓阄决定灵童,经过以糌粑团抓阄的办法选定了雅隆地区的孩子,他是第巴政权的宗本都杜饶登之子,即四世达赖云丹嘉措的转世灵童。明天启二年(1622),在四世班禅罗桑曲结主持下被迎入哲蚌寺供养,即为五世达赖。

二、降神指定法

为稳定和巩固教派及寺庙的地位,名正言顺地继承各种社会关系,便于在社会进行活动,有利于与其他教派的斗争,以佛旨来确定活佛的转世。大概从五世达赖喇嘛开始,出现了护法喇嘛(即吹忠,垂仲)。据传说西藏有许多种护法神,其中之一是白哈王,传说他原是北方蒙古的神灵,后被宁玛派创始人莲花生所降伏,带到西藏,安置在桑耶寺。五世达赖喇嘛时,移到拉萨东南的蔡公塘,白哈王护法在该寺庙墙上绘壁画,遭到喇嘛的反对,白哈王遂变成一个画师的助手,画出手执火炬的猴子,后来画变活了,猴子的火炬把寺庙烧了。喇嘛将白哈王捆进木箱,扔到拉萨河里,木箱漂到哲蚌寺附近,五世达赖喇嘛见到,下令捞起,捞起以后,木箱变得越来越重,打开箱子一看白哈王变成一只鸽子飞落在树上,于是在此建立了寺,称为垂仲殿。《卫藏通志》记载,离哲蚌寺约半公里,有垂仲殿,乃护法喇嘛所居,即乃穹寺,也称箭头寺。《番僧源流考》记载,每年一月三日在哲蚌地区有一箭头寺降护法处,达赖喇嘛遣噶布伦等焚香虔拜,一喇嘛顶盔贯甲、戴套头。居中坐,众喇嘛绕转念经请神,念至应入神附体,居中之喇嘛狂跳,取刀旋转舞跳口言所求何事?或非或是,或凶或吉,言完双手拧刀,将刀弯至三四卷,甩刀坠地,护法喇嘛亦仰卧于地,复念经焚香虔拜,送神毕。藏族所谓的护法神,一般是恐怖型,这些神最初是其他教的护法神,后来经莲花生大师降伏而纳入佛教护法行列,西藏护法喇嘛源于对佛教护法神的崇拜与供奉。如吉祥天女,就是一位印度的女神,后来成为格鲁派和其他教派的护法神。吉祥天女在不同的时期有不同的化身,形象也各不相同,有时是红发蓝脸骑骡跨海,身披人皮的恶煞模样,有时是盘腿而坐,身态婀娜、神态安详的神女装扮。护法神一般分为静相神和思相神两种,前者神态安然,面容慈祥,给人一种和善可亲的感觉,表示佛以慈悲度人。后者青面獠牙,形态可怖,身带利剑等武器,给人一种恐怖可怕的感觉,据说它能使人厌恶罪孽和震慑那些作恶的人。藏文"垂"意为"法"、"仲"意为"护",也就是"护法"。哲蚌寺护法要戴白哈王的面具降神,使信徒相信神的旨意,各寺护法神不一,拉莫寺的护法神是大梵天。五世达赖喇嘛重视宁玛派的教义,信神秘的巫术,重大事件的决断常以垂仲作法,垂仲降神是以其所代表的护法神来传述佛旨的,这样使神的代言人垂仲的权力逐步增大。由于五世达赖喇嘛对护法崇信,故在寻访达赖喇嘛、班禅额尔德尼以及其他大活佛的转世灵童时,往往先由四大护法指定,作为重要依据之一。但其所指多是大体方向或范围。四大护法神是乃穹、拉穆、噶东、桑耶四寺护法神,亦称"神汉",其中乃穹是首席护法神。据《达赖喇嘛传》记载,十三世达赖喇嘛灵童的寻访,噶厦请乃穹垂仲降神,降神指出转世灵童在东南方向;桑耶护法神也降神指出在东南方。然后决定组织人员寻访灵童。不久由摄政济咙通善呼图克图、三大寺的活佛僧官、政府官员参加,按照惯例在布达拉宫,请垂仲再次降神,以便指出灵童的具体出生地及家庭特征。垂仲言,达赖灵童降生在拉萨东方某一村庄，父名贡噶、母名卓玛，幼童名叫阿旺。实际上此前卸任堪布罗桑达吉已去当地密访，从曲科杰地方官（聂堆）的来信中已得知了这些情况，并将此情报告了噶厦。噶厦又派人重加细访，得到更具体的报告。显然垂仲降神之言当源于这些信息。于是派高僧大德赴打箭炉以西各地寻访，结果在下达布之郎敦村找到了转世灵童。僧俗借垂仲降神示意所认灵童，经报请中央批准被免予金瓶掣签，认定正身。

三、由世俗统治者指定

寺庙的主要活佛转世，往往被认为是佛教内部的事务，实际上涉及世俗封建贵族，特别是统治者的权益，他们企图利用佛教势力来加强自己的统治，或者使用行政权力把转世活佛掌握在自己控制之下。

康熙二十一年（1682）五世达赖罗桑嘉措，在布达拉宫逝世，第巴桑结嘉措"秘不发丧，伪言达赖入定，居高阁不见人，凡事传达赖之命以行"。然而却暗中秘密寻访转世灵童，二十四年（1685）找到在二十二年（1683）出生于山南门隅宇松地方的幼童，认为是五世达赖喇嘛的转世灵童，称为六世达赖喇嘛仓央嘉措。这种行为是完全违背常规的，直到1697年第巴才被迫向清帝康熙及班禅五世奏明，出于"第巴输诚吐实"。从大局出发，康熙与班禅承认了这个既成的事实。这在西藏达赖、班禅系统转世历史上可以说是唯一的特例。

康熙四十四年（1705），和硕特首领拉藏汗用武力打败并杀死了第巴桑结嘉措，废仓央嘉措，私立阿旺伊什嘉措为六世达赖喇嘛，但拉萨三大寺的一些喇嘛和蒙古地区的喇嘛不承认拉藏汗所立的伊什嘉措为六世达赖。于是，理塘又传出了真六世达赖出现，消息传到青海，青海的和硕特贝勒察罕丹津、罗卜藏丹津认为这才是真六世达赖。得到清朝政府承认，于1720年由清中央派员送理塘转世的六世达赖噶桑嘉措入藏（后来被认为是七世达赖）。上述三位六世达赖喇嘛的废立，主要是世俗统治者利用政治和军事权力导致的。

一世哲布尊丹巴（1635～1723）是喀尔喀蒙古最大的转世活佛，是多罗那他活佛圆寂后转世的，确认了土谢图汗衮布多尔济次子为转世灵童，他5岁坐床，1723年圆寂。据《哲布尊丹巴传》记载："雍正皇帝梦中见哲布尊丹巴呼图克图一世的求见，告之曰：'我已转世，那第四位幼童额驸妾之子即是。'而后雍正皇帝颁旨：'朕梦中见到老呼图克图，告朕其投胎为额驸之长子，那幼童当为呼图克图'。"虽然故事是编造出来的，但雍正皇帝确定土谢图汗衮布多尔济之子为二世哲布尊丹巴，这是事实。乾隆皇帝指出三世哲布尊丹巴不在蒙古地区转世，确定其转世在理塘，丹津衮布子为转世灵童。以后哲布尊丹巴转世均在西藏，以为定例。另外还有三世哲布尊丹巴圆寂的传说。高宗皇帝梦中见三世哲布尊丹巴呼图克图骑着长鬃红马前来，奏道："我患重病，不能久留，请将所需之俸禄送来。"说完便向西方走去，第二日，报来三世格根圆寂的消息，皇上极为悲痛地说，"如此幼小年纪便已入寂，实为痛惜"，遂命第四世呼毕勒罕转世于卫藏地区。三世章嘉呼图克图若必多吉（1717～1786）于乾隆五十一年（1786）圆寂，乾隆皇帝命章嘉呼图克图之扎萨克喇嘛经办转世事宜。可以说，三世章嘉呼图克图的转世也是在清朝政府监督下进行的。

四、僧俗共商确认活佛转世

三世达赖喇嘛索南嘉措在内蒙古圆寂，确定在内蒙古转世，由三世达赖索南嘉措的管家班觉嘉措和云丹嘉措的师傅贡桑仔巴与内蒙古王公扎萨克共同商定，确定土默特俺答汗的后裔苏弥尔代青洪台吉之子为四世达赖喇嘛云丹嘉措。通过了格鲁派三大寺（哲蚌寺、色拉寺、甘丹寺）的承认。这是由世俗统治者与僧人共同确认的活佛转世。

内蒙古呼和浩特小召的内齐托音一世（1557～1653）赴宾图王旗为福晋医病，于顺治十年（1653）十月十五日在东蒙古圆寂。过了近20年，小召的喇嘛与科尔沁封建主认定哈萨尔后裔明安兀鲁思诺颜鄂齐尔台吉家中出生的幼童是一世托音的转世。其法名阿旺罗桑丹比坚赞（1671～1703）。后来清朝授予呼和浩特掌印扎萨克喇嘛。

驻京八大呼图克图圆寂后，清朝政府往往派员与原寺庙活佛相结合寻访转世灵童。当然也有政府派员寻获转世灵童或原寺庙派人寻获转世灵童的，但更多的是僧俗结合来确认转世灵童。在蒙古地区，一些中等寺庙活佛转世，主要是由寺庙的主要喇嘛与蒙古扎萨克王公等商量确定，然后由旗上报，在理藩院注册。并按乾隆五十七年（1792）乾隆皇帝颁布的金瓶掣签的方式来确定主要活佛转世灵童。

五、自修成活佛

拉萨南部之曲水色香寺女高僧仁增曲尼旺姆经数十年苦修瑜伽功，高超无比，德行崇高，被西藏佛教界公认为女活佛，一生清苦，不依权势，化缘兴佛，被公认为活佛，终于1953年，时120岁。这类喇嘛称"让回喇嘛"。

第二节　西藏拉萨金瓶掣签

金瓶掣签是清朝中央政府确认蒙藏佛教大活佛继承人的方法。金瓶掣签，藏语中有两种译法，一称"塞明达杰择"即"金瓶鉴别"；二称"塞朋珠囊"即摇金瓶。金瓶掣签也称金本巴掣签，藏语"本巴"意为瓶。掣签藏语称"强甫田"。乾隆五十七年（1792）设置。九月，皇帝派御前侍卫惠伦、乾隆门侍卫阿尔塔锡第把一个金瓶送到拉萨，济咙呼图克图率领各寺呼图克图，大喇嘛及噶布伦以下官吏，远出接迎，达赖喇嘛也先期下山在大昭寺等候，首派喇嘛等各执香花、幡幢导引，接供拉萨大昭寺内，形成拉萨金瓶掣签。"金瓶掣签"的办法，是清朝以法治藏而定的。乾隆五十六年（1791），尼泊尔的廓尔喀人侵藏，后藏札什伦布寺等地遭到廓尔喀人的洗劫。清朝接到西藏地方政府的报告后，立即征调军队，授福康安为将军，海兰察奎林为参赞，率军平定。击退廓尔喀入侵以后，清朝政府鉴于西藏地方吏治腐败，制度废弛，流弊泛滥，指令在藏大将军福康安等筹议善后章程事宜，为使西藏事务有章可行，有法可依。福康安将议定章程的设想告诉达赖与班禅，他们二人都很同意，八世达赖表示必须"立定法制"，"实力奉行"。福康安会同西藏地方有关人员共同商议，五十八年（1793）经清朝中央政府审定后正式颁行"钦定善后章程"共二十九条。第一条就是设置金瓶掣签。由于垂仲降神往往徇私不法，使姻亲或同族亲友，借此谋取政治经济利益，结果出现第八世达赖的转世灵童出自第六世班禅亲戚之家；第七世班禅是第八世达赖的叔伯亲属；第六世班禅与仲巴呼图克图和噶玛噶举派的红帽系十世活佛是同母异父兄弟，桑顶寺女活佛又是他们的同母异父的姐妹，他们的外祖父是拉达克土王。红帽系第十世活佛的侄女，与达赖、班禅两族都缔结了姻亲；第六世班禅之弟成为红帽系活佛。湟源东科尔寺的五世东科尔索南嘉措,即尖扎头人祖多加之子;甘南拉卜楞寺的二世嘉木样官却晋美旺布,即祖多加子弟阿旺南加之子;佑宁寺的三世却藏活佛阿旺图登旺秋、三世章嘉若必多吉和塔尔寺的三世拉科活佛阿旺丹增嘉措是兄弟关系,等等。大活佛中存在着密切的血缘关系或姻亲关系,必然使某些家族控制蒙古、西藏政教权力。为了禁绝这种流弊,废除垂仲的指定权,实行了由中央政府决定活佛转世的金瓶掣签制。同时,对活佛转世制加以变革;振兴佛教,变革过去活佛转世中的私相授受、任意指定。转生之呼毕勒罕出于一族,这是为私,"佛岂有为私?故不可不禁"。金瓶掣签制的实行,要事先认定待选幼童,藏语称"杨斯妥内",高僧活佛转世向清朝中央政府呈报,由驻藏大臣亲临现场监督进行,抽签选定的称真灵童,藏语为"杨斯珠梅"。如没有中央派员亲临或驻藏大臣亲临现场监督主持验看则无效。乾隆皇帝明确指出:"原不必将前后藏所有报出幼孩尽皆试验。只需由驻藏大臣就所报之人,查其略有家世及素有声望之户所报幼孩,择其福相聪慧数人,将生年月日,归瓶签掣。微贱户属及相貌陋劣者,原有谅加删汰,无庸一并签掣。"此外,对垂仲护法,最初曾下令禁止他们参与,但后来还是"随其俗",仍令其降神预言方向、地点等,但仅限于此。灵童必须经金瓶掣签抽定。在金瓶掣签的执行过程中,遇到过问题,即九世达赖转世灵童出自康区春科土司家,西藏地方认定就此一人,上报朝廷,请求免除金瓶掣签,嘉庆皇帝未深思远虑而批准,在御旨中指明此后必须"仍按规章,不得援以为例"。

虽九世达赖破例免掣,在对第十世达赖的认定时,嘉庆帝还是按章办事。嘉庆帝见呈报又要求免掣,遂降旨说,九世达赖只活了七八年就去世了,如果是真佛,理应长久在世,可见原来"真佛"之说不实,因此下令必须严格按金瓶掣签制执行,不准再提免掣之请,并严厉责备驻藏大臣督办不严,而轻信奏禀。看来掣签与否,内含着某种政治动机。

道光皇帝执政后,严格按章办事,所以,第九世达赖转世活佛的认定是真正执行金瓶掣签制的。其具体情况在藏文《十世达赖喇嘛传》中记载颇详。现在我们据此将其过程扼要地加以叙述。

据《十世达赖喇嘛传》记载,最初选了五个灵童。工布、仁蚌、嘉德嘎如各一名,昌都地区两名,经筛选,最后选出三人做为金瓶掣签的候选人,即昌都地区两人,理塘地区一人,经奏禀,批准可以掣签,于是择吉日,在布达拉宫执行掣签。将大昭寺金瓶迎到布达拉宫的殿内，殿内供有乾隆皇帝的画像。驻藏大臣文干及灵海和汉藏官员以及诺门汗、三大寺及上下密院等僧俗官员都临场，三位灵童及其父母也到场。掣签开始前，先由满文秘书用满文将三个灵童的名字书写在三支签面上，接着藏文秘书用藏文将三名灵童的名字写在签上的另一面，待写好之后，驻藏大臣灵海向金瓶行礼三次，随后即将三支签投入瓶内，继之诵经祈求三宝保佑，诚恳祈祷三次，然后驻藏大臣文干又向金瓶顶礼三次，将金瓶内的三支签适当摇动，在毫无疑义的情况下，将一支签从瓶中取出，高高举起，观看签文，大声呼道"理塘"，接着把此签送给班禅、诺门汗（即甘丹锡勒图诺门汗）、灵海大臣以及僧俗众人等观看，对未抽出的签也随后拿出，同样对众宣读以除疑义。随后将所中之签插在金瓶上盛满青稞作供奉用的钵内，并当场面告理塘灵童父亲洛桑年礼，说所掣之签是其子强白坚赞，令其父向皇帝顶礼，又向驻藏大臣、班禅及诺门汗敬献哈达。掣签之后，驻藏大臣呈报皇帝，请求批准，并请准予坐床。皇帝逐一诏准。坐床仪式开始时，钦差章嘉国师、驻藏大臣文干、诺门汗、策觉林活佛、公班第达、诸噶伦、贵族等先下跪向皇帝叩头，随后由大仲益堪布玉卡瓦宣读皇帝圣旨，准十世达赖正式坐床。未被抽中的灵童即返回原地。参选灵童中，也有其父母申明不参加抽签而自愿退出的。如七世班禅的三个转世灵童中就有一个放弃了参加抽签的权利。

十世达赖喇嘛掣签之地点在布达拉宫，由班禅带头诵经，副驻藏大臣将名签贮瓶，驻藏大臣拈出，与众同观。十一世达赖喇嘛于道光二十一年（1841）五月二十五日由驻藏大臣孟保、海朴从上报的四名幼童中通过金瓶掣签拈定；十二世达赖喇嘛于咸丰八年（1858）正月十三日由驻藏大臣满庆从上报的三名幼童中掣定。他们均由金瓶掣签，按上述范例进行选定。十三世达赖喇嘛因只寻出一个待选幼童，所以西藏地方呈请光绪皇帝免予掣签认定，光绪特例照准，其坐床经中央政府批准，清政府给白银一万两作为坐床费用。十四世达赖的认定，在民国时期，正是外国帝国主义插手西藏事务、企图分裂西藏和破坏我国的领土统一之时，所以在认定十三世达赖喇嘛转世灵童上充满了矛盾，民国政府坚持行使中国一贯对西藏的主权，西藏以热振为首的广大爱国的藏族各阶层人民维护祖国统一，使认定灵童到坐床，都按清朝旧例逐一向民国政府呈报批准，并请求国民政府派蒙藏委员会委员长吴忠信等去拉萨主持达赖转世坐床大典。国民政府给西藏法币40万元，作为坐床大典经费。

"金瓶掣签"的实行，并非仅是一种形式或手段，而是中央对西藏行使主权的一种体现。因此，在具体实行过程中，无论掣签或免掣，作为一种制度已确立，虽然有时在形式上或具体细节上有所变通，与原定有所出入，但作为活佛转世，尤其是达赖、班禅、哲布尊丹巴、章嘉等大活佛的转世，其过程如不经中央批准，即被视为非法。

金瓶掣签之制是清中央派驻藏大臣与八世达赖喇嘛共同制定的，八世达赖对实行金瓶掣签态度是很坚决的。乾隆五十七年（1792）清中央特派专使惠伦等奉金瓶抵藏之际，八世达赖亲自下山恭迎，他说："呼毕勒罕转世，递衍禅宗，关系郑重，今蒙大皇帝振兴格鲁派，惟恐吹忠等降神作法，指认未真，致有流弊，特颁金本巴瓶，卫护佛门，实已无微不至，我实感戴难名。嗣后惟有钦遵圣训，指认呼毕勒罕时，虔诵经于大众前秉公拈定，庶使化身真确，宣扬正法，远近信心，阖藏僧俗顶戴天恩，无不感激。"在拉萨大昭寺欢迎御前侍卫惠伦等专使的有摄政济咙呼图克图、各寺呼图克图、大喇嘛及噶伦等大小官员。他们迎奉金瓶于大昭寺宗喀巴佛像前，西藏僧众竭诚拥护金瓶掣签之制。

"金瓶掣签"主要用于西藏达赖、班禅及前后藏各大呼图克图，也包括哲布尊丹巴等蒙古大呼图克图，由驻藏大臣亲往监视掣签。其余如昌都、类乌齐等呼图克图的转世灵童（呼毕勒罕），因距拉萨较远，其地位非前后藏大呼图克图可比，向来不由垂仲指认，仍依旧由其徒众自行寻觅，但在掣签方面则多数按金瓶掣签制进行。

清中央在西藏及蒙古地区实行"金瓶掣签"制度，实行之初，经过"先行试掣"，而后积累经验推而广之。其试掣具有重要意义，它是对"金瓶掣签"制能否得到真正贯彻的一种考验，这也是对地方是否诚心执行中央指令和权威的一种检验。当时八世达赖及六世班禅均在，尚不存在灵童转世问题。因此，"金瓶掣签"的实行是根据乾隆御旨而行的。《清实录》记载："发去金本巴瓶，原为签掣呼毕勒罕之用，但不必俟大呼图克图转世方行试用。或现在藏内不拘何呼图克图应出呼毕勒罕，即可将金本巴瓶先行签掣。如此办理数次，定为章程后，该处僧俗人等共相尊奉，将来遇有大呼图克图转世，照此签掣，更可坚众人崇信之心。而从前私相传袭积弊，亦可不动声色借以革除。"八世达赖喇嘛首先对昌都强巴林寺（即昌都寺）活佛转世实行"金瓶掣签"。昌都寺系格鲁派寺院，其活佛转世系统称"帕克巴拉"，今称帕巴拉（意译为圣神）。昌都寺建于1437年，该寺从三世堪布起由帕巴拉三世索南朗杰主持，以活佛转世形式传承，待转到第七世时正遇乾隆颁布金瓶掣签制，时七世帕巴拉圆寂。八世达赖喇嘛立即亲自用"金瓶掣签"掣定出八世帕巴拉罗布藏济克美班垫丹贝宜玛，这是西藏实行"金瓶掣签"的首例。这反映出清中央"金瓶掣签"制的政令在西藏得到以达赖为首的各级僧俗人等的尊重。

试掣最多的是西宁办事大臣送至西藏试掣的呼毕勒罕，而这些呼毕勒罕都是蒙古人，按最初规定，蒙古地区所出呼毕勒罕，应均送北京雍和宫入瓶掣定。而西宁所属甘青藏蒙族呼毕勒罕，因其地距西藏较近，所出呼毕勒罕就近送藏入瓶抽掣。这也可以说是初掣，由达赖喇嘛下山，前往大昭寺掣定。通过西藏的试掣，使清中央关于金瓶掣签政令在蒙藏地区得到贯彻执行。

当时由西藏驻藏大臣及达赖喇嘛会同掣签的呼毕勒罕共9名，主要是科尔沁等地方的蒙古族。这些呼毕勒罕是普通呼图克图，只要送交达赖喇嘛及班禅大师诵经指定即可，但此时金瓶已送到拉萨供奉，于是驻藏大臣、西宁办事大臣以及蒙古科尔沁等部，都主动遵旨在藏掣签选定呼毕勒罕。乾隆五十八年（1793）二月二十日，掣签仪式由驻藏大臣令济咙呼图克图等，带同诸喇嘛于大昭寺内的宗喀巴像前虔诚诵经，驻藏大臣与达赖喇嘛亲临现场掣签。一个佛号名掣一次签，有三位幼童，将名写在签上入瓶，抽一签为选定。逊巴呼图克图送来的三名，将名写签入瓶，在三名中抽签定得策旺哲布丹之子。另三名也写签入瓶，掣得乌珠穆沁地方第巴克之子。还有三名达赖喇嘛罗卜藏丹津、罗卜藏达布凯和伦珠布班珠尔，都选一名。因此一名写签与一支空签进行抽签，分三次入瓶抽掣。其抽签结果是达赖喇嘛罗卜藏丹津及罗卜藏达布凯之呼毕勒罕抽得名签，准其指认为呼毕勒罕，而伦珠布班珠尔抽得空签，认为不是真实灵童，令该地方另行寻觅灵童抽掣。这种抽签实行以后，藏内垂仲护法神所指认灵童的方法被签掣所代替。西宁所辖地区活佛转世灵童就近送藏入瓶抽掣。而各蒙古地方所出之转世灵童，均由理藩院行文，令其将灵童名字送到北京在雍和宫内签掣择定，以别真伪。以上试掣经过及有关掣签具体意见禀奏皇上，以朱批奏准。

乾隆帝对西藏垂仲降神是否真有灵验和神功，令和琳当面演试，授以刀剑，令其像汉地巫师那样"舐刀吞剑"，但垂仲"俱各战栗"，表示其所谓指认呼毕勒罕实属荒唐。但对垂仲的作用，则有待慎重处理。乾隆通过对垂仲的考验及对藏族的风俗、情理的实际特点规定如下。

（一）对垂仲不可急于禁止。因藏人对垂仲崇信已久，以其妄言休咎，小有效验，遂侍神一时，竟有牢不可破之势，此为习俗使然，自不必急于禁止。前已颁发金本巴瓶，于大昭寺供奉之宗喀巴像前掣签，所有找寻转世灵童，永远不准垂仲指认。但对于藏人推问吉凶等事，仍然暂听垂仲卜定。日久垂仲法术不行，将自然消失。这是清朝中央对垂仲的措施，正是"从宜从俗之计"的具体贯彻。后来对垂仲准其卜卦降神，但必须秉公，不得营私，其对活佛转世，垂仲不能妄加指认，必须按照掣签选定活佛转世灵童。

（二）乾隆皇帝根据藏区出产较少及宗教费用大的实情，知其需用繁多，入不敷出，一向依赖各蒙古民众布施，以资用度。因此决定，此后只是不准私指活佛转世灵童，其余熬茶赡礼，皆在所不禁，但不准像往日噶尔丹锡呼图呼图克图那样私遣徒弟向土尔扈特索取。

乾隆帝对"金瓶掣签"的制度是经过深思熟虑而颁发的，他从1793年到1794年亲撰《御制喇嘛说》起，多次反复向藏蒙僧俗民众阐明"金瓶掣签"的深远意义。可以看出清中央推行"金瓶掣签"的理由和目的。但其实质则是通过整顿格鲁派实行"金瓶掣签"的措施，将确定格鲁派领袖达赖、班禅活佛转世的权力从西藏地方上层手中转到清中央，加强清中央对西藏政教权力中枢的控制。

"金瓶掣签"对达赖、班禅两大活佛系统极为严肃而隆重，对其转世的认定，在程序上都十分严格，规定在驻藏大臣监督下进行，事前须呈报中央，在掣定达赖、班禅转世灵童时，也遇到了免于掣签的问题。如八世达赖转世问题。

十世达赖喇嘛转世灵童，实行了金瓶掣签，其程序较为严格和复杂，其核心是突出清中央的权威性和金瓶掣签制度的严肃性。据《番僧源流考》记载，十世达赖转世灵童掣签在布达拉宫，其具体程序是：参加掣签典礼的人进门依次入座，侍者给每人献一碗清茶，再斟一碗酥油茶，由驻藏大臣衙门满印房之官将转世幼童名单呈上，对入掣牙签上所写满文、蒙文、藏文名字，年岁相符，由官送呈班禅阅看，凡入掣之家人唤来，跪看签上名字，年岁有无舛误，祛其疑心。后交满印房之官人，当众将牙签用黄纸包妥供在瓶前，僧人诵经念至应将签入瓶时，僧官请驻藏帮办大臣，起立行至金瓶前，行一跪三叩首礼毕，不起立即跪将签双手举过额放入瓶内，以手旋转二次，盖瓶盖，起立仍归旧座。其帮办大臣将签入瓶时，正办大臣在左傍侍立礼毕，同归本座。僧人念经至掣签时，僧官请驻藏大臣抽签。驻藏大臣对万岁牌、金瓶行叩首礼，跪启瓶盖，用手旋转，掣签一支。帮办大臣在左侍立，拆开黄纸，同众开看，唤掣得本家人跪听，令其观签后，又使满印房之官送至班禅阅看，将签供于瓶前，又将未曾掣出之签拆阅，与众人观看，再给本家人观看，以除疑义，后用纸擦去，典礼结束。

道光二十二年（1843）曾任驻藏帮办大臣的钟方在他编撰的《番僧源流考》一书中记载的掣签仪制图：

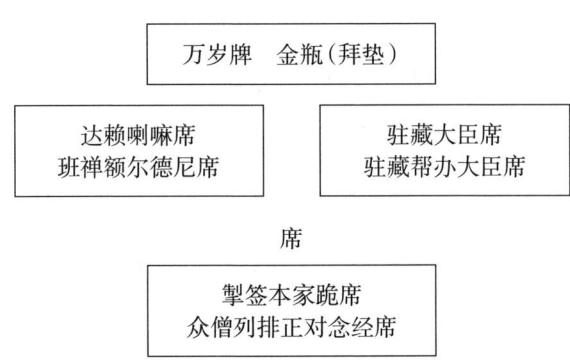

甘肃拉卜楞寺二世嘉木样，乾隆五十六年（1791）圆寂，经土观呼图克图寻找，由达赖、班禅主持，清嘉庆皇帝派员参加，在拉萨大昭寺抽签决定，认定为二世嘉木样罗桑图旦久美嘉措，嘉庆三年（1798）一月十一日迎至拉卜楞寺。在民国政府时期制定《喇嘛转世办法》，规定在西藏境内活佛转世，由蒙藏委员会咨引驻藏办事长官，会同达赖喇嘛缮写名签入于拉萨大昭寺供奉之金本巴瓶内，共同掣定。解放以后，活佛转世，革去了过去种种弊端。由于"十年动乱"的浩劫，全国宗教活动遭到摧残，中共十一届三中全会以来，恢复了宗教的正常活动（当前是中华人民共和国成立以来宗教活动的兴旺时期，仍然存在活佛转世）。1989 年 1 月 22 日，十世班禅大师在札什伦布寺，为五世至九世班禅合葬灵塔落成举行开光典礼以后，于 1 月 28 日圆寂，1990 年 7 月 20 日江泽民总书记视察西藏时说国家决定为十世班禅大师建立金灵塔和供奉祀殿，以纪念这位深受人民爱戴的爱国宗教领袖。并专程前往札什伦布寺看望了班禅大师的法体。根据中央精神，札什伦布寺正在负责寻访十世班禅大师的转世灵童。

第三节　北京雍和宫金瓶掣签

清朝政府对蒙古采取怀柔安抚政策，以尊重佛教，"兴格鲁派即所以安众蒙古"。不是作为一件小事，而是作为一项巩固清朝基业的大政方针。清朝政府为了控制蒙古活佛的转世，在北京雍和宫设置金瓶掣签，对蒙古、北京等地区的主要寺庙的大活佛转世进行管理。凡是蒙古大活佛圆寂，寻访转世幼童，将幼童的姓名、年龄呈报理藩院，由理藩院堂官会同掌印扎萨克达喇嘛，共同在雍和宫内举行金瓶掣签、决定转世灵童。其时之金瓶及牙签原物，今日仍存在雍和宫内。

理藩院册上的蒙古呼图克图有：归化城十二人，察哈尔九人，锡哷图库伦二人，科尔沁三人，郭尔罗斯一人，土默特一人，乌珠穆沁一人，浩齐特一人，阿巴噶一人，阿巴哈那尔五人，苏尼特一人，四子部一人，乌喇特五人，鄂尔多斯一人，喀尔喀十九人，阿拉善二人。这是清朝时期的数字，还有没有入册的活佛。蒙古主要活佛的转世，是经过西藏格鲁派的主要大活佛预示、认可，有的是达赖、班禅指定的。《西藏宗教源流考》一书中指出："初，班禅及各大呼图克图之呼毕勒罕出世，均由垂仲降神指定，往往徇私不法，为后世诟病。"由于西藏主要高僧活佛控制着蒙古寺庙活佛的转世，而且蒙藏活佛中曾有兄弟、叔侄关系的现象，乾隆皇帝从蒙古的活佛转世发现了私相指认，如《卫藏通志》记载哲布尊丹巴圆寂，土谢图汗之福晋（妃子）怀孕，被指腹认为将是哲布尊丹巴的转世呼毕勒罕，后降生竟是一女，被蒙古讥为笑柄。在北京雍和宫实行金瓶掣签后，将蒙古活佛转世的权力从西藏转移到理藩院。乾隆五十八年（1793）喀尔喀蒙古赛音诺颜部之额尔德尼班第达呼图克图圆寂后，其商卓特巴那旺达什寻觅转世灵童至额尔德尼庙内行礼，后遇见土谢图汗车登多尔济，据伊告称伊生一幼子，生时有一点微光，那旺达什即问明此子年庚及父母岁数；又回至公额琳沁多尔济家，问及额琳沁多尔济之子年庚及父母岁数，赴西藏向达赖、班禅额尔德尼以及拉穆垂仲指认转世灵童。达赖喇嘛令其问于垂仲，那旺达什两次请拉穆垂仲降神、所指不明。那旺达什虑及再往多费，复求切实指示，拉穆垂仲看出那旺达什的想法，用言试探。那旺达什遂将车登多尔济暨额琳沁多尔济二人之子向其告之，并赠给拉穆垂仲银50两、缎一匹及哈达等。拉穆垂仲遂依那旺达什之意，附会妄指土谢图汗之子为活佛转世灵童。那旺达什返回到蒙古，通过盟长、副将军呈报理藩院。乾隆认为其中必有弊窦，因此派松筠前往喀尔喀查讯车登多尔济等，发现土谢图汗与那旺达什事先有勾结，相互利用，特别是雍和宫金瓶掣签制已经颁告各地，而那旺达什、垂仲仍照旧行事，于是革去土谢图汗车登多尔济之汗爵，将那旺达什剥去黄衣，发往河南地方安置。并谴盟长副将军"不审是非，辄行转报"，后交理藩院严加议处。乾隆令大臣奎舒同扎萨克喇嘛格勒克那木喀赴赛音诺颜部额尔德尼班第达呼图克图游牧附近寻访，其圆寂后一年内所生俊秀端方幼孩，觅见五名，把其名呈报理藩院，在雍和宫，由八阿哥及理藩院堂官等至现场监督，将其诸幼童姓名、出生年月写签入瓶签掣，掣得齐旺扎布为转世灵童，令齐旺扎布住在庙内，其余四名各遣回家。将此事处理后抄文送驻藏大臣和琳知悉。实际上蒙古各寺庙的主要活佛转世的权力，从西藏已转移到北京。

蒙古佛教在蒙古社会、政治、经济、文化等方面都产生了深远的影响，在蒙古社会中占着极其重要的地位。蒙古各活佛有很多是在执政的王公扎萨克子弟内转世的活佛，如锡哷呼图克图，即系喀尔喀亲王固伦额驸拉旺多尔济之叔；达克巴呼图克图，即阿拉善亲王罗卜藏多尔济之子；诺木绰尔济呼图克图，即四子部王拉什燕丕勒之子；堪卜诺们汗扎木巴勒多尔济之呼毕勒罕即土谢图汗车登多尔济王子。清中央为了防止蒙古汗王与神权结合，对执政的蒙古扎萨克王公贵族之子，不准成为蒙古活佛转世灵童。因各蒙古汗王贝勒等既有世爵可以承袭罔替，已极尊荣，何必又占一呼毕勒罕，又谋喇嘛之利，如此见小，罔知大义，将来必致谋夺财产，启争肇衅，滋生事端。这样使蒙古王公的世袭系统与活佛转世互不相涉而加以区别。即使西藏宗教上层不再过问蒙古内部事务，防止了蒙藏封建主结合，又限制蒙古王公扩大自己的势力。同时要驻藏大臣和琳追查垂仲受贿在指认蒙古活佛上降神的做法。

漠南蒙古的佛教首领章嘉呼图克图圆寂，不在蒙古地区转世，而在青海、甘肃地区转世。乾隆五十七年（1792）颁发金瓶掣签制度，规定青海地方距藏较近，活佛转世就近于藏入瓶掣签，但是章嘉呼图克图的转世，规定在北京雍和宫掣签。从五世章嘉至七世章嘉活佛都在北京雍和宫掣签。可是规定从三世哲布尊丹巴呼图克图起在西藏掣签，而不在雍和宫掣签。从这里可以看出清朝政府实行金瓶掣签的目的之一是控制蒙藏呼图克图的转世，是为政治上的需要而规定的。

北京雍和宫设金瓶掣签，《大清会典事例》记载："各蒙古等所奉之呼图克图甚多，若悉令赴藏识认呼毕勒罕，未免过繁，且道途亦远，蒙古等力所不能，嗣后识认各扎萨克等所奉呼图克图之呼毕勒罕着各盟长拟定，其愿赴藏识认者，仍照前例往外，其余经理藩院缮签入于雍和宫所供金瓶内，令掌印扎萨克达赖喇嘛呼图克图等唪经。与理藩院大臣公同监掣，可省远路浮费。"虽然这里所说规定蒙古愿往西藏仍然可以，但是规定赴藏要呈报办理手续，方能前往，实际是比较困难。从经济的原因提出路远花费较大这是事实，而实际上是从政治需要考虑，使蒙藏活佛转世尽可能加以分开，使蒙古活佛转世确认权从西藏及蒙古上层僧人手中转到清朝理藩院手中。

在蒙古，一般活佛转世多选数名幼童，在盟长扎萨克的证明下，报于雍和宫，各旗王公为把自己的子弟选为活佛，贿通章嘉呼图克图在雍和宫金本巴瓶掣签，虽然清廷宣布蒙古汗、王、公、贝勒子扎萨克台吉等子弟，禁止为转世活佛，由于受贿的结果，活佛仍然有不少出生于蒙古王公之家。例如察罕绰尔济活佛，是土默特左旗王之兄，阿勒坦锡呼图是土默特旗王之三子、果木活佛是喀喇沁右旗王之弟，敖汗哈尔巴勒登活佛是达尔汗旗中一个王公之子。翁牛特察罕伯勒庙绰尔济活佛是翁牛特右旗王之叔，翁牛特第彦鄂诺勒图庙的活佛是乌珠穆沁右旗王的干儿子，等等。

青海塔尔寺五世阿嘉呼图克图于宣统元年（1907）圆寂，至民国四年（1915）寻找到两名幼童，当时袁世凯政府的蒙藏院副总裁恭诣于雍和宫拈香行礼，将两名幼童的名字缮写封于金本巴瓶内，诵经三天，然后掣签。选定六世阿嘉呼图克图。民国九年（1920）洞阔尔呼图克图也在雍和宫由金瓶掣签选定。

民国政府规定，蒙古、新疆、青海、西康境内活佛转世，由蒙藏委员会驻北平办事处处长与北平喇嘛寺庙整理委员会主任委员，会同北平雍和宫扎萨克喇嘛缮写名签入于雍和宫供奉之金本巴瓶内，共同掣定。

乾隆五十九年（1794）规定青海之察罕诺门汗呼图克图系一扎萨克，有管理游牧之职，因此，活佛圆寂，必须在喇嘛旗内转世。有一部分活佛转世不经过金瓶掣签。如察木多、类乌齐等处的活佛转世，距藏较远，活佛转世非大呼图克图可比，向来也不是藏地垂仲指定，令其徒众自行寻觅。

清朝政府对蒙藏的大活佛实行金瓶掣签，是治理蒙藏政策的产物，特别是清朝对西藏完全行使主权的重要组成部分。金瓶掣签的办法使拉穆垂仲所固有的神权被转移，变成了清朝统治者加强对蒙藏政教控制的特权。不仅对蒙藏的佛教进行了整顿，同时掌握了蒙藏佛教的基本情况，树立起清朝皇帝的形象，扩大了影响，特别是在西藏，提高了驻藏大臣的地位，巧妙地将西藏地方神权和清朝政府的权威结合起来，虽然驻藏大臣与达赖、班禅权力是平等的，但金瓶掣签制度的实行，驻藏大臣主持金瓶掣签仪式，实质上使驻藏大臣高于达赖、班禅之上。同时使蒙古活佛转世与藏区分开，设立两个金瓶掣签，使蒙古佛教的人事权，从西藏上层喇嘛手中转到了清朝统治者手中。《清高宗实录》乾隆五十八年（1793）四月指出，在雍和宫内设金本巴瓶，蒙古活佛转世实行金瓶掣签，使从前王公子弟内私自作为呼毕勒罕的陋习，永远停止。金瓶掣签制度的实施，进一步加强了清廷对蒙藏地方的绝对权威，并安定了蒙藏地区的社会秩序。虽然金瓶掣签在以后的实施中有免签者。但不管怎样，都要履行中央政府的特批手续才能有效，就是在民国时期，在内忧外患的情况下，西藏达赖、班禅活佛的转世仍然要有中央政府的特批，才能取得合法的地位。

解放以后首次进行金瓶掣签的是第五世嘉木样转世幼童。1950年1月，将寻访幼童的名单供于五世嘉木样灵塔前进行卜算。拉卜楞寺总大法台、四大金座、八大堪布、六大扎仓、十八昂欠大小活佛及所属一百零八寺僧众，请班禅大师一人主持。掣定周本塔尔为六世嘉木样。1952年2月11日，迎进拉卜楞寺，在图丹颇章举行坐床典礼，中共西北局、西北军政委员会派代表参加，甘肃省党政机关也派出代表。夏河县党政负责同志及班禅大师的代表，僧俗数万人参加了隆重的坐床仪式。

第四章　童年的活佛(呼毕勒罕)

确定转世幼童之后,要将转世幼童迎接到寺庙,这时称为灵童。在举行了坐床典礼以后就不再称为灵童了,而称为呼毕勒罕,这是清朝制度所定。呼毕勒罕时期,一般来说是活佛的童年时期。呼毕勒罕是蒙古语,意为化身,也就是藏语中的"朱古"。以前世虽死,不昧本性,寄胎转生,复接前世,为转世活佛。清朝规定成年以后,要撤销呼毕勒罕,称为呼图克图。但有些地方并不严格划分。本章主要叙述活佛的童年情况。

第一节　灵童的迎迓及坐床

寻访转世灵童,经过一系列的程序,确定转世灵童以后,办理迎迓事宜。特别是活佛府邸要做大量的事务性的工作。活佛府邸,藏语称"拉让","拉"是喇嘛的代称,"让"意为宫。"拉让"即喇嘛住室。汉语称其为活佛府。也有称其为佛仓,藏语音译,其意为寓所、住宅、宿舍。"仓"字的译意有尊敬的意思。蒙古平民的住所不能用仓。活佛府根据其活佛的地位各不相同,可以分为大、中、小。活佛府寻访确定转世灵童以后,要将确定转世灵童是某某佛转世,正式通知其家庭。有许多转世灵童的父母接到通知非常高兴,为自己家中出现了转世活佛而感到荣耀,乐意让孩子出家为僧,如五世班禅转世灵童辨认决定以后,札什伦布寺派东科尔等前往后藏南木林宗扎西则豁卡,通知幼童的父唐拉,母宁达旺姆,他们的小孩是五世班禅转世灵童,为六世班禅额尔德尼。从拉萨派来的医生对"灵童"的身体作了详细的检查，札什伦布寺送来法衣、小佛像、法轮、号角、铃、杵等物。在扎西则豁卡举行了"噶卓"（即藏族的庆祝会），札什伦布寺来的僧众鸣奏法乐，仪式简单而隆重。然后用轿子将六世班禅抬到扎西则豁卡对面的绿东豁卡的团柱明康宫内居住。但是也有遇到阻力的，其父母不愿意儿子出家为僧。如康熙十年（1771）托音二世在科尔沁部哈萨尔后裔鄂齐尔台吉家中出生，这时距托音一世圆寂已达18年之久。由于托音一世与科尔沁部关系密切，因此呼和浩特的小召寺喇嘛和科尔沁封建主认为在科尔沁部转世，并认为这孩子能识托音一世留在小召的遗物。遂通知其父母，要迎迓转世灵童，他的父母接到通知，痛哭流涕，不愿自己的独生子出家为僧，于是呼和浩特的小召喇嘛进行说服，但说不通，只好采取威胁利诱的办法，声言如果拒绝让孩子出家便是违抗皇帝之命，同时送去许多牲畜财宝。最后其父母被迫依从，喇嘛们总算达到了目的，将托音二世迎迓到呼和浩特小召寺。迎迓灵童一般三岁以下仍留其父母处养育，如果是贫穷之家，即将全家接至寺院，由寺院供给其生活费用。三岁以上的儿童多半迎入寺中，以便进行宗教教育。若很迟才寻访到转世灵童，并已长大，则立即迎迓到寺内，开始宗教教育。

转世灵童的迎迓是一项繁重的工作，特别是大喇嘛、高僧活佛要耗费大量资金，对灵童家属进行安置。迎接人员的组织，沿途的食宿，仪仗队、乐队、护卫和举行各种宗教仪式，僧俗民众的欢迎等都要作妥善的安排，场面十分壮观。下面叙述一下十三世达赖喇嘛灵童的迎迓的过程。十二世达赖喇嘛成烈嘉措于光绪元年（1875）三月二十日逝世后，西藏噶厦地方政府组织寻访转世灵童，最后选中了一人，经过各方公认，向清朝中央政府请求、免予金瓶掣签，光绪三年（1877）三月光绪皇帝在奏折上批示，"毋庸掣签"。噶厦接到谕旨后，立派噶伦多喀哇·次旺诺布等率众于十五日先行，赴朗敦村向灵童报喜，遂后于十月二十日，噶厦又派宇妥·拉旺多吉噶伦及森本等三大堪布和西藏僧俗官员五十余人及众多的随员，并携带大批礼物，前往灵童出生地朗敦村迎迓。到后，噶伦等向灵童顶礼膜拜，敬献三宝及财物。并接受灵童摩顶祝福。十一月一日，达赖喇嘛灵童登程，身穿僧衣，坐在大轿内，由仪仗队开导，在乐队的伴奏声中离开了朗敦村赴拉萨，沿途受到僧俗欢迎，焚香致敬，十二日十二世达赖佛兄公爵等在德庆寺向灵童献哈达。十一月十四日到达公塘寺，受到三大寺、四大林及摄政功德林的拜迎。森本堪布将灵童抱至宝座上，受摄政叩首礼拜。驻藏大臣等也到拉萨河南的公塘寺，按照九世达赖以来惯例，在该寺日光殿举行灵童拜接圣旨仪式，达赖灵童向圣旨下跪、驻藏大臣立于正面宣读光绪皇帝准免掣签的圣旨，宣旨后灵童向东方行三跪九叩礼表示谢恩，驻藏大臣向灵童送佛像、氆氇等礼品，灵童也向驻藏大臣献礼。然后达赖灵童在此等候八世班禅丹白旺修前来剪发。光绪四年（1878）一月十一日八世班禅丹白旺修到达公塘寺，达赖灵童向班禅行叩礼，然后举行剪发礼，班禅拿剪子将灵童头上的大部分头发剪去，给灵童俗衣换以僧衣，然后在日光殿三宝前由班禅削了刚才尚未剪完的头发，随即为灵童取法名"吉总阿旺罗桑土登嘉措晋美旺觉却勒南巴加娃贝桑布"，简称土登嘉措。为此举行了盛大的庆祝会。同时噶厦政府正式向驻藏大臣报告，准备在光绪五年（1879）举行十三世达赖喇嘛的坐床大典，请转奏皇上。八世班禅和达赖灵童在公塘寺同住两个月余。八世班禅即回札什伦布寺，达赖灵童及摄政王等官员又转到日加三丹林寺居住，历时年余，等候举行坐床典礼。

转世灵童的迎迓工作，并不都是很顺利的，有时要经过反复。例如，四世班禅罗桑曲结于康熙元年（1662）二月在札什伦布寺逝世，由苏本罗桑丹尊等寻访认定罗桑益喜为四世班禅转世灵童。札什伦布寺派人前往拉萨，请五世达赖罗桑嘉措明示此童是否为四世班禅转世灵童，而五世达赖未加肯定，只说注意保护。札什伦布寺于康熙三年（1664）六月八日将这个幼童及其父母接到托布加豁卡附近的南多颇章寺内，第二年又接到札什伦布寺内居住。由于寺内意见不一，不能认定为四世班禅转世灵童，又送回托布加豁卡附近的南多颇章寺内，写信请示五世达赖指示，五世达赖回信，要札什伦布寺仔细辨认考察，于是札什伦布寺使用"宿通"的办法意为"明办"，将前世班禅使用的器物、用具、画像与其他物品混合，让儿童认出哪些是前世班禅用的真物。据说儿童能从中取出真正前世班禅的真物。最后派人前往拉萨向五世达赖详细报告辨认的经过，五世达赖才承认这儿童是四世班禅"转世"的灵童，指示札什伦布寺将"灵童"迎迓到班禅拉让。康熙六年（1667）十月七日札什伦布寺强佐彭错热登率领僧俗官二百余人到南多颇章寺迎迓灵童，十月十一日给灵童剃了发，穿了僧衣。五世达赖的代表、第巴的代表、达延汗的代表都来向灵童献哈达致贺。十月十七日灵童被迎迓到札什伦布寺。札什伦布寺的喇嘛、民众数万人夹道欢迎，非常热闹。灵童进寺以后，五世达赖给灵童取法名罗桑益喜贝桑布，简称罗桑益喜，随后等待举行坐床典礼。所谓床，汉人是专门用来睡觉的。这里所说的坐床是指用来坐的床，只能坐而不能卧。故在佛典中的床与座，往往通用或并用，如说"身为床座遍大千"，这是说明愿心之大，载德之厚，能以一己而广度大千众生的意思。坐床仪式很隆重。

灵童的坐床典礼，是蒙藏佛教中所特有的一种隆重的仪式。按清廷规定，举行坐床仪式是标志着能以前世活佛的地位公开与各界往来。凡是在理藩院的名册上称呼毕勒罕，经清朝政府批准举行坐床仪式，裁撤呼毕勒罕，称为呼图克图。达赖喇嘛、班禅额尔德尼、哲布尊丹巴活佛等转世掣定后，呈报中央批准，举行坐床仪式即裁撤呼毕勒罕字样。举行坐床仪式是很隆重的。如十三世达赖喇嘛土登嘉措坐床，噶厦向清朝政府作了报告，光绪五年（1879）五月德宗皇帝的圣旨到拉萨，批准转世灵童的坐床典礼，并赐赠给黄哈达、佛像、念珠、铃、杵。六月十日开始做坐床典礼的准备，十二日转世灵童在摄政王的陪同下，从日加三丹林寺出发赴拉萨，驻藏大臣松三桂等在拉萨东郊迎接。达赖灵童乘皇帝批准的黄轿抵此。六月十三日为举行坐床大典日，拉萨各街道进行了打扫，布达拉宫、大昭寺及各家房顶上插上彩旗以及伞、盖、幢。地上洒画着白色石灰画图。转世灵童身穿黄色法衣，乘黄色大轿，前有仪仗队、乐队开道，轿子前后是护卫。各寺的喇嘛和迎接的人排成数里，进入拉萨市区，夹道欢迎的僧众极多，伴随着各种音乐的声音，有大号声、唢呐声、敲皮鼓声，等等。各户门口烧香。居民穿着鲜艳的服装，跳着吉祥舞，唱着歌。转世灵童同驻藏大臣及摄政王等到达大昭寺，向皇帝的万岁牌挂献哈达，进入大殿，向释迦牟尼佛像挂献哈达，再登上二层楼向松赞干布、文成公主、莲花生祖师和女神的塑像献哈达。然后沿着用白色石灰洒成吉祥图案的道路到达布达拉宫，叩拜皇帝像及观音佛像。在日光殿与驻藏大臣见面，互赠哈达。十四日转世灵童坐到司西平措大殿内前世达赖的法座上，举行坐床庆祝大会。首先宣读皇帝批准灵童坐床圣旨，然后灵童接受由驻藏大臣转交的御赐，并接受各级大臣的祝贺。在布达拉宫的德阳厦广场上还表演精彩的藏戏等文艺节目。西藏其他主要寺庙或地区亦同时举行庆祝会。坐床以后，摄政王即派巴叶尔堪布赴京，向清朝皇帝报告坐床的经过，不久大清皇帝批准报告，并批准允许启用前世所留之金印。同时批准公德林摄政王及普觉夏仲为达赖之正副经师。这样的坐床大典始能生效，转世灵童才正式成为有权的活佛。

第四章 童年的活佛（呼毕勒罕）

　　清朝政府对班禅喇嘛的坐床，同样十分重视，届时均派人前往主持，如七世班禅丹白尼玛，乾隆四十七年（1782）十二月二十日，清高宗降旨批准丹白尼玛为六世班禅转世灵童。乾隆四十八年（1783）八月五日，札什伦布寺的僧俗官员数百人前往白朗宗的吉雄豁卡，将已寻认的班禅的转世灵童接到甘丹勒谢曲林寺居住。四十九年（1784）八月十一日为七世班禅丹白尼玛举行坐床大典作准备，札什伦布寺的重要僧俗官员赴甘丹勒谢曲林寺，将灵童接到札什伦布寺。八月十二日，在驻藏大臣博清额的主持下，在札什伦布寺的日光殿举行了七世班禅的坐床大典，清高宗由北京派扎萨克喇嘛郭莽呼图克图、夷大兴阿里二人为钦差大臣，"看视班禅坐床"，并赏赐哈达一条、如意一柄、宝石念珠一串，还有各种法器、玻璃用品及绸缎等许多礼品。八世达赖代表、噶厦官员及札什伦布寺的僧俗官员，都向七世班禅献了礼品，在日光殿上举行了隆重的庆祝活动。《清实录》记载，"乾隆四十九年正月丁酉谕，前拟本年六月四日仲巴呼图克图等迎请班禅额尔德尼之呼毕勒罕入寺，朕方欲遣员赍送赏贺物件，适据博清额等奏仲巴呼图克图，绥绷（即苏本）堪布等称据达赖喇嘛、拉穆、吹忠选得八月十三日系上吉之日，奏请改期迎请等语，深惬朕怀。班禅额尔德尼前世广博格鲁派、诚切皈依，又感激朕恩，寻即转世。现据达赖喇嘛检查，应于八月十三日迎请入寺，是日值朕寿辰，允称祥瑞。除令赍送赏件侍卫改期启程外，此旨著交达赖喇嘛阅看，并传谕仲巴呼图克图，绥绷堪布知之"。

　　国民党政府为了主持十三世达赖转世灵童的坐床，于1939年派蒙藏委员会委员长吴忠信，到拉萨监视，在坐床仪式上的座位问题上，由于英帝及亲英分子暗中施展分裂阴谋，双方发生了争执。据《拉萨见闻记》载："藏方初拟将吴氏之座位，置于热振对面，高低则与司伦等。吴以本人代表国府，主持达赖坐床事宜，又系主管蒙藏长官，体制攸关，不便迁就，主张至少应照清代驻藏大臣之例设座，即于达赖平行之左方，设面南之座。几经折冲，藏方始允遵办。"根据1940年2月22日《吴忠信入藏日记》记载："第十四世达赖喇嘛坐床典礼定于今晨（2月22日）举行。行辕全体职员于四时前后用膳准备出发。四时半，余派孔处长先赴布达拉宫视察，余及全体职员亦于五时许相继到达坐定，约半时，达赖入殿，就坐典礼开始。坐高约五尺，四周围以木栏，正面及左右均有木梯可资上下。余坐达赖左方，地位面南与之平行，通为旧制。坐垫约高三尺。热振坐达赖右方，面西，司伦与热振平坐，惟垫较低。"举行了坐床仪式，至九点半结束。这次坐床仪式不仅是宗教的活动，而且具有鲜明的政治内容。

　　对转世活佛灵童的迎迓和坐床，特别是对地位高的活佛转世灵童的迎迓和坐床，需要花去巨额的经费。迎六世哲布尊丹巴呼图克图时，喀尔喀蒙古共派了将近5000人去西藏，他们到达那里以后，要向达赖喇嘛、班禅额尔德尼和西藏其他著名高僧送礼，要向一些寺庙熬茶放布施，加之途中的花费，据《蒙藏佛教史》载，共花去"十五万金"，费用非常可观。

　　内蒙古呼和浩特十一世席力图召活佛法名吉格木德希日布扎木苏，1956年14岁结束在塔尔寺的学习。席力图召派代表团从塔尔寺将他迎接回来，到呼和浩特火车站，内蒙古自治区的党政领导人、呼和浩特市党政领导人、内蒙古自治区民族事务委员会主任以及寺庙喇嘛和群众举行了盛大的欢迎仪式。十一世席力图召吉格木德希日布扎木苏被迎至席力图召大殿，举行隆重的活佛坐床仪式，以鼓乐声和喇嘛的念经声祝贺活佛坐床，并向活佛献哈达。活佛用右手向喇嘛摩顶，最后坐床仪式结束，举行了盛大的宴会，接着举行喇嘛座谈会，然后还到属寺去举行坐床讲经。至于普通活佛的转世，入寺的仪式比较简单，往往是寺庙的主要喇嘛和当地的王公贵族施主商量决定。举行仪式有剃发、受戒、起法名。在大喇嘛、施主的参加下，赠送礼品、熬茶即可。而小活佛因数量比较多，多数无自己的寺庙，仅寄于其他寺庙内。这种活佛时增时减，根据具体情况可以转世，但没有财产，不能维持活佛转世，也就可以不转世。另外还有的富户有钱，可以向西藏地方政府纳捐，请求认定为活佛，而获得活佛的头衔。此种活佛在其圆寂后，没有财力支持，即自行停止转世。由此可以看出活佛地位不同，其转世入寺手续的办理差距很大，但都要举行仪式，唯规模大小各不相同。

第二节　童年的教育

　　我国藏族、蒙古族、土族、纳西族等地区有许多寺庙，大寺庙的首领绝大多数是活佛，实行活佛转世传承。凡活佛圆寂，寻访转世灵童，迎入寺庙，举行剪发受戒。没有戒律的约束，僧人的行为就没有准绳，没有戒律的规范，僧人就不能依戒修行，剃除须发是佛教徒出家接受戒律的规定。戒是僧人在日常生活和宗教活动中应该遵守的规定和行为的限制。佛教的基本精神，僧人对于戒律必须尊重和遵守，凡进佛门的第一件大事，便是受戒。转世灵童入寺受沙弥戒，这是梵文的音译，藏语称"格慈"。汉文有释义为"求寂"者，也有译成"忽慈"、"勤策"，意为安身之命修行解脱。受这种戒以表示愿意接受修持、过寺庙生活，主要以儿童为主，因年龄小，沙弥戒的等级小。受戒时，有一位年长的活佛站在灵童身旁，他说一句，灵童跟着说一句。这是简单的戒律，主要是五戒，即：不杀生、不偷盗、不邪淫、不妄语、不饮酒。也有八条、十条、三十六条等，要终身遵守戒律。受戒和取法名后就成为正式僧人。清廷规定幼童活佛中地位较高的称呼毕勒罕。一般是6岁学经，7岁学禅而受小戒，常坐不卧，有16岁时称呼图克图，也有18岁时清廷授以呼图克图之职衔者。寺庙和活佛府对童年活佛的教育极为重视，因为挑选灵童的过程仅是对即将成为活佛者的身体素质和思维能力的严格考查，选出俊逸灵异者，以确保这些活佛有比较好的先天条件。而更重要的是对已选的活佛，从幼年开始给予严格的教育，使之成为最有学问和佛学造诣很深的宗教人物。很多高僧活佛，从童年开始在寺庙中接受教育，学佛经，掌握宗教理论，除学显宗、密宗以外，有些还学医药、历算、天文、建筑、雕塑、美术、科技、艺术等。经过培养教育，使活佛具有较高的文化素质。由此可以看到寺庙也是一种学院，教育、培养一批又一批的宗教首领及有名望的宗教学者。

  幼童活佛坐床以后，由活佛府选派一位或数位老师，藏人称为"荣增"，蒙古称为"拨克希"，这是娴熟经典、道行高尚的喇嘛，负责幼童活佛的教育。在教育过程中注意到幼童活佛的学习态度，并用生动的例子激发他努力学习，要使一些幼童活佛意识到自诩为伟人转世，而不认真修法学习，这种人等于穿上绸缎衣服，就像陈列的商品华而不实，就辜负了僧众的敬奉。这样的活佛是被人看不起的，因此强调自身要努力学习。五世达赖喇嘛曾说，愚昧低贱的幼童，用绸缎把身体装饰，坐在高座之上，向愚笨的侍从们炫耀，可怕的就是这样的冰霜摧残佛法的莲园。因此要教育幼童活佛鄙弃这种行为，从幼年起要像先辈高僧大德们那样努力学习。一般来说对幼童活佛的教育是严格的，要求也比较高。如幼童活佛学习不努力，违反制度，老师可以责打幼童活佛，因为幼童活佛教育不好，与老师的责任关系甚大，因此幼童活佛虽然是受人尊敬，地位比较高,但对老师必须服从,老师在处罚幼童活佛时,要先向佛陀祈祷,乞求给他助力,以及谅解老师执法的善意,才执行处罚。也有执教严厉用棍棒教育的,如内蒙古呼和浩特席力图召到青海寻访到十世席力图召转世灵童吉格木德希日扎木苏,没有把他迎回寺庙内,而是留在当地,请他父母抚养到6岁再送到青海噶卡庙,拜希日布喇嘛为师,这位启蒙师父对弟子非常严厉,经常用棍棒杖责小活佛,他认为只有让小活佛饱受皮肉之苦,在痛苦中学经文,才能成功,因此他曾当众用皮鞭抽打小活佛,有时打得死去活来,使小活佛在精神上和肉体上受到极大的摧残,经过一年多的教育,七世赛斤活佛认为这种教育方式是粗暴的,不符合慈悲为怀的教义,就把小活佛转到青海德钦寺,拜丹增拉仁巴为经师,10岁时转到青海塔尔寺拜蒙古人苏德那木扎木苏为经师,学习、受戒、起法名,受到了良好的教育,并逐步领会佛教哲理。

老师对幼童活佛的教育和训练是寺庙教育的一部分。由于各寺庙规模不同,在教育方面所设的扎仓各有侧重,一般大的寺庙根据佛教的分科而设立扎仓,也称为学院。参尼扎仓,学习显宗及因明(即逻辑);居巴扎仓(有的寺院又细分为上、下密宗院),学习密宗;曼巴扎仓,学习医术及药物学;时轮扎仓,学习时轮金刚以及天文历算和占卜;喜金刚扎仓(即吉多尔扎仓),学习喜金刚、佛事、仪式和音乐舞蹈等。每个扎仓都有规定的学习内容和年限,如参尼扎仓必须学习五部经典:(1)因明,即学习逻辑学和认识论,学五年。(2)般若,即学大乘弥勒学的代表作,学四年。(3)中论,即学大乘空宗,中观的代表作,学二年。(4)俱舍,即学宗喀巴著的《俱舍论》,学四年。(5)律学,即学各种戒律。学完五部经论,大约要十五年左右。在学习期间,要进行考试,主要是口试,考试及格才能升级,但不能跳级,而幼童活佛的学习,由于有专门的老师指导和讲解,只要学完经典就可升级,要比普通喇嘛学习缩短一半以上的年限。幼童活佛学习的方法,主要是老师讲授、背诵、思考、融会贯通,并参加辩论。通过广闻博学,勤奋自学,而取得良好的成绩。

有很多幼童活佛学习很努力,如三世章嘉活佛若必多吉,很注意学习方法,对以前学过没有能完全领会的诸法,进行很好的理解和领会,并进行忆、念、修,按照领会体验的次序,总结以前的体验,进行修行,他除修习的经籍外,不看其他著作,同时在修行过程中对其他教派的上师和教法不同之处不嘲笑或起邪见,更不对本派进行批评,而是认真学习,对今生所遇到不和之人或事,像对毒物一般抛弃,对自己的苦乐、善恶认为自有三宝护佑,而平静地学习、阅读先辈大德的著作。又如十世班禅额尔德尼·确吉坚赞,1944年1月15日在塔尔寺大拉让举行了堪布会议厅内部坐床仪式,堪布会议厅决定以拉科为十世班禅的经师,由于拉科年事已高,以嘉雅喇嘛协助,嘉雅喇嘛是生长在青海的蒙古人,精通藏语文,对佛学有较深的造诣,每天指导班禅学藏文,教他背诵经文。据十世班禅回忆,嘉雅经师没打过他,但他不会背诵,实在惹嘉雅生气时,嘉雅就揪他的耳朵,有时在他剃得光光的头顶上拍一巴掌。在经师的指导下练习书法,在一木板(藏语称桑布扎)上练字,这种木板是用核桃木或桦木制成的,一面刨光,涂上墨漆,班禅练字时,有专人伺候,先撒上一层白粉,班禅盘膝而坐,不能左顾右盼,要照老师的字帖一笔一画用竹笔书写,写满后送老师检查,然后伺候的人即擦掉,再洒上白粉,每天要写十几次。在木板上要练几年,然后才能在纸上练字。十世班禅每天晚上都要念经、读书、背诵经文。从9岁起到13岁的5年中,除学完了在佛教寺院中常念的各种经典外,还学习了其他许多经论,以及从长寿灌顶到时轮金刚法会的各种教法仪轨。又如七世达赖喇嘛噶桑嘉措,康熙四十七年(1708)出生于理塘,8岁在塔尔寺向察罕诺门汗阿旺洛桑坚赞受居士戒,在经师的指导下,勤奋攻读。在塔尔寺与各扎仓的格西进行辩论,他表现出思维敏捷,能辩倒对方的才智,康熙六十年(1721)前往西藏哲蚌寺学经,并从三大寺各扎仓挑选10名有声望的格西,专门担任七世达赖学经辅导经师。以热振堪布洛桑达吉为主导经师,跟他学"因明学",1722年学了《波罗蜜多》、大小五明,又向却本夏鲁堪布阿旺云丹穷乃学《藻词学》,1723年到色拉寺讲经说法和辩论,1724年在布达拉宫旧大殿进行学经辩论,他辩倒了有名的堪布和格西,被尊称为"五明班智达"。由于他努力学习,掌握了佛经的基本要领,后来成了一位造诣高深的达赖喇嘛。

幼童活佛,在经典学习具有相当的基础以后,一般都要到西藏拉萨三大寺即哲蚌寺、色拉寺、甘丹寺以及在日喀则的札什伦布寺深造。例如,二世嘉木样罗桑图旦久美嘉措,7岁被迎至拉卜楞寺,以拉然巴洛桑旦增为师,开始学习藏文,10岁学教理,对辩论学能举一反三,触类旁通,后赴藏入哲蚌寺郭莽学院学经深造。又如喀尔喀蒙古一世扎雅班第达罗布桑普棱列,幼年时被认为是图蒙肯化身,5岁时为希喇布仁钦的弟子,学习各种经论和仪轨,顺治十年(1653)获诺颜呼图克图的称号,曾三次拜谒哲布尊丹巴呼图克图。顺治十七年(1660)拜谒丹津喇嘛,写报告请求前往西藏学经,于是丹津喇嘛送给他僧服一套、银壶以及良马40匹、骆驼10头、蒙古茶10包等。1660年1月动身去西藏,1661年9月到拉萨,从五世达赖喇嘛受沙弥戒,在札什伦布寺从班禅喇嘛受教。在西藏学经深造逗留20年,康熙十八年(1679)五月一日拜谒达赖喇嘛辞行,当时达赖喇嘛将身上的袈裟脱下来赠送给他,并授给扎雅班第达这一佛号。自从格鲁派兴起以后,蒙藏地区很多寺庙的活佛都要到西藏的大寺庙去深造,以此来提高自己的地位。

也有一些幼童活佛,在学习经典中,不遵守教规,如六世达赖喇嘛仓央嘉措,是在桑结嘉措弟巴的严厉监督下学经文的。仓央嘉措的经师除五世班禅外,还有促陈达杰、格隆嘉木样查巴及格列绛措,都督促仓央嘉措精进奋学,但是向往自由生活的仓央嘉措厌学,不愿学佛经而去散步,经师尾随恳求他坐下听经,他在被迫的情况下,学了许多经典,桑结嘉措也亲自给他讲授。他学《甘珠尔》经就学三遍,另外还学诸如萨迦、宁玛等不同教派有成就的经藏密咒、教规等,还学因明、诗歌和历算等,但他不愿过戒律森严的佛教徒生活,后来成为颇有诗文才华而又放荡不羁的活佛。

幼童活佛除要学习文字(藏文、梵文、蒙文)佛经,掌握佛教理论外,还需修行。修行中的一种方式是静虑,安住一心,静心思考,使身心得到平静或体悟特定的行为过程,也就是静坐人定。如内蒙古五世甘珠尔呼图克图法名阿旺罗布桑丹必尼玛,在五当召学经,其师父元尊法师,经常提醒他要努力修持,以期得到法力。师父与他一起在精舍闭室禅修,时间为7天,每天从天明静坐一直到黄昏,一天只吃一顿早饭,不吃肉食,持斋,到第七天师父取三颗白色的豆子给他,叫他含在嘴里念文殊菩萨咒,他极虔诚地念了一夜,等到天明,师父元尊法师叫他把豆吐出来给他看,师父看到有两颗豆已经要发芽,师父很高兴,认为开启智慧,可以持咒学习。这种禅定之学,是通过精神集中而获得悟解的一种思维修习方法,通过心绪宁静专注深入的思虑,使人的精神思维集中在重要的内容上,被认为有奇特的力量。相传释迦牟尼当年在菩提树下就是靠静坐苦思冥想然后成道的。用静坐苦思冥想的方法就是禅定,这种方法被用到念经、念佛、念咒等诸方面。修行有不同的层次和感受,这是佛教非常重视的一种修行手段。

从事学经的僧人，藏语称为"贝恰瓦"，其意为"书生"。按照经学院制度进修，凡是活佛都要经过贝恰瓦的阶段，要学习显宗的五部大作，然后才有资格考取格西学位。学习的方法，主要是背诵和辩论，以学因明为主，用形式逻辑的法则结合佛教的基本理论进行辩论，也就是"问难"。经师以问难的方法讲授经典，在学经的过程中也将听讲所得结合自己的体会进行问难辩驳，旨在加深理解经义。学习佛典，不完全是注入式讲解，既主张背诵，还要在诱导、启发中培养其思维能力。辩论主要有两种至三种方式，各地不尽相同。一种叫立宗辩，是最常见的辩论，由立宗人提出一宗，进行辩论，立宗人只对对方提出的问题加以解答，不发挥和反问，然后由提问者提出问题。提问者发问时拍掌高呼，挥舞念珠，僧众一旁呐喊助兴，极热烈。一种叫对辩，由两人进行，一人发问，一人答辩，还有的是倒过来，后者发问，前者答辩，此二人行走诘辩，多在法会上（磋林）举行，最为隆重。在辩论中答辩人必须集中精力回答问题，不能因为问难人的态度不好而发火，要冷静和忍耐。参加格西学位（意为"善知识"）的考试，主要使用辩论即问难方式。格西学位在拉萨三大寺分四个等级，一等拉然巴，二等磋然巴，三等林赛，四等尕然巴。然而各地区的等级划分并不一致，甘青藏区在闻思院经考辩显宗五大论后，由低级到高级的学位是：热甫强巴、尕然巴或多然巴。居巴扎仓（密宗院）考辩后可得俄仁巴学位。一般活佛获得格西学位相当艰苦，前后要经过13个学级（15年）和二三十年的格西学习。至此绝大部分学业结束。

　　寺庙的经法教育，由于各教派的教旨不同，也各有差别，学习的内容也不相同。萨迦派的寺庙教育不设学位。噶举派的寺庙教育不重教义，重修行。宁玛派寺庙教育主要修密宗。而格鲁派的寺庙设学位。佛教是以神学为中心的封建文化，蒙藏地区寺庙中的一般僧人学经到一定时期就不学了，只有活佛经过学习才能考取格西学位。因为考格西学位还要拿出一笔经费进行布施活动，而普通僧人一般很难负担这笔费用，当然也有少数普通僧人考上格西学位，也就取得了活佛的转世身份。总之对幼童活佛的教育，培养出了一批具有较高造诣的佛教领袖人物。

第三节 幼年的生活

　　幼年活佛在寺庙内生活，一般人认为一定过得平静舒适愉快，无忧无虑，其实不然，对未成年的活佛，其生活一般是严加管束，可以说小活佛的行动是没有自由的，一切活动都要在允许的范围内进行，活佛地位越高，受到的限制越多。一般规定幼童活佛进入寺庙以后，不准随便与父母见面，更不能与父母同居，遵守佛教"出家即无家"的教规，稍长，见父母有制度规定。如十四世达赖喇嘛丹增嘉措曾居住在布达拉宫，其父母曾居在布达拉宫下面的房子里，因要学经不准回家。这说明活佛不能自由行动，并要受到严格的制度约束。

　　虽然活佛等级不同，居住的条件也不相同，但总的来说，活佛居住的条件一般都比较好，绝大多数住的是优质木石结构或砖瓦房，也有的小活佛居住在土房内或蒙古包里。这些住房，大多是活佛出资建造的，或是前世活佛的遗产。活佛转世，前世活佛的财产就是转世小活佛的财产。蒙古广觉寺（俗称五当召）的活佛府是全寺中比较好的建筑，是楼房，正厅底层设活佛的卧室、会客室，两边耳房为服侍人员的住房，上层供佛。小活佛就是在这样的活佛府生活的。幼童活佛每天早晨大约五点多钟、值班喇嘛敲钟时，即要起床，洗漱要节约用水，一般不超过三勺水。侍者将住室打扫干净，而小寺庙中的小活佛要自己打扫住室。然后披上袈裟，向经书磕头、拜佛，在经师的指导下念经、背诵经文，大约一或两小时后，开始吃早点，主要是奶茶，因此也称为早茶，藏族喇嘛使用自己专用的碗，互不乱用，吃奶茶或吃饭一定要盘膝而坐。早点以后，小活佛学习，背诵经文，不能玩，直到中午吃饭，但过午不食。一般幼童活佛的中午饭比较丰盛，按照佛教的教规，僧人不准吃荤，但游牧地区的蒙古、藏族僧人，由于各种客观条件的限制，允许吃肉。其饮食以糌粑、肉食和乳品为主。对幼童活佛饮食的种类和数量，有的寺庙还有具体的规定。在下午仍然要学习一段时间，但各寺庙的规定不完全相同，也有的下午不学习，允许小活佛在院内玩。晚饭一般为肉粥等。晚饭后又要学经，学习完后才能睡觉。冬天取暖的燃料是牛羊的干粪或木炭，一般铺羊皮或毡子，有的活佛没有被褥，身盖披篷、背心和袈裟等，也有的活佛备有羊皮被褥或绸缎铺盖。凡是小活佛的起居行动，都有人照顾，同时也要受到严格的纪律约束。

小活佛出入都有人随待，凡是普通僧人（扎巴）与小活佛相遇，普通僧人要让道，低头站在路旁，待小活佛过去后才能行走。如在野外普通僧人骑马或乘车遇到小活佛的车或马时普通僧人要下马或下车，向小活佛请安，待他过去以后，才上马或上车而行。信徒拜见小活佛，只要近前磕头，小活佛要伸手摩拜见人的头顶，称为摩顶，藏语称"恰旺"，其意降给吉祥。对地位较高的人来拜见，要献"哈达"表示崇敬，"哈达"大都是白色的，长短不一样，献哈达时，对长辈双手捧哈达过顶，对平辈只要将哈达送到对方手中即可。对方也可以将原哈达回敬。小活佛拜佛要磕头，磕头时双手合掌，举起碰额和心，然后双膝跪地，两手前伸，全身伏于地，头碰地，嘴里念念有词，求佛保佑，这称为磕"长头"。老师是小活佛的影子，经常跟随着小活佛，不准小活佛随意去玩，随意见人，自由回家，更不准家里人不按规定来探望，吃饭不让吃得太饱，更不能随便出院或去骑马等。

小活佛的地位不同，生活差距很大。由于政治原因，也涉及小活佛的生活变化。如内蒙古大活佛三世章嘉若必多吉因雍正元年（1723）青海蒙古首领罗卜藏丹津反清，清朝政府派年羹尧和岳钟琪率军平定，二年（1724）兵临郭隆寺，因该寺参加叛乱遂将该寺夷为平地，三世章嘉小活佛若必多吉从郭隆寺逃出，有两名随从和他一起藏在一个山顶石洞中，唯恐被人发现，白天不敢做饭，怕冒烟被发现，要到夜深才做饭，在那兵荒马乱中总是东躲西藏，受尽了磨难。可是事出意料，福从天降，雍正未执政以前崇敬二世章嘉阿旺罗布桑却拉丹，忽然想起二世章嘉活佛转世的灵童在青海，下旨命年羹尧和岳钟琪，寻找三世章嘉小活佛送京师，他们接到命令后，很快就将小活佛寻见，并送到京师，雍正皇帝对驻京掌印喇嘛土观活佛说："章嘉转世灵童初到京师后，暂居你处，待学会礼仪，朕再召见。"于是三世章嘉小活佛到京后受到土观活佛的款待。有一天，雍正皇帝传谕将驾临旃檀觉卧寺，届时召见三世章嘉活佛。当三世活佛到来，皇帝亲自抱小活佛进屋，坐在座垫的中间。后来皇帝让小活佛驻锡嵩祝寺。章嘉活佛有好多处佛仓，嵩祝寺是章嘉活佛在北京的主要佛仓（根本道场）之一。在土观活佛的主持下，三世章嘉活佛举行了坐床仪式，并将前世所授御用黄幛马车，所坐黄龙金座归他使用，对小活佛以及大小侍从由国库中发给固定的薪俸。三世章嘉活佛的后期童年生活在京师受到了优待，甚至让章嘉同幼年的乾隆帝一起学习，后来成为有名的高僧。但也有一些童年的活佛，不愿受佛教戒律的约束。如六世达赖喇嘛仓央嘉措，由于15岁以前的田园生活给他打下了深刻的烙印，虽出家后戒律森严，高墙深院，但已不能束缚他的思想，他因宗教的禁欲、神秘、虚无增加了对现状的不满，特别是围绕他的政治斗争，使他深感厌烦，逐渐使他变成一位放荡不羁、风流倜傥的人物，招来许多非议。又如喀尔喀蒙古七世哲布尊丹巴，咸丰元年（1851）出生于拉萨附近，五年（1855）被迎往库伦坐床，从7岁开始读书识字，勤奋学习佛经，一直到12岁，在他身边的喇嘛，都是年纪比较大的喇嘛，除了对他尊敬，不可能给他带来什么欢乐。于是从12岁开始，不再好好学习而酗酒吸烟，后来走上放荡的道路，数年后即1868年圆寂。第八世哲布尊丹巴同治九年（1870）出生于拉萨，十三年（1874）被接到库伦，他来到蒙古地区，周围都是上了年纪的人，从他们那儿得不到愉快，因而感到生活单调枯燥，随着年龄的增长，意识到自己地位的崇高，也就越来越任性。光绪十一年（1885）他到土拉河的夏营地居住，他感到比在寺庙中要自由得多了，老师劝他回寺庙，他不听，还发火打人，要继续住下去。不久他的老师以及他的母亲都去世了，就不再有人敢管束，他也就过起骄奢放荡的生活。

幼童活佛在理藩院注册的一般都称为呼毕勒罕，后来规定达赖喇嘛、班禅额尔德尼和哲布尊丹巴均于坐床之日，即撤呼毕勒罕字样。而驻京八大呼图克图转世，在来京觐见之日，裁撤呼毕勒罕，驻扎各游牧区所之呼图克图转世后，均俟年至18岁，由该管大臣盟长核实报理藩院后，始裁撤呼毕勒罕，概不准私自裁撤，如有违例私自裁撤者，一经查出由理藩院严行参处。

第五章 活佛的地位

活佛在西藏、蒙古等地极受尊敬,称为活菩萨。按照佛教的教义,凡是涅槃成佛者,就不再轮回,所以不存在死的佛和活着的佛,也就是说,佛是自在永存的。有一种说法,所谓的活佛,是指菩萨。一位道行极高的喇嘛,已超脱生死轮回而达到涅槃,但为了普度众生,而愿重返人间,继续完成弘法超度,才有了转世化身的出现。这种理论的产生,其目的是使佛教的首领更加神秘化,提高和加强佛教首领的地位。以寺庙为基础的活佛,不仅具有强大的经济实力,在社会上也有很高的威望,而且还有政治权势,活佛的影响越来越大。但由于活佛的政治势力、社会地位各不相同,形成了不同的等级。

第一节 活佛的等级

活佛出现在元朝,元朝首任帝师大喇嘛八思巴,其意是大圣贤,传为文殊菩萨的化身。元朝封其为"西天佛子",涅槃后,建庙塑像,是元朝最高佛教首领,其传承是靠萨迦派娶妻生子传承,没有采取活佛转世办法。活佛的转世虽然从元朝的噶玛噶举派的噶玛拔希开始,但是他政治地位不高,社会影响也不深远。而影响最大的是后来的格鲁派,在社会上的影响越来越大,活佛的政治地位越来越高,出现了政教合一制度,活佛就成了神圣的、政教合一的统治者。随着寺庙的增加,活佛的人数越来越多,不同的活佛,其地位和权势各不相同,形成了不同的活佛等级。按照佛教的宗旨,活佛普度众生,应该是没有等级的区别，活佛之间的地位是平等的，但实际上，各寺庙内的各种佛像和菩萨雕塑，排放的位置有大有小、有主有次，有正位和侧位，根据其地位分成不同的等级，这是社会等级制在宗教界的反映。活在人间的活佛也不例外，按其地位分成下面的等级。

一、格鲁派中最高一级的活佛是达赖喇嘛和班禅额尔德尼

格鲁派的活佛转世，并不是格鲁派一开始就有的，而是经过一个酝酿阶段。三世达赖喇嘛索南嘉措时，才实行活佛转世。索南嘉措为格鲁派的发展寻找支持者，到蒙古弘扬佛教，使佛教在蒙古得到了发展，蒙古用军事力量支持格鲁派在西藏与其他教派的斗争。到17世纪，第五世达赖喇嘛阿旺罗桑嘉措在蒙古和硕特部固始汗的支持下，在政治、经济和宗教上取得了优势地位。顺治九年（1652）五世达赖喇嘛到北京，受到清朝皇帝的隆重接待。十年（1653）清朝皇帝正式册封其为达赖喇嘛，赐给金册金印，从此达赖喇嘛的地位得到了清朝的正式确认，在格鲁派中成为地位最高的活佛。

札什伦布寺的寺主四世班禅罗桑却吉坚赞（1567～1662）是格鲁派历史上十分重要的人物。在四世达赖逝世以后，五世达赖年幼之时，他主持格鲁派的教务，并使格鲁派在藏族社会上取得绝对优势的地位，可以说罗桑却吉坚赞为格鲁派立下了卓越的功勋。1645年蒙古和硕特部的固始汗赠给他"班禅博克多"称号，并将日喀则周围的土地划归班禅管辖，这就形成达赖与班禅两个并行的活佛体系。康熙五十二年（1713）清朝政府封五世班禅罗桑益喜为"班禅额尔德尼"。从此班禅喇嘛的地位得到了清朝的正式确认。格鲁派以达赖喇嘛和班禅额尔德尼为最高首领，对大寺庙的活佛和各地的格鲁派属寺首领的赐号、传法、确定转世灵童等佛教活动，有领导和指导权，即清朝赐其印文所说的"所领天下（西藏）释教"。巩固了达赖和班禅两位活佛在格鲁派中的特殊地位。

二、次于达赖、班禅地位的是主持一方的活佛

如喀尔喀蒙古的哲布尊丹巴呼图克图，他是喀尔喀蒙古地区佛教首领。在喀尔喀佛教兴起以后，派人前往西藏邀请高僧前来喀尔喀弘教，藏巴汗为了扩张势力，派觉囊寺的寺主多罗那他到喀尔喀修建寺庙，弘扬佛教，崇祯七年（1634）多罗那他在库伦圆寂。八年（1635）出生于喀尔喀土谢图汗衮布多尔济

家族之子被认为是多罗那他转世灵童，崇德四年（1639）取法名为罗卜藏旺布扎木齐。顺治六年（1649）赴藏学经，这时期西藏格鲁派势力强大，藏巴汗败亡，觉囊派已失去噶玛噶举派政权的支持，受到了格鲁派的强大压力，改宗为格鲁派，罗卜藏旺布扎木齐由第五世达赖喇嘛授予哲布尊丹巴呼图克图称号，回到喀尔喀蒙古，哲布尊丹巴呼图克图成为喀尔喀蒙古地区格鲁派的宗教首领。清朝政府为了利用佛教，竭力提高哲布尊丹巴呼图克图在喀尔喀蒙古中的地位，使哲布尊丹巴呼图克图成为喀尔喀蒙古的最高活佛。

章嘉呼图克图是内蒙古地区的最高活佛，章嘉二世于清崇德七年（1642）出生于青海，5岁迎入郭隆寺，顺治十八年（1661）赴西藏深造，先从五世达赖受戒，康熙二十一年复拜之为师，法号阿旺罗布桑却拉丹，由于学习努力，精通经典，颇有盛名。康熙二十三年（1684）喀尔喀蒙古扎萨克图汗与土谢图汗部不和，五世达赖派章嘉与锡哷图呼图克图二人前往宣谕调解，由于调解二部和好，受到康熙的赏赐。三十二年（1693）康熙谕章嘉二世再次赴京，驻锡法渊寺，受驻京扎萨克达喇嘛职，同时在多伦诺尔兴建寺庙。康熙四十年（1701）多伦诺尔之汇宗寺建成，章嘉二世主持多伦诺尔喇嘛事务。规定蒙古各旗出一名喇嘛到汇宗寺学经。四十四年（1705）康熙皇帝到多伦诺尔巡视以后，授章嘉二世为呼图克图名号，封为灌顶普善广慈大国师，给88两8钱8分重的金印。五十一年（1712）康熙面谕章嘉："格鲁派之事，由藏东向，均归尔一人掌管。"从此以后，清中央即以章嘉呼图克图为内蒙古的宗教首领，并以"大国师"身份，常奉命出使蒙藏地区。

西藏的摄政活佛，藏语叫"杰曹"，即"杰旺古曹"的简称，意为"达赖喇嘛的代理人"，汉文意译为"摄政"，是指达赖喇嘛成年以前代理达赖职务的转世活佛，五世达赖以"第巴"来处理政事。乾隆十五年（1750）西藏珠尔墨特那木扎勒事件后，清朝中央政府改革西藏地方行政体制，取消第巴制度，建立噶厦政府及译仓，直接受达赖和驻藏大臣的领导。七世达赖噶桑嘉措于乾隆二十二年（1757）圆寂，清朝中央政府为了在新达赖未出现期间不使噶伦干扰政务，并使中央政令能继续得到贯彻，决定在西藏设摄政制，清朝乾隆皇帝命哲蚌寺罗色林扎仓的第穆诺门汗六世阿旺降白德勒嘉措（1723～1777）出任摄政，从此确定了达赖喇嘛未满18岁以前由摄政活佛代理达赖掌管西藏喇嘛事务，即"掌办商上事务"，也即摄政。具有摄政活佛资格的有：济咙活佛、策默活佛、热振活佛、第穆活佛以及策觉林活佛、第朱活佛。出任摄政必须经清朝中央政府批准任命。如济咙八世、十世摄政33年，第穆六世、七世、九世摄政42年，热振九世、十一世摄政27年，策默活佛摄政35年。具有摄政资格的活佛，其地位仅次于达赖、班禅。从八世达赖至十三世达赖，其间摄政曾掌政总计数十年。由此可见，摄政活佛地位也是极重要的，属于第二个等级。

三、执掌各寺庙的活佛，驻京的呼图克图以及达赖和班禅的经师等

属这一等级的有阿嘉呼图克图，他是塔尔寺的寺主。第三世洛桑坚样嘉措（1768～1816）在塔尔寺学经后，赴西藏，八世达赖授予额尔德尼班智达称号，曾先后四次到北京，任雍和宫掌印扎萨克喇嘛及多伦诺尔掌印喇嘛。乾隆末年被封为"禅师"，授呼图克图称号。嘉木样活佛是格鲁派六大寺之一的甘肃夏河县拉卜楞寺的寺主。最初，青海和硕特蒙古河南贝勒察罕丹津派人赴西藏请嘉木样协巴回籍建寺弘扬佛法，回来后建立了拉卜楞寺，嘉木样协巴为该寺的首任寺主。康熙五十九年（1720）圣祖册封嘉木样活佛为"扶法禅师班智达额尔德尼诺门汗"。1721年圆寂。一直到雍正六年（1728）嘉木样二世出生，从此开始嘉木样活佛的转世，主持拉卜楞寺。席力图召呼图克图是内蒙古呼和浩特席力图召的寺主。一世希迪图噶卜楚是一位杰出的佛学家，精通汉、蒙、藏三种语言文字，曾将藏文《般若经》译成蒙文。三世达赖授给法号"班迪达固希巧尔气"。因为他坐过四世达赖的法床，因此被称为席力图召。万历三十年（1602）希迪图噶卜楚护送达赖四世返藏，事毕回到呼和浩特，扩建了席力图召，改成为汉藏混合的建筑形式。从席力图召四世以后，任呼和浩特掌印扎萨克达喇嘛一职，以后就成为席力图召呼图克图继承的职务。

敏珠尔呼图克图十六世，法号洛布藏丹增。雍正五年（1727）达赖喇嘛派其堪布同在藏学经的敏珠尔到京觐见皇帝，获呼图克图名号，十年（1732）奉旨到京师任职，管理京城东黄寺京仓僧俗徒众，敕赐朝车朝马，被选任多伦诺尔掌印达喇嘛，是驻京的重要活佛之一。噶尔丹锡哷呼图克图四世出生于西宁，赴前藏在甘丹寺讲经，清圣祖特召来京，奉旨赴厄鲁特、喀尔喀讲经，当地蒙古汗王等"奉为教主"。康熙二十六年（1687）回京，在各庙讲经。五世受清世宗敕封为慧悟禅师噶尔丹锡哷呼图克图，是驻京的重要活佛之一。

达赖喇嘛和班禅喇嘛的经师不止一位，而有几位，地位也很高。十世班禅

的经师起初是九世班禅的经师拉科活佛，两年以后因病辞去经师职务，另请嘉雅为经师，这是一位忠厚而又有修养的经师，1952年进藏指导十世班禅学习，1954年嘉雅回青海塔尔寺。此后又请札什伦布寺很有名望的恩久活佛担任经师，在他的指导下学习。达赖和班禅的经师一般说来是学问高深、受人尊敬的活佛。他们在政治上、思想上、治学上，都对达赖、班禅有相当影响。上述拉科、嘉雅就是爱国经师。而十四世达赖喇嘛的经师赤江是西藏的叛乱者。

四、寺庙的扎仓活佛即扎仓朱古，以及中等寺庙的堪布等

其地位低于主持大寺庙的活佛，为扎仓朱古，无须噶厦批准。这部分活佛，只要有权威人士主持就能转世，由于寺庙的发展，寺院扎仓的增多，这部分活佛数量也越来越多。例如，内蒙古呼和浩特的延禧寺，是顺治十年（1653）席力图召呼图克图弟子达尔罕卓尔济进行化缘建立的寺庙，后来形成呼和浩特有名的巧尔气呼图克图，呼和浩特的乌素图召第三代活佛罗布桑旺扎勒于雍正三年（1725）建立法禧寺和罗汉寺，他不仅熟悉经典，还擅长医术，他只传了五世。"扎仓朱古"即经院活佛，经本寺之全寺性的活佛指定能担任经院（扎仓）的堪布职位，在经学上有一定水平的人担任被称为寺院内的经院活佛。

五、一般活佛

这一等级的活佛比较多，很多寺庙都有，这种活佛的来源是多方面的。如甘肃拉卜楞寺每年举行"松却"法会，在"却惹"（辩经场）辩经考试合格者受"然江巴"（即热甫强巴）称号。在拉萨三大寺举行法会，事先向西藏的噶厦政府提出申请，在法会上进行辩论获胜，同时要有雄厚的经济实力，在确认过程中要花钱，要向寺庙僧人放布施，等等，这样通过考格西学位而获得活佛称号。一般活佛在清代是不入册的，而且随时可以增减，可以转世，也有的很快停止转世，他们仅寄居于寺庙，以分领布施或靠家庭支持维持生活，特别是后期，由于社会上活佛地位尊荣，一些世俗贵族或富户，为获得活佛头衔不惜重金捐买，以捐款获得活佛的称号。不论前身是否转世，是否考上过格西，只要出资就可以得到格西活佛的头衔。这样的"活佛"泛滥，有的大寺有很多，如新中国成立前仅青海佑宁寺就有近百名的活佛，塔尔寺也有六七十名活佛。

以上叙述了活佛的等级，不管属于哪个等级的活佛，主要来自贵族家庭，

尽管其中也有活佛转世于劳动人民家庭，但一般来说这种现象比较少。同时活佛转世往往也导致僧俗统治者之间争权夺利，以及权力的再分配。大活佛相对来说能独立自主地主持有关的政教事务。其原因是他们代表某些政教集团的利益。而最小的活佛不过是受大活佛的利用支配，并没有什么权力。

身为活佛又兼堪布者是有职有权的，任期一到即卸任，称卸任堪布，其权力及社会作用、影响仍很大，仍以活佛相称。如十三世达赖出生后，其灵童身份就是由卸任堪布罗桑达吉为主赴圣母湖首次查验的。后卸任堪布强曲南加再行复查。

第二节　活佛在政教合一制度中的地位

按照恩格斯在《普鲁士国王弗里德里希——威廉四世》一文中所说："……在新教国家里国王就是——summasepiscopus（总主教），他把教会和国家的最高权力集于一身，这种国家形式的最终目的就是黑格尔所说的政教合一。"[①] 对于在西藏所称之政教合一制度是否可以这样看，即是以僧人为主执掌行政权力的一种政治制度，此种政治制度藏语称作"却塞松智"，直译为"法政合一"，这种将"（佛）法"摆在"政（权）"之前的现象，正反映了政教合一的性质，又体现教权高于政权的特点。相传在我国的五代及宋时，西藏教派与地方势力相结合，开始出现政教合一的封建割据势力。到13世纪，蒙古汗王统一西藏，封萨迦教主八思巴为帝师，兼管西藏地方政权，使僧人执掌政教大权，出现了全藏性质的政教合一制度，这是在元朝中央政府的支持下，西藏佛教发展过程中出现的一个重要特征，即佛教首脑人物执掌政教权力。最突出的是格鲁派兴起以后，由达赖喇嘛管理西藏地方政教事务。很多书籍记载政教合一制是从五世达赖开始的，实际并不如此。从西藏文史资料看，在政治上五世达赖无疑具有重大影响，但是五世达赖喇嘛在清政府的中央册封中，只是授予他为宗教首领（即"所领天下释教"），而授予固始汗为掌管西藏地方的政治军事首领，"作朕屏辅"。蒙古固始汗王世系，掌握西藏政务长达近80年。康熙二十一年（1682）

---

① 《马克思恩格斯全集》第1卷，人民出版社，第537～538页。

五世达赖喇嘛圆寂，清朝政府把六世（后改为七世）达赖格桑嘉措从青海护送到拉萨。五十九年（1720）在布达拉宫坐床，废除第巴制度，设立四名噶伦共同管理西藏地方行政事务。清军留驻西藏。不久四噶伦内部发生内讧。清廷立即采取措施，平息了内讧。清朝政府委任颇罗鼐总理西藏地方政务，并派驻藏大臣。但是颇罗鼐于乾隆十二年（1747）死去，其子珠尔默特那木扎勒袭郡王爵，继续总理西藏地方政务，由于他秘密与蒙古准噶尔部首领勾结，背叛清朝。驻藏大臣杀珠尔默特那木扎勒，珠尔默特那木扎勒的党羽谋反，杀驻藏大臣，七世达赖喇嘛格桑嘉措平息了叛乱，清朝政府从此在西藏正式设立噶厦政府，以达赖喇嘛管理西藏地方行政事务。格鲁派掌权的西藏的政教合一制度从此正式确立。七世达赖喇嘛于乾隆二十二年（1757）去世，清朝政府任命丹吉林大活佛第穆呼图克图摄政，从此西藏开始在达赖喇嘛未成年以前采用摄政制度。由此可以看到，西藏达赖喇嘛掌管西藏地方政府之政权是从七世达赖喇嘛格桑嘉措开始的，是清朝政府为变革西藏行政制度而授予的，在清朝中央政府领导下实行政教合一制度。

西藏的政教合一制，系活佛掌管政教。而西藏有达赖喇嘛和班禅额尔德尼两位最高的活佛，他们的政治地位和职权在历史上形成复杂的关系。西藏地方的达赖与班禅在政治地位上是平等的。从固始汗控制西藏以后，达赖居前藏，班禅居后藏，清朝政府对西藏采取"分而治之"的政策，以达赖、班禅分治前后藏，各自管辖自己控制的范围，形成不完全相同的政教合一组织形式。但从"二十九条"的一些规定看，达赖与驻藏大臣又有共同议处某些全藏性事务的权力。这是由清中央所授予的权力。

达赖喇嘛系统掌管的行政机构，是僧俗贵族联合执政制。据《卫藏通志》所载清中央有关西藏的"条例"看，西藏地方在清中央一系列旨令规定下，建立了各级行政组织，规定了各级僧俗官员的职称、名额、品级、任免及俸禄，等等，使僧俗上层和世俗贵族在政治上的结合得到发展和逐步完善，以达赖为首领的格鲁派上层和世俗贵族组成西藏地方噶厦（藏语之意为发布政令的机关）政府，内设四噶伦：僧官一名，俗官三名，而此僧官出自达赖的内侍，他既是达赖在噶厦中的代表，又是各寺院的代表，因此噶厦就成为体现政教合一制度的最高行政机构。噶伦经朝廷任命，在达赖喇嘛和驻藏大臣直接领导的噶厦政府内管理西藏地方事务，后来又增设代理噶伦和助理噶伦数人，协助噶伦处理日常事务，在噶厦公所办公。噶伦多为达赖之亲信，十三世达赖时有"半皆私人"之说，在噶厦政府之下，设立诸如仔康（意为审计）等十余个主要行政机构。另设一个译仓（意为秘书处），由四名僧人组成，这是僧人直接参政的又一体现。噶厦一切政令、公文，必须经过译仓审核、铅印始能生效，说明僧人权力之大，这使僧俗在政府中既有联合而又互相牵制。

上述诸机构分别管理不同的事务。地方政府机关有"基巧"（相当于专区）和"宗"（相当于县）。在宗以下还有宗豁，农业区有豁卡（庄园），牧区有学卡（部落）或如瓦（从军事组织演变成部落性质的单位）。为了加强驻藏大臣对西藏的实力控制，藏北三十九族（今丁青、索县地区）和达木蒙古八旗（今当雄地区）由驻藏大臣直接管辖，并指挥驻藏的1500名军人。

班禅掌管后藏的彭措林、昂仁、拉孜、日喀则等，居住在扎什伦布寺。在班禅领导下的政教合一的另一种组织形式，它有三个既有联系又有区别的组织系统，即扎什伦布寺、班禅拉让和堪布会议厅（朗玛岗）。班禅堪布会议厅由苏本、森本、却本等堪布组成。下设内务、总务、秘书、地方官等。西藏三大寺各有其不同的管辖范围，各有其统治的地区，出现各种形式的政教合一机构。

藏区形成的政教合一制，不仅西藏有，青海的塔尔寺、甘肃的拉卜楞寺、内蒙古的广觉寺（五当召）等辖区也形成了大小不同的政教合一制。如拉卜楞寺的嘉木样一世俄项宗哲创建的拉卜楞寺。康熙四十八年（1709）蒙古和硕特部察罕丹津献属民500户作为寺院的香火户，额尔德尼台吉献萨尔地方的土地和属民给寺院，这些土地和属民为拉卜楞寺管辖和支配。五十年（1711）达赖喇嘛益西嘉措赐嘉木样"郭莽额尔德尼诺门汗"的封号。五十九年（1720）康熙封嘉木样"扶法禅师班智达额尔德尼诺门汗"封号，这样使嘉木样在政治上有掌管拉卜楞寺的合法权力。拉卜楞寺初步具备政教合一的基础。嘉木样二世季美旺吾在甘肃、青海两地弘教，兴建、扩建、修复寺院四十余座，都成了拉卜楞寺的属寺，拉卜楞寺通过属寺来控制所在地的部落教权，进而开始控制行政权力。后来，经河州总镇衙门的特别批准，在塔哇成立"臬仓"（管理处），直接管理寺院地区的13座寺院的政教事务。拉卜楞寺依靠清朝政府的支持，宗教势力的发展，寺庙经济实力更加强大，土地和属民增加，逐步形成拉卜楞寺的政教合一制度。

在甘、青、川、滇等地藏区，清朝政府实行土司制度，在当地，土司制度与寺庙密切结合，寺庙的僧人与土司构成僧俗封建主执掌的政教合一形式。据杨复兴编《安多藏区卓尼四十八旗概况》一书记载，甘肃卓尼，政属于土司，教属于僧纲，兄任民长，管理政务，弟任寺主，主持宗教。土司长子例袭土司，次子例袭僧纲。遇有独子，土司得兼僧纲，政教合而为一。又如在云南迪庆藏区，归化寺是当地政教统治中心，寺庙的活佛执掌政教之权，寺内设"吹云会议"，由八区喇嘛、二十七千总、把总组成，处理有关政教事务。四川西部德格地区，土司制度有悠久的历史，实行家族世袭制，历来长子为更庆寺寺主，这是德格土司的权力中心，次子为土司，若是独子，则既是寺主又是土司，政教合一。

蒙古地区由于宗教势力的发展，寺庙的增多，也出现了政教合一的喇嘛旗。根据《清代边政通考》记载：内蒙古锡哷图库伦扎萨克喇嘛旗，在盛京法库边外；喀尔喀哲布尊丹巴呼图克图旗，在肯特山西南之库伦；额尔德尼班第达呼图克图旗在三音诺彦部，西为推河源。扎牙班第达呼图克图旗，在三音诺彦部跨塔米尔河；青苏珠克图诺门汗旗，在三音诺彦部察汉齐齐尔里克河，那鲁班禅呼图克图旗，在扎萨克图汗部，跨扎布噶河，青海察汉诺门汗旗，在青海黄河东岸。七个喇嘛旗的建立，有的是清朝政府承认既成的事实，如喀尔喀哲布尊丹巴呼图克图旗是因为在喀尔喀蒙古宗教势力的发展，权力的扩大，以商卓德巴衙门掌管喀尔喀蒙古的宗教，还管辖寺庙属民的各种事务，形成政教合一制，清朝政府编为一喇嘛旗。也有的是有功于清朝而建立喇嘛旗的，如察汉诺门汗旗，因为青海罗卜藏丹津反清，察汉诺门汗反对罗卜藏丹津反清，并进行劝阻，而支持清朝，年羹尧在平定罗卜藏丹津反清以后，提出在青海设置察汉诺门汗旗，这是一个喇嘛旗。喇嘛旗的形成是由于蒙古王公和牧民布施给寺庙土地、属民、牲畜、财物，使寺庙拥有领地户形成封建领地。大的成为喇嘛旗，由活佛掌管喇嘛旗政教事务，其权限和一般旗扎萨克相同，实际管事的是商卓德巴，不设商卓德巴的旗则由扎萨克喇嘛执掌管理徒众。蒙古语把喇嘛徒众称为沙毕那尔，把喇嘛旗的属民也称为沙毕那尔，除喇嘛旗之外还规定蒙古各寺庙的呼图克图的徒众过500名，而庙宇距该旗500里者该盟长授予扎萨克喇嘛职衔，于是出现喇嘛不仅管理宗教事务，并且有行政、司法等权力，这也是政教合一的形式。

政教合一是在一定历史条件下产生的，使一些宗教上层即活佛直接掌握行政权力，还用各种办法来维护自己的宗教势力和经济特权，必然引起争夺权力的斗争，有时这种斗争达到非常尖锐化的程度。在历史上，这种事例也不少见。如达赖喇嘛，按照规定年满18岁即掌政教大权，但是九世至十二世达赖，在青年时夭亡，一直由摄政活佛执掌政教，到光绪二十年（1894）十三世达赖土登嘉措19岁时，光绪皇帝谕达赖亲政，摄政的第穆活佛阿旺罗桑成烈热结提出辞呈，卸职后住丹吉林寺（即阐宗寺）。二十五年（1899）第穆活佛暴亡。有一种说法是第穆活佛之侄洛布才仁及顿珠对达赖亲政不满，企图杀害达赖，仍拥第穆摄政，被发现，因此发生了"素受皇帝器重"和于西藏"有贡献"的第穆呼图克图被害事件。另一种说法是反对第穆活佛的势力集团为加强自己的势力，假护法神之口，而谋害第穆活佛。不管第穆活佛蒙冤被害的内幕如何，这件事本身反映了西藏上层活佛内部争权夺利的斗争。

这种政教合一制度，使活佛不仅是宗教首领，而且也成为地方政府首领，以活佛的名义总揽政教大权，可以说，活佛的权力发展到顶点，执政的各级活佛之间、僧俗之间争权夺利，在他们统治之下的广大人民遭到的却是压迫和剥削，过着难以忍受的苦难生活，正如《卫藏通志》所说，"是以日益贫穷，以致逃亡失业，殊堪悯恻"，从而加剧了阶级的分化。政教合一制度随着社会的发展，必然导致衰落。这是历史发展的必然趋势。

第三节 活佛在社会上的影响

活佛是具有特殊身份的僧人，他的地位并不局限在宗教范围内，而渗透到政治、经济、文化、艺术等各个领域。在藏族、蒙古族的社会中有着重要的地位，并产生很大的影响。

在政治上，活佛具有举足轻重的地位。活佛的出生往往是在贵族家庭，他们在社会上的地位等于贵族和官吏。贫穷家庭出生的相对来说人数较少。活佛不负担赋税和服役，在社会上具有与世俗贵族并列的地位。一般说来，那些有权势的上层活佛穿上袈裟，形式上似乎是"超阶级"的人，实际上是披着袈裟的领主。特别是在崇佛达到狂热地步的地方，活佛有着崇高的威信，以神权控制政权，享有政治、经济特权，神权与政权结合在一起，活佛成为政教合一的统治者。利用神权强化政治，利用政权巩固神权。由于活佛在社会上地位日益提高，清朝政府利用活佛在社会上的地位，加强对蒙藏地区的统治，在处理重要的政务中，以活佛充任使臣，发挥他们在政治上的作用。例如，章嘉呼图克图就充当了这种角色，同时章嘉呼图克图利用清朝皇帝对他的重用来提高自己的地位。他们中间不少人为国家的统一、民族的团结做出了有益贡献。

章嘉呼图克图二世是五世达赖的弟子，法名为阿旺罗布桑却丹（1642～1715）。康熙任命章嘉二世为扎萨克达赖喇嘛，利用章嘉二世的影响来为清王朝的政治利益服务。三十六年（1697）章嘉二世奉旨出使西藏，主持六世达赖喇嘛的坐床仪式，对稳定西藏、青海、蒙古的形势起了一定的作用。从西藏回北京后，又到多伦诺尔创建和主持喇嘛寺院，使多伦诺尔成为蒙古地区一个宗教中心，四十年（1701）任多伦诺尔扎萨克喇嘛，安抚蒙古诸部于清中央领导之下。雍正皇帝派章嘉呼图克图三世若必多吉（1716～1786）前往泰宁，护送七世达赖喇嘛到拉萨布达拉宫坐床。完成了清朝政府交给的迎送七世达赖返藏的政治使命，安定了西藏政局，从政教两方面进一步加强了中央政府与西藏地方之间的隶属关系。乾隆二十一年（1756）喀尔喀蒙古郡王青滚杂卜的"撤驿之变"，使喀尔喀蒙古部分地区骚动起来，哲布尊丹巴呼图克图二世对清朝政府的态度一度有所动摇。乾隆皇帝派章嘉三世率同清朝的大臣和内蒙古王公前往，经过工作平息了事变。清朝政府在蒙藏地区，凡重大的问题往往以活佛为特使前往处理，这种事例很多，说明活佛在社会上的影响比较大。这也正是清政府实行"兴格鲁派以安众蒙古"及"兴格鲁派安群生"政策的原因。

活佛虽然分成各种等级，很多活佛是寺庙之主，或掌握一定的实权，但实际上与世俗封建主一样，他们占有土地、牲畜、财产以及属民。清乾隆二年（1737）理藩院册籍载达赖喇嘛所管寺庙3150余所，百姓12万多户。他还得到清朝的很多赏赐，如顺治九年（1652）五世达赖阿旺罗桑嘉措（1617～1682）到达京师，清朝政府对他进行了册封，由户部拨供养银9万两，赏给黄金650两，银1.2万两，还有大批礼品。后来康熙皇帝又规定从打箭炉税收项下，每年拨给白银5000两给达赖作为僧众赡养。又如班禅在乾隆二年（1737）所辖寺庙327所。乾隆六年（1741）六世班禅坐床，清政府派钦差大臣除代表皇帝赏赐白银3000两以及很多礼品外，还向札什伦布寺全体僧众熬茶发放布施，每人白银5钱，并给后藏379所寺庙全体僧众熬茶，每僧布施白银5分。乾隆四十四年（1779）六世班禅从西藏动身前往承德，到达后受到乾隆的接待，给予丰厚的赏赐。这次班禅东来，清廷赏给他以及蒙藏王公、信徒献给的价值数10万两金的财物，均运回西藏，由其胞兄仲巴呼图克图保管，他只以少数布施各寺庙，其余据为私有。班禅弟沙玛尔巴红帽系十世却珠嘉措因没能分到，乃唆使廓尔喀部（尼泊尔）入寇，廓尔喀人侵入西藏，抢掠了札什伦布寺。清军入藏驱逐了廓尔喀人。可见活佛对于经济的占有欲是相当强烈的。喀尔喀蒙古的哲布尊丹巴呼图克图的财产到清末已超过了喀尔喀蒙古最富有的王公财产。从法律上还保证活佛享有各种特权。偷窃活佛的财产或对活佛不敬及伤害活佛都要受到严厉的处罚。在西藏和蒙古的法律都有保护活佛的条款，藏文《十三法》及《十六法》均将寺院堪布、格西、扎仓的喇嘛列入上等人的等级中，其命价为400～300两黄金。根据宗教的信条，在法律上规定"安分守己"，"贫不能侵富，下不能犯上"，活佛利用法律条文来维护宗教的利益。有的寺庙的活佛还利用宗教特权，设法庭、监狱、刑具等专政手段，有的还拥有僧兵武装力量（僧兵称"多多喇嘛"），如青海和硕特部首领罗卜藏丹津于雍正元年（1723）起兵叛清，就有不少僧兵在某些活佛的唆使下参加。清朝派抚远大将军年羹尧，四川提督岳钟琪率军平定，由此可以看到在寺院中的活佛拥有喇嘛武装力量。寺院武装主要用于自卫，也参与政事，如西藏三大寺僧兵曾抗击英帝侵略军，色拉寺僧兵抵抗对拥护中央的热振活佛的迫害。活佛在社会上的势力是很大的。清朝在《青海善后十三条》中提出了对寺庙加以限制。

在佛教盛行的地区，活佛以佛学为中心在社会的文化教育、艺术以及生活中起着重要的作用，并发生很大的影响。活佛从事文化教育，培养出很多著名学者，不论是藏族或是蒙古族，很多学者接受高僧活佛的教育，用藏文或蒙文著书立说。如卫拉特蒙古和硕特部的佛教高僧咱雅班第达（1599～1662）原名纳木海嘉措，他不仅致力于佛教的传播，而且积极参加政治活动。他在顺治五年（1648）根据西蒙古的方言，在回鹘式蒙古文基础上改制成托特文。元朝八思巴喇嘛使用藏文字母曾为元朝创制过蒙古新字。但蒙古仍使用回鹘式蒙古文，可音标不足，不能把西蒙古的方言音韵写下来，咱雅班第达所著《缀字法》一书说："为了便于蒙古族群众将许多形态相似的字母一一区别清楚，避免混淆，改制为简易蒙古文字母。"蒙古语称"托特"，即字义清楚的文字，也称卫拉特文。《西域图志》记载托特文"共有十五个字头，每一个字头七音"。有7个短元音字母，这样文字更接近口头语。

总的说来，活佛在社会上是有文化、有知识的学者，在文化教育、艺术等方面作出了贡献，他们的许多历史著作保存大量的珍贵史料，记载了中央与西藏密不可分的关系。同时也保存传播了藏族的传统文化。当然他们的知识往往是科学同迷信混杂、艺术和宗教相联系，从文化的形式到内容都披上了一层神秘的外衣，蒙上了浓厚的宗教色彩。然而他们在佛经的翻译，吸收其他民族的语汇，增加许多新的表现形式，引进新的思想、新的理论方面有不少贡献。藏文大藏经的《甘珠尔》目录是经过蔡巴·贡噶多吉等人编纂的。《丹珠尔》目录是布顿·仁钦朱编纂的，他还编过《甘珠尔》及《丹珠尔》总目。后来基本上是根据他们编订的次序刻印藏文大藏经。这是一部以佛教经典为主的"百科全书"性质的主要参考书。内容主要有经、律、论三部分，所谓经是指佛所说的话，由弟子记下来的为经。所谓律是僧徒所应守护之法，也就是所说的戒律。所谓论，是指后来的大师们对经所作的注解，或是对佛教理论的发挥。《甘珠尔》包括经和一部分律；《丹珠尔》包括一部分律和论。书其中还有涉及天文、历算、语言、医学、逻辑、工艺等论述。将其从藏文译成蒙文，从元代就开始了，明末察哈尔部林丹汗把《甘珠尔》译成蒙文，清康熙年间命章嘉呼图克图负责，由甘珠尔瓦呼图克图等人参加，把《甘珠尔》译成蒙文，并加以刻印。佛经在藏族、蒙古族中翻译本是大量的，例如，西蒙古卫拉特的咱雅班第达用托特文翻译了《金光明经》《金刚经》等170多种。精通藏、梵、蒙、汉、满语的三世章嘉活佛，还奉清帝之命在承德主持翻译了满文大藏经。

活佛在藏医和蒙医学方面也作了很大的贡献，在社会上影响也很大。西藏、青海、蒙古等地的主要寺庙设有曼巴扎仓，曼巴译成汉语即是医学。这是专门学习医学的课程，活佛经过系统学习医学，进行治病。藏族名医玉脱云月贡布的《四部经典》名闻世界，他们以医术济世救人，蒙古也将很多藏医著作译成蒙文。18世纪正黄旗的明朱尔多尔济等人将藏文《四部经典》译成蒙文。康熙二十九年（1690）藏族第斯桑杰嘉措著《临床补记》于乾隆十一年（1746）译成蒙文。蒙古活佛也写了许多蒙医著作，在继承和发扬蒙医事业中起了重要的作用。还有众多活佛在天文、历算、绘画、雕塑、音乐、建筑、语言、翻译等方面也取得很多成绩。许多活佛著作如寺庙史、教派史、活佛的传记以及历史著作、地方史等在社会上也很有影响，总之，许多有政治远见和高深学识的活佛在社会上的地位、影响和贡献是很大的。

第六章 寺庙与活佛

寺庙是佛教信徒进行宗教活动的场所。西藏格鲁派兴起以后,逐步形成以活佛主持的寺庙。活佛以寺庙为基地或根本道场,进行活动,掌管寺庙。同时寺庙造就活佛,并进行活佛转世。可以说活佛促使佛教的发展并不断新建寺庙。寺庙的增多使活佛不断增加,寺庙与转世活佛是同步发展的。

第一节 活佛与寺庙的关系

寺庙是在西藏佛教的后弘期,随着地方封建割据势力而发展起来的。它不仅是一个宗教组织,也与政权相结合,僧俗之间划分的界线并不十分严格,例如萨迦和帕木竹巴等是一个世代承袭的家族,由这个家族掌管地方政权,又以寺庙为中心掌管教权。寺庙的信徒是这个家族权力所达到的地区内的基本属民。有鲜明的地方区域性。例如萨迦、蔡巴、止贡等,以寺庙为中心形成军事、政治、经济文化中心,既是寺名,又是地名,又是教派名,又是地方势力名,元朝时的13个万户府就是用蔡巴、止贡等寺名命名的。寺庙与这一家族的利益紧密结合在一起,可以说是同命运共存亡。到15世纪初,宗喀巴(1357～1419)开始提倡僧人要严守戒律,严密僧侣组织,禁止僧人婚娶,要求僧人严守独身,禁止其生产和生育。正如藏族佛教界所说的"出家即无家",佛教突破地方性的局限,迅速扩大自己的势力。格鲁派的兴起和发展,是西藏佛教发展的新阶段,使依靠世俗贵族力量的支持而兴起、强大的这一教派逐步成为凌驾于贵族领主之上的力量。

宗喀巴在拉萨以东偏北30公里处,于永乐七年(1409)建立了一座寺庙,称为甘丹寺,清世宗赐名"永泰寺"。主要建筑宏伟,配殿中设有宗喀巴法座,华丽精美。有僧人3300人。设两个扎仓。寺内保存有宗喀巴肉身灵塔以及明清以来大量的历史文物,他以此寺作为基础,形成与其他教派相区别的独立的教派。格鲁派的一切宗教仪式,均在此寺得到体现。宗喀巴和他的弟子们在甘丹寺进行宗教活动,他自任第一任甘丹寺赤巴。曾和宗喀巴出力建甘丹寺的达玛仁钦(1364～1432)为宗喀巴门徒。1419年,宗喀巴在甘丹寺去世,将自己的衣帽传授给达玛仁钦。玛仁钦继承了甘丹寺的寺主赤巴(即法台)的法位。人们称他为贾曹杰,其意是接替宗喀巴法王地位的人,尊称为赤仁波切。这是第二任甘丹寺赤巴。以后甘丹寺的赤巴,就成为格鲁派和宗喀巴精神及其理论代表的象征。宗喀巴的另一弟子扎希贝丹(1379～1449)也称绛央却结,在永乐十四年(1416),于拉萨西郊建立哲蚌寺。该寺与殿宇连接,规模宏大,僧人定额为7700人,最多时达到万人。全寺设四个扎仓(三显一密)。主要建筑大经堂殿,近2000平方米,有明柱183根,可容9000名僧人诵经。五世达赖移居布达拉宫前就住在该寺的甘丹颇章。寺内存有大量古代历史文献典籍,以及各种佛像等。宗喀巴的又一弟子释迦耶歇(1352～1435),曾两次到过北京。明宣德九年(1434),封为大慈法王,他用从内地带回的资财,于永乐十六年(1418),在拉萨北郊创建色拉寺,寺内有大经堂殿,僧人定额5500人,设有三个扎仓,大殿内壁画优美,佛像高大,其中弥勒佛和八菩萨像的雕刻尤为精细古朴,还保存有金汁书写的藏文大藏经。另外他还在青海民和修建灵藏、弘化两寺。他是将格鲁派向卫藏以外地区传播的第一个人。宗喀巴的另一个弟子根敦朱巴(1431～1474)于正统十二年(1447),在后藏日喀则附近建立札什伦布寺,额定僧人3300人。该寺金顶,殿楼高耸,方圆约二公里,全寺设有四个扎仓,下属60个康村,寺内有班禅塔殿,还保存着清朝皇帝赐给班禅的金册、金印,以及封诰敕书等。根敦朱巴自任该寺的赤巴达20余年。死后由其弟子班青·桑布扎喜继任札什伦布寺的赤巴。明成化二十一年(1485)根敦嘉措(1475～1542)年11岁,入札什伦布寺,后因与札什伦布寺堪布意见分歧,于弘治七年(1494)赴前藏哲蚌寺,后人又尊称其为"哲蚌朱古"(哲蚌寺活佛),并以其作为活佛转世的萌芽。正德四年(1509)在加查宗的杰梅尕塘地方建立群科杰寺。1512年他任札什伦布寺堪布，约在1530年左右在哲蚌寺内建甘丹颇章，成了格鲁派的首领。1542年去世。格鲁派需要一个有威望的首领，于是哲蚌寺、色拉寺的领导者想找个根敦嘉措的转世化身，以便借这种传承来加强内部的团结，反对敌视的教派，以转世者的身份出现在社会上，他的社会关系可以名正言顺地继承下来。不仅有利于与贵族领主们的往来，也可以避免内部争夺领导权而引起的纠纷。因此他们便以索南嘉措（1543～1588）为根敦嘉措的转世，从此格鲁派正式开始了活佛转世制度。这是从稳定其教派的政治经济等原因而决定采取活佛转世的。

宗喀巴所提倡的是：僧人要依据佛教经典，遵守佛教戒律，正确阐述显密关系、学佛次第、学经程序及学位、僧人的生活准则、寺院的组织体制等。这些受到很多佛教徒的支持和敬佩，宗喀巴反对僧侣贪图享受、损人利己，这也受到寺庙僧人及社会的欢迎，促使一些僧人先后改宗格鲁派。大量原属噶当派散在各地的寺庙先后改为格鲁派，成为甘丹寺、哲蚌寺、色拉寺三大寺的属寺。格鲁派的僧人除在卫藏以及其他藏区修复旧寺外，还创建新寺。这样格鲁派寺庙大量增加，格鲁派的地位得到了巩固，而且有了很大的发展。活佛对寺庙的管理也建立起制度，划分职责范围，管理人员各有专职，不得超越职权，不允许个人专断，并建立议事的组织机构，规定僧职的任期。有从属关系的母子寺庙，明确彼此的职责、义务。形成了在活佛领导下的严密的宗教行政组织，形成活佛的不同的等级。

寺庙的修建，一般是由高僧活佛与世俗施主结合进行的，有些教派首领及寺院住持有能力为寺庙的建筑工程和所使用的巨额经费负责，除这类僧人修寺外，一般的僧人是负担不起的，必须要有封建贵族、地方首领等的多方支持。他们虽然信奉宗教，但终究不是以宗教为职业，对宗教的全部规矩并不谙熟，诸如寺庙中的各种房屋的建筑式样、位置以及佛像的雕塑、壁画的绘制，建筑过程中必须履行的各种宗教仪式，佛经与宗教知识的传授等，都要严格按照宗教的仪轨办理。这些恰恰是施主力所不及的，因此需要请具有真才实学的高僧活佛来主持。同时高僧活佛的名望对寺庙的兴旺、信誉都有重要的影响。世俗施主之乐于资助，除其信仰之外，主要目的在于他们也想借影响巨大的宗教势力来进一步抬高和扩展自己的世俗地位和势力。格鲁派的势力从卫藏发展到阿里、康、甘、青、川、滇一带。活佛在这些地区建立寺庙，活佛的转世也就在这些地区迅速形成。如塔尔寺，是格鲁派六大寺之一，是青海最大的寺庙。明嘉靖三十九年(1560)建寺，经过多次扩建，占地600余亩，它占有耕地最多时高达10万亩。曾有3000多名喇嘛，寺主是阿嘉呼图克图，还有噶勒丹锡勒图呼图克图，朝藏呼图克图等18位活佛。以塔尔寺为中心，东有弘化寺、灵藏寺，西有仰华寺（已被焚），南有隆务寺，北有郭莽寺。青海的另一大寺郭隆寺，是四世达赖喇嘛云丹素措根据青海十三部落头人的请求，派迦色活佛于明万历三十二年(1604)在郭隆地方建立的，后改为佑宁寺，该寺属哲蚌寺集团。并有近二十所属寺，寺内的活佛有松巴呼图克图、章嘉呼图克图、土观呼图克图等。甘肃著名的大寺拉卜楞寺，因和硕特蒙古贝勒察汗丹津请嘉木样活佛返回故里建寺弘法，在康熙四十八年(1709)建立，以后不断扩建，这是一个显密双修的寺庙。除寺主嘉木样之外，还有贡唐仓、萨木察仓、火尔藏仓、德哇仓、喇嘛尕若仓、阿莽仓等活佛。有属寺108座。再者，眉若藏是康巴人，在西藏色拉寺学经结束后，1437年回到多康的昌都建立降巴灵寺即昌都寺，成为多康的第一个寺院。另外还有理塘寺、甘孜寺、更庆寺、隆务寺、瞿昙寺、大隆务寺等。格鲁派的势力不仅在康、甘、青地区发展，而且在蒙古地区发展也很迅速。

三世达赖喇嘛到内蒙古传教圆寂转世，四世达赖喇嘛出生于内蒙古。以后西藏、青海地区的活佛到蒙古地区传教；清朝政府也在蒙古地区提倡佛教，使蒙古地区寺庙很快发展起来。如1579年随俺答汗东来的洞阔尔呼图克图在归化城（今呼和浩特南门）建立大召，蒙古人称伊克召，万历皇帝赐名弘慈寺。随着三世达赖索南嘉措到蒙古传教的希迪图噶卜楚，在三世达赖圆寂后，主持呼和浩特教务，1589年与蒙古封建主议定以俺答汗后裔为四世达赖，得到西藏佛教界的认同，给四世达赖讲授佛教经典，主持四世达赖喇嘛的坐床，亲自手抱达赖灵童就坐。后称为席力图呼图克图，他扩建席力图召。察哈尔佃齐呼图克图在归化城西北十余里松树林立的高山下建立乌苏图西召，这座召庙是蒙古希呼尔、贝勒二人设计，由蒙古工人修建。1655年额尔德尼佃齐呼图克图在呼和浩特东北建立崇禧寺。1661年希尔巴喇嘛在归化城西二里札达盖河西岸建宗寿寺，其徒弟朋斯克扩建称为朋斯克召。1669年鄂木布扎木萨呼毕勒罕在归化城西南二里地方建乃穆齐召。据说到乾隆年间，呼和浩特地区至少已有40余个召庙。当时本地流传着这么一句话：七大召，八小召，七十二个命令召。可见寺庙林立。其主要寺庙都采取活佛传承制度。清朝在呼和浩特设立喇嘛印务处，由活佛任掌印扎萨克达喇嘛。在阿拉善旗建立寺庙32个，最大的寺是广宗寺，俗称南寺，其活佛据说是六世达赖喇嘛仓央嘉措的化身，名为喇嘛坦阿旺多尔济，他创建了广宗寺。其次是福因寺，俗称北寺。六世班禅罗桑贝丹意希于乾隆四十五年（1780）四月到达阿拉善旗，阿拉善旗有一王子皈依六世班禅，后随班禅到内地，他回到阿拉善建立了福因寺，清朝授予其呼图克图的称号。内蒙古各地寺庙很多是活佛建立的，他们自然也就成了寺庙的寺主。

多罗那他到喀尔喀蒙古传教、建立寺庙。他于1634年圆寂，转世为哲布尊丹巴呼图克图。活佛在喀尔喀蒙古建立了很多寺庙，如额尔德尼召、庆宁寺、万达里寺、阿巴岱寺、甘丹寺、泰平寺、济陲寺、乍音寺等。除了哲布尊丹巴呼图克图之外，还有阿齐图诺门汗呼图克图、额尔德尼呼毕勒罕、莫尔根堪布诺门汗沙布隆、咱雅尔班第达呼图克图等。漠西蒙古的寺庙有安众寺、普庆寺等。活佛有那兰呼图克图、诺门汗呼毕勒罕等。以上的活佛建寺，当时有些内地著作不称建寺庙，而流行叫开山，因为在汉地以及西藏、蒙古地区的寺庙多喜欢在山间或山坡上拓地建立。创建寺庙的僧人首领称为开山祖师。

活佛建造寺庙，使寺庙增多，很多地区形成了活佛转世制度。这样寺庙与活佛的关系，就是相辅相成的关系。在寺庙中的转世活佛，他们的特长被误解为是前生带来的，是所谓超自然的，实际并不认为他们天生就具有佛教知识和学术地位，佛教界的学术地位必须经过自己的努力才能获得。为了使活佛转世后能成为高僧，活佛必须经过严格的学习训练，寺庙提供了这种条件，有一系列的制度保证活佛的学习和训练，从这点来看，正说明活佛也是学而知之的。至于大活佛声望的提高，活佛行政权力的扩大，往往是靠中央政府授予封号而获得的。

寺庙的活佛教育分三种情况，一种是大的寺庙，由活佛府聘请有学问的著名的经师，进行指导教育。一种是小的寺庙，寺庙的寺主自其活佛转世后，便被委派到其他寺庙受教育。然后再迎到寺庙来坐床。第三种是进一步深造。这要到大寺或西藏地区，既是学经，也是到佛教圣地朝拜，广泛接触卫藏地区的高僧，提高自己的名望，扩大影响。有的高僧还要到印度和汉地求学访经。

凡是大的寺庙大都设有显宗、密宗扎仓，即参尼扎仓和居巴扎仓。有的寺院如甘丹寺只有两个显宗扎仓,无密宗扎仓。一般设有曼巴扎仓(医学)、堆科扎仓(时轮金刚)、岑尼扎仓(因明)、阿巴扎仓(密宗)等。按格鲁派教规,其教程次序是先显后密。学习的方法是在经师的指导下,实行背诵和辩论相结合的方法。背诵旨在学经记忆经文原文。辩论必须词意烂熟,才能口若悬河,左右逢源。通过反复辩论,达到广闻博学,多方思考,融会贯通。经过这些严格考试,可获得格西或热甫强巴等不同学位。活佛的学习告一段落,就可在寺庙任职。寺庙内的活佛不断增加,根据寺庙的大小和寺内活佛数量及其在寺内的地位,形成不同等级的活佛。

第二节 寺庙机构与活佛

活佛建立寺庙,同时也建立起一套寺庙的管理机构。格鲁派寺庙机构,最具有代表性的是六大寺庙,即哲蚌寺、色拉寺、甘丹寺、札什伦布寺、塔尔寺、拉卜楞寺。各地建立的寺庙基本上是大同小异,大的寺庙基本上分成三级。活佛在三级机构中,按其地位任职,活佛的圆寂和转世在所在机构办理。以三大寺为例,全寺性的机构称为磋钦(大经堂),是全寺活动的中心,西藏三大寺的磋钦活佛要经过噶厦政府批准,磋钦由各扎仓的堪布组成喇吉,是全寺最高的组织,其组织负责人为赤巴堪布,下设若干重要的僧职,有全寺的大总管吉索、全寺的铁棒喇嘛、磋钦协敖、领导念经的磋钦翁则等。磋钦之下设扎仓,是一个中间组织,主要根据宗教上的分科而设立。最基本的是分显宗扎仓,密宗扎仓。在一个寺院内,同一个显宗或密宗也可分成若干扎仓,如哲蚌寺有四个扎仓,三显一密;色拉寺有三个扎仓,二显一密;甘丹寺有两个扎仓,都是显宗扎仓。拉萨上下两个密宗院,是两个专修密宗的扎仓。名义上是甘丹寺的密宗扎仓,实际上与甘丹寺互不相属,两院之间也无隶属关系。显宗、密宗是佛教修佛的两大途径。显宗是通过显宗的教理,经过显宗修习,逐渐达到成佛的正果。而密宗修习各种密法,依密宗修行以获正果,即生成佛。宗喀巴时,西藏各教派之间有显密之争,宗喀巴认为显密二宗相辅而行,并不相悖,提出了先显后密的修习程序。大寺庙的扎仓是一个独立完整的组织,有经堂、佛像、僧众。在小的寺庙,一个寺就是一个扎仓,扎仓活佛担任扎仓主持人称堪布，要经上一级寺院喇吉批准，还要给本扎仓全体僧众熬茶放布施，才能任职，实际上一个扎仓就是一座寺庙。扎仓活佛任堪布，对内主管僧众学经，寺庙的行政，对外管理扎仓所属的属民等，其下设有僧职人员，堪布的总管是喇让强佐、铁棒喇嘛格斯贵、领导念经的翁则、管理僧众学经的雄来巴等。在扎仓之下设康村（塔尔寺扎仓之下不设康村）。这个基层组织，是按地域划分的，同一个家乡的人编在一个康村，康村有大有小，有穷有富，康村以吉根（意为长老）主持一切，吉根基本上也是活佛担任。重要事经执事委员会讨论，并向上一级的扎仓请示，下设若干办事人员。以上三级组织，都有自己的经济，自己的办事机构。在这三级组织中，都是由活佛任职，在获得以上职位后，活佛要花很大一笔活动费用上任。然后以掌权者身份再从中谋利，以饱私囊。

活佛有自己的喇让，即活佛的私邸。是属于活佛个人私有的组织。这种制度是由元代八思巴创立而流传下来的，活佛势力的发展也是喇让制度不断发展的过程。喇让组织用通俗的话说就是活佛府。喇让的权力愈来愈大，组织愈来愈繁，一个普通活佛的喇让，有强佐以下的一批僧众执事，作为他个人的侍从。一个较大的活佛，有扎萨喇嘛以下的一批僧人执事作为扈从。更高一级的活佛的喇让称为颇章（宫），最大的颇章是达赖喇嘛的布达拉宫和班禅大师的德钦颇章。拉卜楞寺主嘉木样活佛的府邸称囊欠，分上、中、下三院，上院称德容宫，设有九龙金座，左右柱上悬挂4条金龙，座下8个铜狮，座上陈列法衣、法器。宫内悬挂大小彩绘灯20余对，以及四周悬挂彩绣佛像多幅，鎏金铜佛200余尊。德容宫为两层楼房，楼上是嘉木样活佛夏季住房，右院正宫为冬季住房。除嘉木样活佛的囊欠外，还有规模较大的贡唐仓活佛、萨木察仓活佛、阿莽仓活佛、加洛华仓活佛等18个囊欠，也很富丽堂皇。其他活佛按佛位高低、经济情况，囊欠各有差异。

活佛在寺庙中是享有特权的僧人，多数出自于世俗贵族，因为他们除了有活佛的地位之外，还要有充足的经济条件。作为一个普通僧人，在寺庙的三级组织中要承担一系列的封建义务，除了必须遵守一般的寺规，以及扎仓康村的特殊规定外，还必须承担三级组织支派的差役。不愿承担差役的就要出钱代役，要办理手续才可能免除差役，享有种种优待和特权。这种优待和特权，分别从三级组织取得，有全寺性的，有限于扎仓或康村范围内的。较大的活佛可以通过寺院向西藏地方政府提出申请，为了批准和确认自己的地位，需要向本寺的各级组织和西藏政府有关方面赠送厚礼，向本寺各级组织捐献基金，并向全体僧人熬茶、布施一次。还要给师友赠礼。选定日期，举行仪式，然后才获得与他捐得地位相称的座席。他不仅免去差役，而且还获有活佛的一切权利。而较小的活佛，可向扎仓申请，在本人的扎仓、康村范围内，通过布施、捐赠、送礼等来取得一个扎仓活佛的公认地位。西藏的热振寺之下不设扎仓和康村，寺内一切政教大权均掌握在热振活佛手里。热振寺于宋仁宗嘉祐二年（1057）创建于拉萨北部的林周县普多区境内，是噶当派的首寺。该寺的堪布最初是弟子相承，到16世纪改宗格鲁派实行转世制度。在热振寺，活佛之下设堪布一人，代理热振活佛掌管全寺政教事务，任期不定。堪布之下设吉米；吉米之下设格贵；格贵之下设聂巴；聂巴之下设恰玛。这些僧官都由热振活佛任免。热振拉章又分热振寺拉章和拉萨拉章，在热振活佛之下设管家一人（称札萨强佐）。管家之下各拉章设第强五至七人，主要协助管家管理拉章内的经济收入。第强之下设聂巴一人，负责保管钱粮物品等。热振活佛身边还设有索本、森本、曲本各一人，主要管理热振活佛的衣食住行、寝居、供品、法器等。

蒙古寺庙的机构，基本上是按照西藏寺庙组织机构建立的。但是在发展过程中形成具有蒙古特点的寺庙机构。喀尔喀蒙古最高的活佛是哲布尊丹巴，他的寺庙是经常迁移的，如编年史《额尔德尼·额利赫》记载：哲布尊丹巴的住地即是寺庙，也称为呼勒。虽然早就开始固定地点建寺，但帐幕式移动的寺庙也同时存在。1719年设在达甘德力，1720年迁到色哩河边，1722年迁至塔米尔河边，1723年从杭爱先迁到吉尔嘎朗图，后又迁到伊琫，1729年迁到布尔古勒台河。后来迁到库伦，固定下来。

喀尔喀蒙古的寺庙组织机构，是哲布尊丹巴呼图克图一世从西藏回到喀尔喀后开始设置的，在寺庙下设立7个艾马克，作为下属行政机构。《蒙古及蒙古人》第一卷记载，7个艾马克的名称为：(1)阿克多纳；(2)吉夏；(3)桑盖；(4)朝盖；(5)呼享诺颜；(6)达尔罕额木齐；(7)乌尔留德。哲布尊丹巴呼图克图通过艾马克机构来进行管理，后来艾马克进一步增多。除了按艾马克构成的行政机构外，也有按西藏分科设立的，如车臣汗旗寺，下属机构按分科来划分扎仓，有却伊扎仓（神学）、曼巴扎仓（医学）、珠尔海扎仓（星相）、珠德扎仓

（密咒）。寺庙的组织是活佛管理僧人的机构。在库伦建立寺庙，成为喀尔喀蒙古佛教的中心。哲布尊丹巴的势力越来越大。清朝政府开始限制哲布尊丹巴的权力。雍正元年（1723）设立额尔德尼商卓特巴，以多尔济旺楚克任职，掌管哲布尊丹巴徒众。九年（1731）准噶尔部将领策凌敦多布率军进攻喀尔喀，清朝政府遂将哲布尊丹巴移居多伦诺尔庙内居住，无形中提高了商卓特巴的地位。乾隆二十三年（1758）哲布尊丹巴圆寂，清朝政府又提出，库伦经办事务虽有商卓特巴悖多布多尔济照料，然其所属徒众甚多，非一人所能兼管，增派喀尔喀左副将军桑齐多尔济妥为管理。喀尔喀蒙古赛音诺颜部扎雅班第达呼图克图建立扎雅寺，寺下建立8个艾马克，它的沙比纳尔也分成8个鄂托克，由商卓特巴管理，商卓特巴下属是行政官员宰桑，管理寺庙的行政。

在漠南蒙古建立的寺庙，有很多是活佛管理的寺庙，但也有许多虽有活佛，但活佛并不管理寺庙的行政。如吹萨嘎巴于顺治十五年（1658）在呼和浩特之西修建了一座寺庙，他派人到班禅额尔德尼处，请求代为上书为该寺庙赐名，获广安寺的名称。他于康熙二十三年（1684）圆寂，第二年转世，名叫纳旺·确伊木佩勒，于三十二年（1693）坐床。三十六年（1697）向皇帝献哈达5条、佛像1尊和马4匹。五十九年（1720）康熙从国库内拨出款给广安寺修整所有殿堂。雍正二年（1724）皇帝钦定该寺40名喇嘛，指定一名专职喇嘛管理寺庙，而吹萨嘎巴转世活佛不再管理寺庙行政，但具有最高的宗教权力。乾隆二年（1737）纳旺·确伊木佩勒圆寂。第二年转世，十一年（1746）坐床。乾隆皇帝给该寺赐名广化寺，又增加两名格斯贵，两名德木齐。该寺一直有达喇嘛管理寺庙。

在蒙古，很多小的寺庙是没有活佛的，这些寺庙在普通喇嘛的主持下进行宗教活动。内蒙古设喇嘛印务处，来管理寺庙。喇嘛印务处是管理寺庙的政治、经济、刑法的机关。康熙四十年（1701）在多伦诺尔汇宗寺设立喇嘛印务处，任命二世章嘉呼图克图为扎萨克掌印喇嘛，呼和浩特的席力图召等也设立了喇嘛印务处。北京雍和宫设立的驻京喇嘛印务处地位最高，专门掌管印信、办理佛教事务。喇嘛印务处的正副掌印扎萨克达喇嘛由主要寺庙的活佛担任，并管理所辖的寺庙。

第三节　活佛与寺庙的财产

藏族、蒙古族地区的大寺庙，很多是高僧活佛建立的。没有这些活佛，就没有这些大寺，要建立寺庙就要有经费。活佛利用布施、化缘、捐赠、念经、卜卦等手段，从世俗王公贵族到平民百姓中取得经费，修建寺庙。清朝政府在高僧活佛的活动下，提倡广建寺庙，许多寺院还直接得到中央的巨额资助。康熙三十年（1691）在多伦诺尔建立汇宗寺。康熙五十二年（1713），为庆祝康熙六十寿辰，在承德为蒙古建溥仁寺、溥善寺。雍正皇帝出资10万两银在多伦诺尔为章嘉活佛建善因寺。雍正五年（1727）至乾隆元年（1736）出资10万两银为一世哲布尊丹巴舍利在库伦建庆宁寺。雍正七年（1729）为七世达赖建惠远庙，耗银40万两。也有世俗王公出资修建的寺庙，如著名的甘肃拉卜楞寺，就是蒙古河南亲王察罕丹津出资建立的，地址选在亲王的宫邸，让王府西迁。对一些旧的寺庙，活佛募化经费进行扩建。每座大的寺庙都是雄伟壮丽的，建有大殿，塑有千姿百态的佛像，有的寺庙有金光闪烁的金顶，这些寺庙是用大量的金银建造起来的，修建一座寺庙至少要用十余年，甚至数十年，不知要花掉多少社会财富。没有经费也是无法进行宗教活动的，每座寺庙要烧香供佛，点燃千盏酥油灯，昼夜不灭，还要举行大型的法会，需要花去很大的一笔资财。而僧人是脱离劳动生产的，是不创造任何物质财富的，寺庙财富的来源，主要是寺庙通过地租、畜租、高利贷对群众的剥削以及依靠活佛的活动进行募化。寺庙还对群众进行超经济的剥削，出售所谓"神药"、"护身符"、"嘎乌"等来敛取群众的钱财。还从政府和王公贵族得到布施。例如五世达赖喇嘛用从内地带回来的大量金银（其中绝大部分是中央政府的布施和馈赠），在西藏新建了13座大寺院（即十三林），对这些寺庙和原有的格鲁派寺庙，都封赐给一定数量的庄园和农奴。

活佛要为寺庙筹划经费，例如科布多地区的普宁寺的乍郎森积极想办法为寺庙增加财富。首先从蒙古人那里征收一批牲畜，交沙比纳尔放牧，繁殖出来的仔畜归寺庙所有，这个办法得到官方批准后实行。从喀尔喀各部和科布多地区征来的大批牲畜，繁殖三年后，按原数将牲畜退还给各部，所增加的牲畜归寺庙所有，用这种办法聚敛财富。

活佛为寺庙进行募化也获得了大量的财富。如康熙三十三年（1694）呼和浩特托音二世受到科尔沁部图谢图汗沙津、和硕达尔罕亲王、和硕额驸班第等邀请赴科尔沁。他接到邀请后，立即前往，这次获得了大量的布施，金银三四千两，还有许多物品，如金制海灯、马鞍、150两重的银制海灯、100两重的银碗、貂皮袍以及各色绸缎、金玉珠宝等，总计合银5万两，并有驼、羊3000头。这种施主的布施，信徒的奉纳，是寺庙的一项重要收入。活佛的募捐是一种最初自愿而最后变成半强制性的收入。为修建寺庙或维修寺庙，有权有势的活佛，以活佛的名义，给扎萨克王公去信，派能办事的喇嘛前去募捐，扎萨克王公派管事者会同活佛派的喇嘛赴旗下各富裕户进行募捐，各富户大致按其家财，献奉相称的数目，这是借助官方的势力募捐。为寺庙捐款的蒙古封建主是很多的，如康熙五十年（1711）青海蒙古郡王额尔德尼和吉日兔，给青海塔尔寺布施黄金1300两、白银万余两，作为寺庙的经费。康熙五十八年（1719）抚远大将军允禵赐七世达赖银千两，并每月供应许多物资。五十九年（1720）又赐白银万两以及黄色幕帐和轿等。

政教合一地区的寺庙，具有一定的生产资料，寺庙有土地、牧场、牲畜、森林以及农奴和属民。寺庙变成一个产业所有者，特别是寺庙取得政治地位后，通过政治特权强制性霸占财产。如西藏解放前有大小寺庙2700余座，占有耕地180万克（亩），占西藏耕地的39%，占有农奴10余万人。西藏最大的寺庙，拉萨西郊的哲蚌寺，有庄园185个、牧场300余处，农牧民有2万余人。在甘孜地区的七大寺（大金、甘孜、理塘、灵雀、寿灵、惠远、日库）占有土地2.1万亩。青海塔尔寺占有土地10万亩。蒙古地区有7个喇嘛旗，占有大量的牧场、牲畜、属民。寺庙形成独立的经济，对社会的产品生产和分配占有一定的地位。清朝政府对寺庙的产业，一般采取免除赋税的政策，还赋予许多特权。如清朝政府对内蒙古呼和浩特地区，允许寺庙把土地出租给市民，作为寺庙的经济来源。寺庙在占有的土地上盖起房屋、筑起围墙出租给商人，租金昂贵，就是空地出租，租金也很高。寺庙以地租、畜租、高利贷等方式对劳动人民进行盘剥，特别是利用佛教教义，从精神上麻醉劳动人民，要求人们心甘情愿地为他们当牛做马，承担寺庙的各种劳役。

寺庙也从事商业活动以及搞运输业。如喀尔喀蒙古赛音诺颜部扎雅班第达呼图克图的沙比纳尔用骆驼搞运输，从库伦把货物运送到乌里雅苏台和恰克图，然后再由这两个地点向南运货，到呼和浩特和张家口后，再回来。把草原上的产品皮毛等运向市镇，把汉商的货物运到草原牧区，从中获得大量的运费。

寺庙财产的支配权，主要由活佛掌握。有一些活佛乱用寺庙财产，特别是清朝后期的一些寺庙。按清朝政府的制度规定，大的寺庙活佛分班进京朝觐皇帝，一些活佛为能晋升职位，用巨款购买礼物，前往北京送礼，以获得坐垫的增高（按：因为坐垫的增高，其职位也就高了）。也有在北京乱花钱的，如光绪十八年（1889）扎雅班第达呼图克图到了北京，向巴彦吉尔噶勒借2万两白银，把钱花掉了，可是每年应付利息6600两，寺庙拿不出资金，于是把钱分摊给沙比纳尔，使沙比纳尔负债累累。

各大寺庙的活佛认为西藏拉萨是圣地，在蒙古、青海、四川、甘肃、云南等地的寺庙中的活佛，只要条件允许，都要赴西藏拉萨的寺庙里深造，如拉卜楞寺规定，寺主嘉木样去西藏拉萨的寺庙里学法，到西藏后，要进行熬茶，放布施，花去很多费用。喀尔喀蒙古的哲布尊丹巴转世在西藏，要迎回喀尔喀蒙古，其耗费也很大。如道光二十二年（1842）哲布尊丹巴五世转世在西藏中部，喀尔喀蒙古为了迎回哲布尊丹巴，派去西藏迎接的人达5000人，到了西藏后，向各寺庙熬茶，放布施，向达赖喇嘛、班禅额尔德尼献礼物，然后迎到喀尔喀，花费20万两银子。但此活佛7岁时出天花死亡。

活佛没有寺庙的财产，就失去了转世的条件。活佛的转世必须要具备一定的物质基础，一个活佛从转世、辨认、拜师、受戒、学法、从事佛教活动，到圆寂建立舍利灵塔，要花去很大的费用，因此活佛除为寺庙增加财富之外，同时还要不断扩大自己的活佛府。由于活佛数量的增加，大的寺庙有很多活佛，他们的生活费以及各种活动经费是不能完全依赖寺庙的，要动用个人的财产。格鲁派允许僧人有私有财产。活佛的个人财产与地位密切相关，地位越高，个人私产就越多。凡是喇让拥有的产业和收益，全部归活佛私人所有。活佛可以任意处置喇让的一切。如西藏哲蚌寺的功德林活佛的喇让，有庄园50个，土地播种面积达1500克（每克为一亩），牧场3个，牲畜8000余头，还放大量的高利贷。哲蚌寺的活佛很多，据说有128人。他们都占有不同数量的私产。喇让根据活佛的地位分为大、中、小三等，是寺庙中的一个组织。《清史稿》统计，光绪时达赖、班禅所辖寺庙3800余所，农奴（黑人）12万余户。

活佛府即喇让的经济来源有化缘、募捐、念经作法、施主布施、信徒的奉纳、经商以及放高利贷收租等。活佛还从清朝政府和地方政府获得赏赐。乾隆三年(1738)乾隆皇帝布施七世达赖喇嘛每年从打箭炉支银5000两为熬茶经费。这种实例很多，以章嘉呼图克图为例，康熙二十二年(1683)二世章嘉呼图克图因调解喀尔喀蒙古扎萨克汗部与土谢图汗部不和有功，到北京谒见康熙。康熙将他寝宫内明窗书桌上的大小26件珍宝古玩赠给了二世章嘉呼图克图。

　　五十四年(1715)二世章嘉呼图克图圆寂，赐给白银1000两，作为治丧费，还给50两重的银香炉一个以及很多珍宝古玩作为殉葬品埋于塔内。雍正二年(1724)三世章嘉呼图克图8岁到北京，赏给与亲王相同的俸银和禄米，此外每月还赐给金银及其他物品。乾隆九年(1744)三世章嘉呼图克图任喇嘛印务处的扎萨克达喇嘛。雍和宫首任扎萨克达喇嘛，每月领取呼图克图、扎萨克达喇嘛三职的钱粮以及国师俸禄每月银100两。这些收入归入喇让。

　　活佛给封建领主蒙古王公贵族讲经而获得大量的布施。有的给金银几百两甚至几千两，有的给羊几百只、一两千只，或牛马数百头。如清末民初年间，班禅额尔德尼、章嘉呼图克图在内蒙古各地、土观呼图克图在呼伦贝尔盟、察罕达尔汗呼图克图在哲里木盟及昭乌达盟一带讲经时，每次得到很多牲畜，有的得到几万头甚至数十万头牲畜和几万、几千万块银洋及贵重物品。如1926年，八世班禅到内蒙古各地讲经，乌珠穆沁右旗王爷，一次就奉献1万匹马，科尔沁左翼中旗管旗章京赛音乌力吉一次献给60万元银洋。当然地位很高的宗教首领才能有这样多的收入，而一般的活佛不可能获得这样多的收入，但他们也能获得一定数量的布施。这些收入，大部分成为活佛的私有财产。

　　活佛私人的财产是很多的，如十四世达赖喇嘛有庄园27个，牧场30处。达赖喇嘛的副经师赤江·洛桑益西就占有庄园7个。喀尔喀蒙古哲布尊丹巴呼图克图所占有的牲畜总数超过了一些蒙古王公家庭占有的牲畜。活佛的私产是保证活佛转世的物质条件，也是提供活佛从事宗教活动经费的保障，也是其权势、声威得以存在的基础，活佛生病也要花很多的银两。如七世达赖喇嘛在乾隆二十年(1755)生病，大作禳灾法事、回遮法事、禳病法事耗银上万两。在布达拉宫修建十三世达赖喇嘛的灵塔就用了黄金18000多两，灵塔殿里的一座珍珠塔是用20余万颗珍珠和珊瑚缀成的，可以说是无价之宝。由此可见，活佛和寺庙每年要聚集大量的财产，同时每年也要耗去不知多少的社会财富。

第七章 中央政府与活佛转世

活佛的转世,开始于教派内部决定其传承采用的一种制度。最早从西藏噶玛噶举派开始,格鲁派等其他教派在发展过程中,为了防止教派内部发生分裂,为着维护教派的利益,赋予德高望重的首领以佛的化身,进行转世,这不仅有利于维护宗教首领的权威,而且有利于对其他教派的斗争。各教派首领的转世活佛要取得中央政府的支持来提高自己的地位,要呈请历届中央政府批准,才能取得合法地位。中央政府很重视佛教首领的活佛转世及其地位,利用他们的地位来加强自己的统治,促使两者之间关系的发展。

第一节 噶玛噶举派的活佛转世与中央政府

西藏佛教各派中最早采取活佛转世的是噶玛噶举派,从元朝开始,据《土观宗教源流》及《安多政教史》等记载:噶玛噶举派的黑帽世系噶玛拨希死后,转世为让迥多吉(1284～1339),这是西藏第一次确认幼童为其前辈的转世。从黑帽系三世让迥多吉的弟子札巴僧格(1283～1349)开始,又出现了一个红帽系活佛转世系统。据说是因为各自分别从元朝中央政府得到赏赐。黑、红僧帽,形成黑帽系和红帽系两个活佛转世系统。黑帽系的活佛与元朝中央政府关系非常密切,三世活佛让迥多吉于元至顺二年(1331)接到元文宗图帖睦尔的诏书,宣他进京,次年十月到京,文宗已死,宁宗懿璘质班接位。他作为宁宗的供奉上师,曾为皇帝燕帖古思授戒。元统二年(1334)回藏。至元二年（1336）元惠宗妥欢帖睦尔召他进京，至元四年（1338）到京，被封为圆通佛法性通噶玛巴封号，后封灌顶国师，赐玉印、圆符。死于北京。四世活佛乳必多吉（1340～1382）至正二十年（1360）接惠宗妥欢帖睦尔诏进京，为皇室成员讲经传法。在京住了5年，至正二十四年（1364）回藏。洪武元年（1368）明朝中央政府曾派人赴西藏召请僧俗首领来京。洪武七年（1374）黑帽系四世活佛乳必多吉派贡使向明朝中央政府朝贡。特别是黑帽系五世活佛得银协巴（1383～1415）是西藏佛教史上一个重要人物，对西藏地方与明朝中央政府之间关系的密切起了重要的作用。明成祖专派侯显和智光前往西藏召请得银协巴进京。明永乐四年（1406），得银协巴抵南京。明成祖在华盖殿为他设宴，他在灵谷寺为太祖、太祖皇后"荐福"。明成祖在皇宫按藏俗隆重款待得银协巴，并赐名"如来"，"如来"藏文翻译为"得银协巴"。还赐封号为"万行具足十方最胜圆觉妙智慧善普应佑国演教如来大宝法王西天大善自在佛领天下释教"。从此以后大宝法王封号遂为黑帽系转世活佛承袭。明朝中央政府对西藏所封的三法王，即大乘法王、大宝法王、大慈法王，以对得银协巴的大宝法王封号和对他的礼遇最为隆重。得银协巴弟子中有6人被明朝中央政府封为国师，4人封为大国师，说明明朝政府对黑帽系活佛的重视程度，黑帽系对明朝中央政府管辖西藏亦起了重要的历史作用。

　　黑帽系活佛转世，最初在噶玛噶举派内部选认，当前世活佛逝世，由有威望的主要弟子经过挑选最后予以确认，第三、第四世就是这样选定的。到了大宝法王得银协巴永乐十三年（1415）圆寂，转世除内部选认外，明朝中央政府十分重视，决定派专使前往验视转世化身，所派使者即甘肃岷州（今岷县）曲德伦珠德庆林（大崇教寺）高僧班丹扎失。

　　法王班丹扎失不仅是一位高僧，而且是一位在明朝任职的高级官吏。他自明永乐至正统年间，历经四朝，深受皇帝尊崇，多次奉命出使西藏，颁布圣谕及处理政务。他在明朝任"僧录司右阐教"之职，僧录司设在北京护国寺内。这是明朝主管佛教事务的机构。他与大宝法王得银协巴有密切的关系。永乐四年（1406）冬，得银协巴从西藏抵南京，明廷命班丹扎失迎接。并为得银协巴作翻译。后又陪送得银协巴返回西藏。永乐十三年（1415）班丹扎失在北京朝见皇帝，奉命主持北京法渊寺。得银协巴逝世的消息传来，永乐二十年（1422）明朝中央政府命班丹扎失为专使前往乌思藏（今西藏）审视大宝法王得银协巴的转世化身（朱古），二十二年（1424）班丹扎失起程赴藏，时得银协巴的转世化身灵童住在西藏东部的工布地区的咱日山。明洪熙元年（1425）班丹扎失跋山涉水到达得银协巴的转世灵童住地，进行了验视，然后返京，明宣宗于武英殿接见班丹扎失。这是中央政府首次对西藏黑帽系五世活佛得银协巴活佛转世灵童的验视。从此开创了中央审查西藏佛教活佛化身的先河。

明朝中央政府对西藏噶玛噶举派的高僧转世很重视，就是到清朝也注意到黑帽系活佛。清顺治十年（1653）曾派人召请十世活佛却英多吉（1604～1674）来京，但未实现。十六年（1659）他向顺治皇帝上表文朝贡。十七年（1660）顺治皇帝遣使致书黑帽系十世活佛，并颁给印信。黑帽系十二世活佛绛曲多吉（1703～1732），在雍正六年（1728）接到皇帝发来的诏书，请他进京。他到北京后，在北京圆寂。到道光年间，还可以看到噶玛噶举派活佛转世时向清朝中央政府禀告、请求批准。道光二十二年（1842）粗布寺的一份诏书，反映了这种关系。封文名为"统驭诸方佛业之文殊大皇帝敕如来大宝法王西天自在佛吉祥噶玛巴十四世妙乘金刚"。道光皇帝在圣旨中指示"地方管事首领弥旺曲杰之子，亦即多康地区衮钦司徒仁波切大师之侄，此人业已经我认定为噶玛仁钦埃屯丹增之转世化身，并准请求其坐床，取其名为噶玛楚居丹增塔杰伦珠埃屯旺波"。

第二节　达赖、班禅转世与中央政府

西藏佛教格鲁派首领达赖喇嘛和班禅额尔德尼活佛转世，最初只是在教派内部选定，在教派内部的传承，以教派的首领进行宗教活动。当时在政治活动中尚未起重要作用，自然也就不会引起中央政府对活佛转世特别的重视。但是随着格鲁派势力的发展，其首领的活动，往往涉及重大的政治问题，从而引起了中央政府对其活佛转世的重视。

明朝政府于正德十年（1515）从西藏（乌思藏）入贡使者口中获悉西藏的高僧称活佛，《明史》记载，西藏使者说：活佛"能前知祸福"。《明实录》载西藏活佛是"能知三生"的人，"土人谓之活佛"。这是在明代史书上首次见到有关"活佛"的记载。明武宗遣使者太监中官刘允，带着丰厚的珍宝及印信往请活佛，明史称"往乌思藏取佛"或"送佛供"。把刘允称为"取佛太监刘允"。由于他前往时没有充分说明请活佛的原因，导致藏人的误解，此行未能成功。

西藏格鲁派首领三世达赖喇嘛索南嘉措（1543～1588）赴青海与俺答汗（1507～1582）相会。西藏的一些教派投向明朝，明朝中央政府封藏区八大法王（又称八番），藏区各教派的高僧，争欲朝见天子，以争恩宠。格鲁派首领达赖喇嘛为使格鲁派摆脱噶玛噶举派的压力，求得发展，除了向蒙古传播佛教、争取蒙古的支持外，也主动向明朝"请敕封"，以求得明朝中央政府的承认，提高格鲁派的地位。

明朝政府对乌思藏采取"因其习尚，用僧俗化导"的怀柔政策，给乌思藏高僧喇嘛授予名号，以"禅师"、"国师"、"大国师"、"西天佛子"等名号，给予印诰。同时对乌思藏向明朝"朝贡"及明朝政府给予"赏赐"。朝贡与赏赐不仅是经济上的关系，而且表达了政治上的隶属关系。据《明实录》记载，格鲁派首领三世达赖喇嘛索南嘉措通过顺义王俺答汗向明朝"代贡方物"，请敕封。这是三世达赖喇嘛受到顺义王及到青海来的乌思藏阐化王代表的鼓励。明万历六年（1578）三世达赖喇嘛向明朝呈送了藏文"番书一纸"（此书保存在《张文忠公全集》的奏疏中），由顺义王转呈明朝官吏（任甘肃巡抚，兵部右侍郎兼都察石金都御史侯东莱）再转呈明朝辅臣宰相张居正。通过上书可以看到，一是索南嘉措"我保佑皇上"，向朝廷进本。二是向明朝皇帝请求能像对阐化王那样对他，也就是说，请皇帝按封赐阐化王那样封赐索南嘉措。三是索南嘉措曾按张居正意，劝顺义王不要西扰青海，而回到内蒙古驻地，以保明朝边务安宁。四是索南嘉措向明朝要求准许"请贡"。张居正将索南嘉措的上书奏禀皇帝，皇帝认为索南嘉措"向化抚房，恭顺可喜"。降旨封其为"大觉禅师"，并准其进贡。《三世达赖传》记载，这次封赐，所封名号为"灌顶大国师"，并赐大执事之职。万历十五年（1587）明朝正式册封三世达赖喇嘛"准升朵儿只唱名号，仍给敕命诏书"。这里有必要指出的是，以前俺答汗对索南嘉措赠以称号，是蒙藏之间的关系，而索南嘉措从明朝政府得到的封赐名号，具有重大的政治意义，两者之间性质不同。据《吉切佛教史》载，1588年又派金字使封其为"灌顶大国师"，并授"大执事"职，凡明朝封赐名号，意味着在政治上的臣属关系，因此索南嘉措接受明朝的所封的名号，即是格鲁派臣属于明朝中央政府的开端。但是遗憾的是三世达赖喇嘛受明封后，启程赴北京朝见皇帝时，不幸中途逝世。1616年，明万历皇帝派以喇嘛索南洛垂为首的众多汉地使者进藏，在哲蚌寺封四世达赖喇嘛为"遍主金刚佛"，并赐印、僧帽及僧衣。后来五世达赖喇嘛又继承其先世，臣属于中央王朝。

格鲁派首领五世达赖喇嘛阿旺·罗桑嘉措（1617～1682）得知盛京皇太极即位，遂于崇德七年（1642）派伊拉古克三和戴青绰尔济起程，次年到达盛京（今沈阳）受到皇太极的隆重接待，翌年返回西藏，并携回太宗给达赖的亲笔信。《清太宗实录》记载"大清国宽温仁圣皇帝致书于大持金刚达赖喇嘛：今承喇嘛以拯济众生之念，欲兴扶佛法，遣使通书，朕心甚悦！兹特恭候安吉，凡所欲言，俱令察汗格隆、巴喇充噶尔格隆、喇克巴格隆、诺木齐格隆、诺莫干格隆、萨木潭格隆、衮格垂尔扎尔格隆等口悉。附奉金碗一、银盆二、银茶桶三、玛瑙杯一、水晶杯二、玉杯六、玉壶一、镀金甲二、玲珑撒袋二、雕鞍二、金镶玉带一、镀金银带一、玲珑刀二、锦缎四，特以侑缄"。五世达赖喇嘛为争取支持，排除异己，加强自己。虽然清统治者尚未进关，但看到明朝正在走向崩溃，而主动向清朝联系、靠拢，他的行动明确地反映了西藏地方想要取得清朝政府的支持。

顺治元年（1644）清朝定都北京后，达赖五世又"特遣巴雅尔堪布赴京恭请圣安，纳贡"。而顺治帝也特派人前往西藏问候达赖喇嘛、班禅大师，并在西藏各大寺熬茶，放布施。达赖喇嘛和班禅大师也派人到京朝贺清中央，并几次召请五世达赖喇嘛和四世班禅来京。顺治八年（1651）清廷派恰噶喇嘛、喜饶喇嘛到西藏敦请五世达赖喇嘛来京，次年五世达赖喇嘛率3000人起程，行至青海，清朝派内务大臣霞古达热康前去欢迎。达赖喇嘛到达北京，住在专为他修建的黄寺。清朝皇帝顺治在太和殿设宴款待达赖喇嘛，并赏给达赖喇嘛黄金550两，白银11000两以及其他玉器、珠宝等。顺治十年（1653）五世达赖喇嘛返藏，行至代噶（今内蒙古凉城），顺治皇帝命理藩院侍郎席达礼等到代噶册封五世达赖喇嘛，赐金册金印，封为"西天大善自在佛所领天下释教普通瓦赤喇怛喇达赖喇嘛"，从此达赖喇嘛这个封号及其宗教地位正式被清朝确定。五世达赖喇嘛维护清王朝的统一，在《五世达赖自传》载，他曾对吴三桂所派赴藏使者说："我就是做梦也不会反对清朝大皇帝，如果要反对，佛、法、僧三宝也不容。"《清圣祖实录》记载，康熙皇帝派使臣员外郎拉笃祜、喇嘛丹巴繐穆齐到西藏，达赖喇嘛对使臣说，吴三桂反叛，"其杨打木、结打木二城，原系我二噶尔麻之地,今为吴三桂所夺,我即遣兵攻据。若吴三桂势穷而来,我当执而送之,若闻彼不出边境,东西逃窜,即时进兵擒拿。"康熙二十一年(1682)五世达赖喇嘛圆寂,第巴桑结嘉措秘不发丧,直到康熙三十六年(1697)康熙皇帝在征准噶尔部噶尔丹的战争中,从俘虏口中知道五世达赖喇嘛圆寂,第巴桑结嘉措执政,1694年,第巴桑结嘉措主动将阐化王印交给清中央,并请封,康熙批准,封其为"弘宣佛法王",并赐金印及12页有汉、蒙、藏三种文字的金册,在第巴所著的《灵塔志》中有详载,但是康熙帝出于自身利益考虑致书第巴桑结嘉措严厉责问。第巴桑结嘉措在清朝政府的威力下,上书认错,并上奏五世达赖喇嘛转世灵童今已15岁。康熙对桑结嘉措私自选定五世达赖进行责备,令他向皇帝"奏明达赖已故始末",这就意味着达赖喇嘛转世灵童要公开认定,需呈报清朝政府,而不能"私指"。私指是不合法的。虽然对第巴桑结嘉措不满,但清朝政府为了顾全大局稳定西藏,也只好承认既成的事实,康熙皇帝后来还正式承认仓央嘉措为六世达赖喇嘛(1683～1706),并授于印信封文。第巴桑结嘉措与统治西藏的蒙古拉藏汗发生矛盾,相传他曾图谋杀害统治西藏的和硕特部的拉藏汗,结果第巴桑结嘉措却被拉藏汗所杀,拉藏汗向清朝奏报了事情的经过。宣布桑结嘉措所立的六世达赖仓央嘉措是假达赖,而他自己又私立阿旺益西嘉措为六世达赖喇嘛,奏请清朝封赐阿旺益西嘉措册印,以稳定西藏的政治局势。此后清朝政府因"西藏事务不便令拉藏独理",康熙四十八年(1709)派侍郎赫寿去西藏,"协助拉藏办理事务",这是清朝往西藏直接派遣办事官员的开端。四十九年(1710)拉藏汗、班禅和赫寿共同奏请益西嘉措为六世达赖坐床,清朝政府正式承认益西嘉措为六世达赖并准坐床,给册、印。同时下令将仓央嘉措解往北京,他在途中死去。然而一些蒙藏地区僧众对拉藏汗所立六世达赖不予承认,认为康熙四十七年(1708)生于理塘的格桑嘉措为真六世达赖喇嘛,青海和硕特部右翼贝勒察罕丹津、罗卜藏丹津等将其迎至青海,并向清朝"奏请理塘新出胡必尔汗实是达赖喇嘛转世,恳求册封"。清朝政府为辨明真相,防止分裂,"遣主事众佛保往班禅处,问此胡必尔汗之真假",据说班禅称理塘胡必尔汗是假,康熙以班禅送来的印文,转告青海蒙古贵族台吉。察罕丹津等不信,要亲往西藏班禅处,问其真假。康熙怕留格桑嘉措在青海,引起青海和硕特察罕丹津等与西藏和硕部拉藏汗之间的争端,遣侍卫阿齐图等往谕,令将理塘之胡必尔汗送京,后又降诏,令将胡必尔汗"暂居西宁卫红山寺"。青海和硕特贝勒察罕丹津和罗卜藏丹津等即将胡必尔汗移送塔尔寺。

西蒙古准噶尔策旺阿拉布坦(1665～1727)利用青海和硕特蒙古王公与统治西藏的拉藏汗在真假六世达赖问题上的纷争,于康熙五十五年(1716)派策凌敦多布领兵6000入藏,占领了拉萨,拉藏汗被杀,逮捕拉藏汗从属的僧俗官员,搜刮财富,杀戮喇嘛、毁坏寺庙。废拉藏汗所立六世达赖益西嘉措,将其囚禁在扎克布里庙(即药王山)。康熙对策妄阿拉布坦派兵进藏,感到问题的严重性。遂命西安将军额伦特率军数千和侍卫色楞率青海蒙古兵入藏,结果被准噶尔军击败。仍决定再次派兵进藏。先正式承认以理塘转世的格桑嘉措为六世达赖喇嘛,授"弘法觉众第六世达赖喇嘛、赐金印"。在藏文《七世达赖喇嘛传》中记载,此印为满、蒙、藏三体文,后1724年又赐汉、满、蒙、藏四体文金印、印文,按五世达赖封文重译,此即为历世达赖所沿用。任命十四子允禵为抚远大将军,并亲至塔尔寺会见格桑嘉措六世达赖,赠送礼物,决定护送格桑嘉措进藏。康熙五十九年(1720)清军驱逐侵扰西藏的准噶尔军。六世达赖格桑嘉措在青海和硕特蒙古察罕丹津、罗卜藏丹津所率数千蒙古军护送下进藏,沿途受到蒙藏和各寺庙喇嘛的欢迎。至拉萨受到三大寺喇嘛的欢迎,举行了隆重的欢迎仪式,被迎进布达拉宫。

康熙承认格桑嘉措为六世达赖,也就是藏族历史上所称的七世达赖喇嘛,他在清朝军队护送下到拉萨坐床。这一事件充分说明,达赖喇嘛活佛转世已经不仅仅是作为宗教内部的斗争,而是作为西藏的政治舞台上的重大问题,它表明清朝中央政府对达赖喇嘛活佛转世的问题有最后的决定权,显示出清朝中央政府的权威。不仅直接决定活佛转世灵童的真伪,而且决定达赖喇嘛的废立。

清朝中央政府废除和硕特部首领建立的地方政府,以延信为首组织西藏临时地方政府。革除第巴制度,采用四名噶伦联合掌政的办法,使原来噶伦提高职位,直接掌握西藏地方行政权,由清政府直接任命。以后藏地区贵族康济鼐·索南杰布、工布地区贵族阿尔布巴·多吉杰布、拉萨地区贵族隆布鼐·扎西杰布和七世达赖的总管扎尔鼐·罗追杰布为四噶伦,并使互相牵制。到雍正五年(1727)发生了三噶伦联合杀死首席噶伦康济鼐事件。颇罗鼐于六年(1728)率后藏、阿里的军队攻入拉萨,呈报清朝。清朝将阿尔布巴等三人处死,认为噶伦联合掌政容易发生纷争,而任命郡王颇罗鼐总理西藏政务是为郡王制，在颇罗鼐之下，设有噶伦等办事官员。同时清朝政府在西藏正式设立驻藏大臣二人协助地方政府处理政务。乾隆十二年（1747）颇罗鼐死，其子珠尔墨特那木扎勒袭郡王爵，继续执掌藏政，他排除异己，监视驻藏大臣行动。与准噶尔秘密勾结，企图迫害七世达赖，阴谋叛清自立。乾隆十五年（1750）驻藏大臣傅清、拉布敦杀珠尔墨特那木扎勒，傅清、拉布敦也被珠尔墨特那木扎勒的党羽杀害。七世达赖下令平息叛乱。清朝派军入藏。清朝政府遂对西藏地方行政体制进行了一次大的改革，废除郡王制，建立噶厦，设四噶伦，地位平等，在驻藏大臣和达赖喇嘛之下，处理地方政务。同时在达赖喇嘛之下设置由四仲译组成的译仓。噶厦的公文、政令要经译仓审核盖达赖喇嘛的印，才能生效，与噶厦互相牵制。从十六年（1751）起，清朝政府才正式授权达赖七世管理西藏行政事务，从此西藏的"政教合一"正式确立。为了维护西藏安定，策楞、班弟与七世达赖共同商议提出酌定西藏善后章程十三条，其基本政策是废郡王，设噶厦，管理西藏事务等。

乾隆二十二年（1757）七世达赖喇嘛圆寂，西藏政教事务没有人主持，乾隆皇帝降旨，命第七世第穆拉喀洛色林活佛阿旺嘉白德勒嘉措摄政，代行达赖喇嘛事务。此即摄政制，即转世灵童尚未寻获和达赖尚未成年以前暂行摄政，也称掌办商上事务。这是一项重要的措施，以此稳定西藏政局。受封为诺门汗的第穆活佛，在西藏地区是仅次于达赖、班禅系统的另一类有势力的系统，也是僧人参政的新发展。在第穆五世阿旺格勒坚赞及七世阿旺南喀嘉措时与清朝中央政府均有密切的关系。由于这次中央的任命，西藏地方政府从此开始了摄政制度。此制一直保持到西藏解放前夕的十四世达赖亲政为止。

关于第七世达赖喇嘛转世灵童寻访方向发生了分歧，主要是西藏护法神降神所指方向众说不一，难以确定。乾隆二十二年（1757）皇帝派大国师章嘉乳必多吉抵藏，直接监选灵童事宜。他亲赴后藏札什伦布寺请六世班禅到拉萨，共商选认灵童之事。噶伦（大臣）提议，让各地护法神集中在班禅大师前，一齐降神明示。章嘉国师、驻藏大臣、班禅大师、第穆摄政等均表同意。于是将各地护法神聚集在布达拉宫大厅中央降神，降神者有拉穆、乃穷、桑耶、噶瓦栋及昌珠等，他们纷纷争相附身，在神志不清的状态下回答人们的提问，他们回答称作"龙单"，意译为"预言"或"授记"。西藏佛徒以为他们的回答是"神"的启示，是将一种"神意"通过护法神之口来表达。然而护法神其说不一，原来拉穆护法神说转生在西方，这时集中降神，桑耶寺的护法首先附体，抢先登上拉穆角的护法位，气势汹汹地闹了一阵，使请示预言的人无法提问，也弄得拉穆护法不好办。桑耶护法曾说七世达赖转生在东方，昌珠寺护法神这时见桑耶护法凶劲深怕所说与其相反，会遭刀剑伤身之祸，他原曾说灵童在西，此时改为在东方，其他护法也预言不一。在这样的情况下章嘉国师请班禅大师决定，摄政和噶伦等人都同意请班禅大师决定。班禅大师经过思考，认为在后藏的幼童是真转世灵童。章嘉国师也曾请过神示，与拉穆护法的预示在西方一致，同时七世达赖生前的总管做一梦，梦见七世达赖到了后藏一家，说与达赖，达赖说要秘而不宣。这样就在后藏选定托布加拉日岗的孩子为灵童。乾隆二十五年（1760）驻藏大臣及第穆等将选定灵童的情况呈报皇帝，皇帝降旨，准认后藏幼儿为灵童。驻藏大臣、第穆摄政及公多仁班第达等，遵旨赴后藏迎请七世达赖转世灵童。二十七年（1762）皇帝降旨准八世达赖喇嘛坐床，并派喀尔喀蒙古亲王车布登扎布等官员赴藏，代表清朝中央政府在布达拉宫举行了坐床典礼。后皇帝批准八世达赖亲政，并册封、赐印信。从此以后达赖喇嘛的转世，虽然各有不同情况，但大体上是按清朝规定的制度办理的，未经过中央政府认定都是无效的。

四世班禅罗桑却吉（1567～1662）在顺治二年（1645）被固始汗赠给"班禅博克多"的尊号。在五世达赖幼年时，他是格鲁派的决策人物。不仅联络固始汗灭藏巴汗，而且还派代表与清朝通好，这是班禅最早与清朝的往来。康熙五十二年（1713）为安定西藏局势，康熙特派才仁克雅大喇嘛诺布加日郭吉等人到西藏封五世班禅罗桑意希为"班禅额尔德尼"（初印文为"班臣额尔德尼"，后改），颁给金册、金印。从此以后历世班禅额尔德尼都要由中央政府册封。雍正五年（1727）发生西藏统治者内部争权斗争，清军平息了内乱。六年（1728）清朝政府决定对西藏实行分而治之，把日喀则以西直至阿里地区划归班禅直接管理。五世班禅不同意，最后只管辖拉孜、昂仁和彭错林三个宗的地区。这次清政府对西藏行政区域的调整，使西藏地方实际上存在着两个地方政权，一个以达赖喇嘛为首的西藏噶厦地方政府，另一个是以班禅为首的班禅堪布会议厅，两者都由清朝中央政府直接领导，都在驻藏大臣的监督下，但代表全西藏的仍是拉萨噶厦政府。乾隆三十一年（1766）高宗皇帝派钦差大臣册封班禅。先是噶厦给班禅一封信件，通知高宗皇帝将派专使册封六世班禅，从四川打箭炉启程，前往札什伦布寺；要六世班禅准备迎接"圣旨"。六世班禅接信后，立即派遣巴本益喜塔耶等代表班禅前往四川打箭炉欢迎钦差。又派卓尼罗桑格勒、洛扎娃罗桑开觉前往拉萨，等候钦差大臣。札什伦布寺所有屋顶上悬挂经幡，在年楚河的东边搭设帐篷欢迎钦差，班禅派札什伦布寺的僧官、各宗豁头人、日喀则宗本等100余骑，前往数十里外远道迎接。清高宗派出的钦差大臣阿萨汗干、扎萨喇嘛阿旺巴觉呼图克图、三品官喀雅太傅、加尔笔等数十人到札什伦布寺，与六世班禅会面。班禅先向钦差大臣问候了皇上安好。钦差大臣向班禅宣读了"圣旨"，册封为其班禅额尔德尼，掌管札什伦布政教两事，发扬光大格鲁派，保佑国家安宁，并赠送班禅绸缎、茶叶、玉器多种。班禅接了金册金印及礼品后，向东方叩头谢恩。他举行盛大宴会为钦差大臣洗尘。

清高宗于乾隆四十四年（1779）请六世班禅到承德祝贺其70寿辰，六世班禅率领2000余人离开札什伦布寺前往。途经青海塔尔寺、宁夏阿拉善，到达承德，住在专为他建造的须弥福寿寺。高宗亲赴须弥福寿寺看望，祝寿活动结束以后，到北京，住在黄寺，高宗又亲赴黄寺看望，后六世班禅因天花病在北京圆寂。

达赖喇嘛和班禅活佛转世系统与中央政府的关系，充分说明西藏是中国不可分割的一部分。达赖喇嘛和班禅在中央政府的领导下，行使对西藏地方政府的管辖权。

第三节 哲布尊丹巴、章嘉转世与中央政府

哲布尊丹巴一世罗布藏旺布扎木萨（1635～1723）是喀尔喀蒙古的佛教首领。顺治十二年（1655）哲布尊丹巴偕同喀尔喀蒙古三汗始向顺治皇帝敬献佛像；康熙二十年（1681）哲布尊丹巴遣使向康熙皇帝敬献佛像。清朝政府利用哲布尊丹巴在喀尔喀蒙古中的影响和地位，来加强对喀尔喀蒙古的统治。喀尔喀蒙古的土谢图汗与扎萨克图汗不和，清朝政府为解决他们的不和，于康熙二十五年（1686）在库伦伯勒齐尔会盟，哲布尊丹巴遵旨赴盟，清朝政府以哲布尊丹巴与达赖喇嘛的特使噶尔旦西勒图并列而坐，以此提高哲布尊丹巴的地

位，以便会盟顺利进行。康熙二十七年（1688）准噶尔部首领噶尔丹率军3万由杭爱山进犯喀尔喀蒙古，掠额尔德尼召，直抵喀喇卓尔浑之地，距哲布尊丹巴住所一日程，哲布尊丹巴携土谢图汗妻与女媳及喇嘛班第避居额古穆尔，并遣使向清朝皇帝告急。此时有人提出北投俄罗斯，哲布尊丹巴说：俄罗斯素不奉佛，不可投。宜归顺大皇帝以投安全。于是投附清朝。清朝政府运归化城（今呼和浩特）米粮赈济。清朝政府尊崇哲布尊丹巴，在康熙三十年（1691）请其参加多伦诺尔会盟，他第一次觐见皇帝，受到优厚的礼遇，哲布尊丹巴列在喀尔喀诸王之首。三十二年（1693）清朝政府封哲布尊丹巴呼图克图为大喇嘛，在喀尔喀蒙古地区广传佛教。康熙皇帝有病，哲布尊丹巴呼图克图到京为其诵经祈祷。以后皇帝多次召见哲布尊丹巴，并随皇帝出京。康熙皇帝于康熙六十一年（1722）逝世，这一讣闻传到库伦，哲布尊丹巴立即赴京吊唁。雍正元年（1723）正月哲布尊丹巴在北京圆寂。由于蒙古信仰格鲁派佛教，皆听西藏格鲁派首领之言，不利于清朝对蒙古的统治，因此清朝决定提高哲布尊丹巴的地位，雍正皇帝敕封其为"启法哲布尊丹巴喇嘛"，照班禅、达赖喇嘛之例给予封号，赐金印、金册，敕书。雍正皇帝谕示"呼图克图极蒙皇考轸念，礼遇加隆。呼图克图非寻常僧人比，朕来往悬幡、供茶，以尽朕心"。雍正五年（1727）清政府拨银10万两，在布隆汗山南建庆宁寺。

哲布尊丹巴呼图克图一世转世，喀尔喀蒙古喇嘛提出四个幼童，前往西藏请达赖喇嘛和班禅额尔德尼决定，由于他们不明清朝中央政府的态度，而采取含糊回答，使者不得要领，转道北京，请雍正皇帝决定，遂以土谢图汗惇多布多尔济四子为哲布尊丹巴呼图克图一世的化身。雍正五年（1727）皇帝指出，哲布尊丹巴呼图克图其钟灵大有根源，是与达赖喇嘛、班禅额尔德尼地位相等的三大喇嘛，众喀尔喀皆尊敬供奉。这是正式宣布哲布尊丹巴呼图克图和达赖、班禅处于平等地位。十年（1732）准噶尔部小策凌敦多布率兵3万从杭爱山企图侵扰，清朝政府为了哲布尊丹巴二世罗布藏丹彬多密（1724～1757）的安全，将其移到多伦诺尔寺庙居住。俟军务平定再回库伦。乾隆元年（1736）哲布尊丹巴呼图克图二世到京觐见皇帝。三年（1738）清朝政府照其前身赐号给封，颁给金册、金印。五年（1740）哲布尊丹巴呼图克图二世从多伦诺尔回到库伦。十九年（1754）清朝政府诏设立商卓特巴代其专管僧众。二十年（1755）发生青衮咱卜撤驿之变。青衮咱卜是扎萨克图汗部和托辉特旗贝勒，受副将军衔,从征伊犁,授郡王,他私率所部2000余人返回牧地,驿站中断,从16至29驿站(即张家口至乌里雅苏台间)撤除,哲布尊丹巴呼图克图二世态度暧昧,皇帝亲谕哲布尊丹呼图克图平息叛乱,恢复驿站。他遵照皇帝的谕令,召集各部王公,晓谕利害,平息骚乱,皇帝嘉其镇抚喀尔喀蒙古之功,二十一年(1756)加封二世哲布尊丹巴为敷教安众大喇嘛,并赐宝石绢帛,赏乘黄车。二十二年(1757)哲布尊丹巴呼图克图二世圆寂。清朝政府为了对喀尔喀蒙古的统治,不使蒙古王公贵族子弟借活佛转世掌握佛教权力,决定哲布尊丹巴呼图克图二世转世在理塘,又恐哲布尊丹巴呼图克图之权力过重,难于慑服,又命喀尔喀理刑官桑齐多尔济为库伦办事大臣并使其兼辖从僧事。三世哲布尊丹巴呼图克图伊什丹巴尼玛(1758～1773)于乾隆二十八年(1763)被迎至库伦,因年幼不能管理政治宗教事务,以库伦办事大臣处理哲布尊丹巴呼图克图之事务。乾隆三十八年(1773)哲布尊丹巴三世圆寂,年仅16岁。清朝政府给西藏发旨,由西藏指定四世哲布尊丹巴呼图克图的呼毕勒罕。八世达赖喇嘛选定伯父之子罗布藏图巴坦旺舒克为四世哲布尊丹巴(1775～1813)。乾隆四十六年(1781)哲布尊丹巴四世从西藏迎至多伦诺尔,皇帝赐乘黄轿车。五十七年(1792)规定:哲布尊丹巴等活佛转世,禁止在蒙古汗、王、贝勒、贝子、公、扎萨克台吉之子孙中转世,以此限制蒙古统治者子弟掌握蒙古佛教的权力,使蒙古政教分离。从道光二十年以后,清朝皇帝再没有接见哲布尊丹巴,对哲布尊丹巴的转世,也改变了过去派使臣从西藏迎至喀尔喀蒙古,沿途派清兵护送。而不再严加保护,造成六世哲布尊丹巴从拉萨到库伦途中两次遭到抢劫。

章嘉呼图克图是青海郭隆寺(即佑宁寺)活佛。二世章嘉呼图克图阿旺罗布桑却拉丹(1642～1715)参加库伦伯勒齐尔会盟,调解喀尔喀蒙古扎萨克图汗与土谢图汗的不和,受到康熙皇帝的赏赐,后任驻京扎萨克达喇嘛,掌管京师地区的喇嘛教事务,主持多诺尔汇宗寺的新建,成为漠南蒙古佛教的中心。二世章嘉呼图克图成为漠南蒙古地区佛教首领。成为清代四大呼图克图之一。康熙五十四年(1715)二世章嘉呼图克图病重,皇帝派四品顶戴赖硬及玛里巴昆沙赴多伦诺尔慰之。圆寂后,皇帝赏50两重的银炉一个,哈达200条,白银1000两,并将其龛座运至青海西宁。三世章嘉呼图克图若必多吉(1716～1786)8岁时,雍正皇帝下谕旨,召来北京。清朝政府为三世章嘉呼图克图在多伦诺尔建善因寺,为其驻锡之地,雍正十三年(1735)三世章嘉呼图克图若必多吉奉旨到泰宁,并护送七世达赖喇嘛回藏。在拉萨闻雍正帝逝世讣告,即离藏返回京城。乾隆二十年(1755)发生青衮咱卜撤驿之变。三世章嘉呼图克图按照皇帝之旨,给哲布尊丹巴写信,并亲自前往,帮助清政府迅速平息了青衮咱卜的事件。他协助清中央处理蒙藏事务贡献颇多。五十一年(1786)三世章嘉呼图克图圆寂,进行了活佛转世。高宗皇帝在承德见四世章嘉呼图克图伊希丹毕坚赞说,"前世章嘉呼图克图圆寂,朕甚忧之,如慈母之失爱子,今尔既转世来朝,如失复得,朕心甚喜"。由此看出高宗皇帝对章嘉活佛的器重。

七世章嘉霁迎叶锡道尔济(1891~1959)光绪二十五年(1899)奉旨入京,晋谒光绪皇帝,赐金印。翌年封为扎萨克达喇嘛。辛亥革命以后,七世章嘉抵京,赞助共和,劝导内蒙古各旗归附民国政府。大总统加封"宏济光明大国师"号,1921年任蒙藏委员会委员,民国政府为加强对蒙古的统治,任命七世章嘉呼图克图为"蒙旗宣化使"。

乾隆时驻京八大呼图克图,除章嘉之外还有噶勒丹锡呀图、敏珠尔、阿嘉、喇果、察罕达尔汗、洞阔尔、土观。据入理藩院册的活佛,"西藏十八,漠北十九,漠南一百五十七,青海蕃地五十三,驻京十四",规定无名号印敕者不准入档。这就是说在册的活佛转世要在清朝理藩院备案、入册,给予印信。规定达赖喇嘛、班禅额尔德尼、哲布尊丹巴呼图克图是金册、金印;封为国师名号者,其印册为银镀金;封禅师名号者,其印册用银,至于呼图克图等之印信敕命由喇嘛印务处管理。凡是入册的呼图克图分年班来京请安。并规定呼图克图的钱粮、宴会以及衣冠、随员等。实际上清朝中央政府对活佛是作为僧官来对待。而更多的活佛并没有入册,都是地位比较低的活佛。

第八章 披着袈裟的僧官与转世纷争

高僧活佛在社会上地位比较高。蒙藏地区的活佛在政教方面都有重要的影响,有些还掌握实权。历朝统治者利用佛教来统治蒙藏地区,对上层活佛给予种种优待。在解决重要的政教问题时常派活佛僧官进行办理,委任各种职务,以便于进行调解、劝说等,使其成为历朝政府披着袈裟的僧官。活佛在社会上的显赫,导致了蒙藏僧俗上层往往借助活佛转世来巩固自己的地位,扩展自己的势力,造成在活佛转世问题上复杂的纷争。

第一节 披着袈裟的僧官

活佛上层是蒙藏佛教中的贵族,在佛教活动中居于领导地位,掌握着实权。传说佛是从天上或佛界降到人间的,掌握佛教的大权。他栖身于世俗社会,就要适应世俗社会。高僧活佛有了世俗统治者所赋予的特权,才能取得更多的合法性,才能获得地位。西藏实行政教合一,西藏的活佛是佛教首领,也是政治首领,活佛的世俗化越来越突出,活佛是拥有土地、牧场、牲畜和农奴的农奴主。起初格鲁派建立中心寺庙,后来原属于噶当派的寺庙,先后归附于格鲁派。格鲁派在比较短的时间内,寺庙增加很快,分别占有数量不等的庄园、牧场和农奴、牧奴,第巴政府又拨给寺庙一定数量的庄园和农奴,成为寺产,由寺院派人管理,征收租税,寺属豁卡,寺属农奴,成为寺院的主要经济来源,促使寺庙农奴制经济的发展。主寺下面有属寺,如哲蚌寺有属寺640

座，色拉寺有属寺340座，甘丹寺有属寺18座。主寺对属寺可以委派堪布，主寺与属寺有一定的教务和经济联系。五世达赖喇嘛又给了寺庙司法自主权，加速了格鲁派活佛世俗政治势力的渗透和不断扩大。16世纪后期，格鲁派大大小小的寺庙在各地的建立，形成一个庞大的寺庙集团势力。达赖喇嘛是格鲁派各寺庙的总首领，也是西藏地方的总代表，下属的官员分僧俗两大系，出任官吏的全为封建世俗贵族和佛教寺庙的大小活佛，这些僧官是披着袈裟的僧人贵族，以"神"的名义行使统治权。

西藏社会上，把人划分为三等九级，按其血统贵贱、职位高低、办事的大小而定为不同的等级，处于"上等人"地位的贵族、高级官吏、大活佛，被认为是天生血统高贵的人，在法律上保证他们享有各种特权，而被认为卑贱的"下等人"没有社会地位和人身自由。寺庙的内部也是等级森严，佛教教义，皆称"众生平等，救世救人"，其实寺庙同世俗社会一样，寺庙内活佛与普通僧人不同，在寺庙内担任堪布、管家和有各种僧官职务的活佛与一般的活佛也有差别，寺庙中当权的活佛把持寺内一切大权，享有各种封建特权，他们对寺庙内的广大普通僧人（扎巴）是统治者，他们对寺庙外的广大劳动人民也具有行政司法权。如川滇一带的藏族地区格鲁派大寺之一理塘寺，藏名"绛钦却科林"，其意是"大慈法轮洲"，也称长青春科寺，在四川理塘梭磨拉卡山脚，明万历八年（1580）由三世达赖建立，寺庙建筑重楼叠阁，金碧辉煌，有房428座，1500余间，有僧人4000余人，1933年高达5000扎巴。全寺的宗教、行政、经济大权，最初掌握在德瓦土司手中，1931年后则集中在香根活佛手中。下设堪布、下布、传号、调解委员等分掌佛教教务、行政事务、经济之权，这些活佛的任职有一定期限，掌握着政教大权。

清朝政府为了利用蒙藏佛教来统治蒙藏民族，采用明朝敕封僧人的办法，对蒙藏活佛授予各种封号。这种封号具有佛教的内容，也表示清朝中央政府对僧官的封赐，如对世俗官吏封赐爵位一样。清朝政府通过对活佛的封赐，以特殊的优礼对待。加强对活佛的管理，掌握活佛地位的升降。清朝政府对活佛的封赐很多。顺治十年（1653）封五世达赖喇嘛。康熙三十二年（1693）及雍正元年（1723）封赐哲布尊丹巴喇嘛。康熙三十七年（1698）封扎萨克大喇嘛墨尔根绰尔济为"灌顶普惠宏善大国师"。四十四年（1705）封章嘉呼图克图为"灌顶普善广慈大国师"。五十二年（1713）封班禅呼图克图。雍正元年（1723）封甘珠尔巴噶卜楚为"述教甘珠尔巴墨尔根诺门罕"。封额尔济格特诺门罕为"兴教善知识诺门汗"。十二年(1734)封土观呼图克图为"静修禅师"。封噶勒丹锡呼图为"慧悟禅师",等等。

清朝政府对各寺庙的主要活佛入册备案,作为僧官对待。清朝政府还设立许多僧官,如设喇嘛印务处由僧官来加以管理。北京的驻京喇嘛的僧官有掌印扎萨克达喇嘛、副扎萨克达喇嘛、扎萨克喇嘛、达喇嘛、副达喇嘛、苏拉喇嘛、教习苏拉喇嘛、额外教习苏拉喇嘛等。凡是清朝政府任命的僧官,清朝政府发给钱粮,下页表所列为驻京喇嘛的钱粮数额。

根据活佛担任的职务,发给钱粮牲畜饲料等。驻京品秩较大的章嘉、锡呼图、敏珠尔、济咙四呼图克图照扎萨克达喇嘛之例支给本身钱粮,而随带之噶布楚兰占巴20名,格隆6名,苏拉喇嘛3名,徒众6名,其应食之钱粮及喂养牛马草豆等项,照前支给。其他呼图克图等若授以正副扎萨克达喇嘛者,准照章嘉呼图克图等之例支给,否则按照所授之职分支给。凡是调来补放的大喇嘛,从奉旨之日起支给钱粮,遇有事故,按日回缴,如活佛圆寂后,其本身钱粮即停止发给。

驻京喇嘛钱粮表

银两单位:钱、分、厘、毫、丝、忽、微、纤、沙

职名	每日银	每日米	随带徒弟		牲畜		
			职名数	每人每日银	每人每日米	牲畜数	每匹、头每日黑豆	每匹、头每日谷草
扎萨克达喇嘛	1.51181	2升5合	格隆6名 班第6名	0.29972 0.288424	2升5合 2升5合	马4匹 牛3头	1斗 1升	7束
副扎萨克达喇嘛	1.51181	2升5合	格隆5名 班第6名	0.29972 0.288424	2升5合 2升5合	马2匹 牛2头	6升	4束
扎萨克喇嘛	1.40408	2升5合	格隆4名 班第6名	0.29972 0.288424	2升5合 2升5合	马2匹 牛2头	6升	4束
达喇嘛	1.40408	2升5合	格隆2名 班第6名	0.29972 0.288424	2升5合 2升5合	马2匹 牛2头	6升	4束
副达喇嘛	1.40408	2升5合	格隆2名 班第4名	0.29972 0.288424	2升5合 2升5合	马2匹 牛2头	6升	4束
闲散喇嘛	0.66666666	2升5合	班第2名	0.288424	2升5合	马1匹	2升	1束
德木齐	0.66666666	2升5合	班第1名	0.288424	2升5合			

清朝政府对于来京朝觐、朝贡的喇嘛活佛与各官员一样，根据其职位高低给予廪饩。

以上只是一般的规定，而对西藏、庄浪、察木多都各有规定。而对达赖喇嘛、班禅额尔德尼、哲布尊丹巴所给予的廪饩标准不同。清朝政府通过对活佛的来京所给廪饩，既笼络上层活佛，也鼓励喇嘛活佛来京，便于掌握活佛情况，加强对活佛的管理。

喇嘛廪饩银、米、牲畜表

职　　名	银（每日）	米（每日）	坐马	养马
扎萨克达喇嘛	8钱5分	1斗5升	3	14
副扎萨克达喇嘛	7钱3分	1斗3升	3	12
扎萨克喇嘛	6钱2分	1斗2升	2	10
达喇嘛、副达喇嘛	4钱7分	9升	1	7
噶布楚、兰占巴	3钱7分	7升	1	6
德木齐、格思规、格隆	3钱	6升	1	5
格索尔班第	5分	1升	1	
斋桑喇嘛	5钱	2升	1	

在封建社会中，官员所穿的服饰和所乘车轿是社会地位的标志。清朝政府对高僧活佛赐给专用的黄布车、黄轿，像达赖喇嘛、班禅额尔德尼、哲布尊丹巴呼图克图都可以乘黄布车、黄轿。顺治九年（1652）清朝政府派和硕承泽亲王及内大臣迎接五世达赖喇嘛来京。五世达赖喇嘛到北京，贡马匹、方物等，清廷赏赐黄伞、旗帜、金鞍御马、红伞、幡幢、黄哈达、金造幔达拉及金银供器，掌扇各仪仗大小百余种。由户部拨给供养银9万两。顺治皇帝在太和殿接见，以后多次接见，御赐镶嵌珍珠袈裟、衣服等。优厚赏赐，黄金650两、银12000两、珍珠斗篷、极钜珍珠、朝珠、金盘、银茶桶、大银罐、虎豹皮等。章嘉呼图克图是驻京大国师，赐"紫禁城内赏用黄车"。道光时又特别批准章嘉呼图克图坐金顶肩舆。咸丰三年（1853）特别允许哲布尊丹巴呼图克图使用的黄布围墙、黄色车轿，在迎接时，沿途都可使用。并可使用黄伞、篮旗。清朝政府规定高僧活佛在前世所恩赏的物件，不经批准，不得擅用。原规定哲布尊丹巴所使用的黄布车，应在呼毕勒罕字样裁撤之日以后才准使用，后来破例，在活佛转世以后迎接时就能使用。章嘉呼图克图在紫禁城内所用之黄车以及前世乘坐之坐床，在呼毕勒罕裁撤之日准许使用。

第八章 披着袈裟的僧官与转世纷争

关于喇嘛活佛的服饰，清朝政府规定穿黄衣、戴黄帽，非奉上赐，不许用五爪团龙。康熙六年（1667）规定喇嘛等许服金黄、明黄、大红等色，奉上赏赐各色都准服用。嘉庆十五年（1810）规定活佛转世多次，来京三次以上者，坐褥冬用狼皮，夏用红褐，乘坐绿帏车；转世次数较少者，来京一两次坐褥冬用獾皮，夏用红褐、绿青褐，乘坐青帏车；扎萨克堪布等，坐褥冬用貂皮，夏用青褐、青绿、红褐，乘坐青帏车。

清朝政府为了对执政的活佛进行笼络，加以控制，像对地方官吏那样实行朝觐制度。让执政的活佛朝觐，以达到巩固和稳定清朝的统治的作用。蒙古分班实行朝觐，划分为六班，每年一班。哲布尊丹巴行九白之贡不列年班。

第一班 喀尔喀那噜班禅、阿拉善达克布、科尔沁诺颜、土默特万达尔、浩齐特毕里克图、阿巴哈纳尔班第大喇嘛、鄂尔多斯那旺端多布、归化城额尔德尼达彦齐、土默特彦察尔齐喇嘛、乌喇特罗布藏达木巴喇布齐喇嘛、喀尔喀墨尔根班第达。

第二班 察哈尔额尔德尼诺木齐罗木绰尔济大喇嘛、喀尔喀额尔德尼伊拉古克散、土默特喇克巴鄂杂尔、阿尔哈纳尔喇木扎木巴锡喇布扎木苏、乌喇特尔多尔济、归化城垂斯哈布达彦齐、土默特吹齐托音、察哈尔叶固则尔、西套阿拉善托布桑、乌珠穆沁罗布桑多布丹喇嘛。

第三班 察哈尔岱青绰尔济罗卜藏丹达尔、喀尔喀西瓦拉勒图、库伦张楚布多尔济、郭尔罗斯沙布隆蕴端扎木苏、乌珠穆沁固沙哩绰尔济那旺索特巴、阿巴哈纳尔固锡罗布藏垂珠尔、乌喇特东廓尔班第达、归化城宁宁、土默特那旺达本巴、察哈尔固什敏珠绰尔济。

第四班 喀尔喀青苏珠克图诺门汗、罗布桑扎木禅诺门罕、土默特阿裕什墨尔根绰尔济、苏尼特罗布藏喇什、乌珠穆沁阿旺罗布藏彭楚克、阿巴哈纳尔玛依寺罗布藏尼玛、乌喇特喇木扎本巴格图彭楚克、归化城席力图、达尼齐、察哈尔喇木扎木巴罗布藏丹木巴。

第五班 喀尔喀额尔德尼班第达、扎雅班第达、土默特苏克图绰尔济阿旺锡喇布、乌珠穆沁莫罗木喇木扎木巴罗布桑里瓦、阿巴哈纳尔拜扎奢布东喇嘛、锡呼图库伦萨木鲁阿旺扎木扬、乌喇特固什罗布藏达木辟勒、归化城达尔汉绰尔济、察汉第彦齐、察哈尔达赉。

117

第六班　土默特察汉第彦齐、苏尼特斡珠尔巴额尔德尼堪布、乌珠穆沁莫罗木喇扎木巴衮楚克喇什喇嘛、阿巴哈纳尔额尔德尼默尔根喇嘛、乌喇特墨尔根第彦齐喇嘛、归化城扎彦班第达、鄂木布扎木散大喇嘛、察哈尔额木齐达尔汉绰尔济喇嘛、固什扎木张雍噜依喇嘛。

岷州 26 寺，除荔川寺、工布寺喇嘛不入班外，其余分为四班。每入贡三年一次由驿来京。以圆觉寺、大崇教寺、刹藏寺、宏教寺、洪福寺、讲党寺喇嘛为一班。以法藏寺、朝定寺、三竹寺、藏经寺、裕竜寺、石崖寺喇嘛为二班。以鲁班寺、永安寺、广德寺、昭慈寺、洪济寺、广善寺、羊圈寺喇嘛为三班。以崇隆寺、永宁寺、写儿尕寺、赞林寺、宝净寺喇嘛为四班。隔三年来京一次。庄卫红山堡、报恩寺喇嘛隔五年来京一次。

西藏地方每年遣使向中央政府朝贡一次。规定达赖喇嘛和班禅额尔德尼隔两年遣使入京朝贡，表示臣属于中央政府。此制始于明朝，清朝因袭施行。道光十九年（1839），规定隔两年，轮班遣使进京一次，路线多取道西宁至京，居西黄寺，多在十二月，念时轮经前，次年元旦次日，进丹舒克。贡物有哈达、铜佛、舍利、七珍、八宝、银塔、银轮、金字经、珊瑚、琥珀、数珠、藏香、藏红花、氆氇。昌都帕巴拉活佛五年入贡一次。达赖和班禅间年派堪布为贡使，西藏堪布进贡来京，多带货物，凡经过内地省份，例派官员沿途护送，贡物数目、重量，行前报驻藏大臣，发给编号木牌。甘肃河州等地活佛，康熙二年（1663）规定三年进贡一次。四十二年（1703）规定为五年进贡一次，并分为四班，按期进贡。在中国历史上，是体现地方对中央臣属关系的一种特定的制度，不是可行可不行的事，进贡有定制，违者查处。清朝政府通过朝贡，对活佛的怀柔，厚其赏赉，以表彰其对朝廷的忠诚。如不朝贡，不纳贡赋，恣意妄为，就得查办。这是明清以来中央政府对地方管理的制度。

清朝对活佛给予种种优待，规定喇嘛不服徭役，不纳赋税，尤其对高僧大活佛更是优礼倍加，不仅给高僧活佛特权，而且还封其亲属，如七世达赖喇嘛噶桑嘉措，康熙五十九年（1720）由延信等护送入藏，其父母随同前往，到拉萨以后，清朝政府于 1729 年封其父索诺木达尔扎（即索南达结）为辅国，汉文史料称作"佛公"。噶厦政府还给其家很多庄田、农奴，其遂成为西藏的桑珠颇章大贵族。从此历辈达赖喇嘛的转世，对其父封公爵，成为定制。其家庭成为世俗大贵族。十三世达赖喇嘛于光绪五年（1879）坐床，清朝政府封其父贡噶仁钦为公爵，赏戴宝顶子，着孔雀翎。噶厦地方政府拨给许多庄园和农奴，遂成为西藏朗敦大贵族。受封之佛公多有权势，如七世达赖之父就曾左右政局，噶伦之争及康济鼐被害均与其有关。十四世达赖之父祁却才仁因支持爱国的摄政热振而被分裂分子毒死。

高僧活佛要为国家与皇帝进行法事活动，祈祷祛病消灾、平安、丰收等。五世达赖于康熙十三年（1674），说："我本喇嘛，惟当诵经，祝佑圣躬康豫，威灵远播，国祚绵长。"章嘉呼图克图曾在宫中为清朝皇帝念经，"祓去邪祟"，迎接吉祥。活佛随营为"散祟"念经。在顺治二年（1645）皇帝外出，就有随宫喇嘛，喇嘛在安营扎寨时念经以清净地面，支建营盘幄帐完，再念"散祟咒"，清帝这才入营驻扎。这种制度直到光绪二十六年（1900）才停止。据说在清代"随营"的只有蒙古喇嘛察汉达尔罕呼图克图。第一世察汉喇嘛顺治二年（1645）降清后为清朝屡建战功，随征准噶尔以及西藏等，从二世至五世察汉喇嘛随营担任向导、侦察以及劝降等工作，察汉喇嘛在北京住在德胜门外察汉庙，也称黑寺，因为他屡建战功，清政府准许他的寺庙使用黑琉璃瓦，所以取名黑寺。传说寺庙的顶、瓦用黑色表示杀死敌人多，功劳大。他实际上是为清政府服务的僧官。高僧活佛作为僧官出现，既享受佛教中的贵族生活，在佛教内部取得荣誉权力地位，同时也享有世俗官吏的特权，使活佛变得世俗化，在这个基础上转世。活佛与统治者结合在一起，也就是说，活佛要依靠世俗统治者以树权威，并取得法律支持。而世俗统治者也需要用佛教来神化现世，维护统治。即所谓"人权神授"。在西藏和一些蒙古地区佛教权力与世俗权力结合，共同强化信仰，既使用佛教的教权（神权），又使用了世俗的权力，显然，在这种双重权力之下的信仰，很难说是自发的、自愿的信仰，也难以实现真正的信仰自由。

第二节　活佛转世的斗争

活佛转世，即按活佛生前提供的线索或别人虚构的线索，以及生日时间、属相、辨认前世活佛的生活用品和法器等来寻找转世幼童，对寻得的幼童进行排队、筛选，然后进行金瓶掣签选定。由于活佛在社会上地位很高，对蒙藏地区的政治有很大的影响，因此上层僧俗往往为巩固和扩展自己的权势，而在争立大活佛转世灵童上进行复杂的斗争。

一、教派斗争与活佛转世

活佛转世是西藏教派斗争中的一个重要方面。信奉并支持噶玛噶举派的藏巴汗反对格鲁派，禁止格鲁派的哲蚌寺和色拉寺的喇嘛参加由宗喀巴创立的每年正月举行的拉萨大昭寺的默朗木大会。明嘉靖十六年（1537），直贡本勤衮噶仁青率军进攻格鲁派的甘丹寺，由于支持格鲁派的第巴古雪巴等的军队的抵抗，没有能达到主要目的。但却抢占格鲁派从止贡到墨竹工卡之间的18座寺庙，强迫格鲁派改奉噶举派，并强迫格鲁派僧人放弃黄色僧帽，谓之"变帽"。

明万历三十三年（1605），藏巴汗与直贡本勤衮噶仁青联合打败格鲁派的第巴古雪巴，在哲蚌寺和色拉寺的后山杀死僧俗5000余人。使哲蚌寺和色拉寺的喇嘛被迫向北逃亡到达隆寺，寺主夏冲·阿旺朗杰不仅让他们住在寺内，还供应食品，并派人跟藏巴汗说情，允许哲蚌寺和色拉寺的僧人回原寺。四世达赖逝世以后，他的强佐（管家）索南饶丹和吉雪第巴措结多吉集合前藏支持格鲁派的各宗各豁卡的兵力和蒙古的骑兵，击退了藏巴汗的军队，随后形成双方对峙的局面。由夏冲·阿旺朗杰等人从中调停，藏巴汗答应将甘丹、色拉、哲蚌三大寺的庄园退还，被强迫改宗的寺庙仍信格鲁派，但是不允许四世达赖喇嘛转世。明神宗万历四十六年（1618），藏巴汗推翻帕竹第斯政权以后，以武力迫害格鲁派，再次入侵哲蚌寺，捣毁了三世达赖索南嘉措的灵塔，抢劫了灵塔上的金银珠宝。随后藏巴汗突然患病，许多藏医都没有能治愈他的病，听说四世班禅罗桑曲结精通医学，建议藏巴汗请罗桑曲结来治病，藏巴汗为了活命，迫不得已派人前往请罗桑曲结，经过罗桑曲结精心的治疗，藏巴汗的病果然痊愈，为了对罗桑曲结表示感谢，他要给予一定的报酬。罗桑曲结不受，仅提出一个条件，即要求藏巴汗允许四世达赖云丹嘉措转世，藏巴汗只好答应。

第五世达赖喇嘛时期，也是格鲁派取得统治地位时期。噶当派的寺庙都变成了格鲁派的寺庙，活佛在寺庙内进行转世。喀尔喀多罗那他是觉囊派，转世为一世哲布尊丹巴。这时觉囊派所依仗的西藏藏巴汗已被消灭，格鲁派在西藏占统治地位，对于反对格鲁派的僧俗势力严厉打击，将觉囊派寺院达丹彭措林寺改为格鲁派的寺院，改名为甘丹彭措林寺。哲布尊丹巴从五世达赖喇嘛学经，五世达赖向他提出改宗格鲁派，否则不承认他的活佛地位，所以一世哲布尊丹巴不得不放弃觉囊派，改信格鲁派，并成为格鲁派的转世活佛。从此觉囊派改宗为格鲁派。

二、转世与争权

在历史上，格鲁派争权夺利斗争屡见不鲜，尤其是西藏形成政教合一制度以后，僧俗大农奴主为了夺取权力，图谋较长时间以摄政掌政，致使达赖早亡，如九世达赖仅活到11岁，十世达赖活到22岁，十一世达赖活到18岁，十二世达赖活到20岁，他们都在少年或青年时期夭折，有些著作说是因病而逝，但亦有的说是非正常死亡。这几世达赖喇嘛可能是统治者争夺权力的牺牲品。据《清实录》记载，道光二十四年（1844），十一世达赖7岁时颈上受伤，流血不止，该诺门汗知而不办，其中情节尤属可疑。仍著该大臣会同班禅额尔德尼等集合全案人证逐一严讯，取具确切供词。一经审实，即将诺门汗历得职衔、名号全行褫革，仍追敕剥黄。名下徒众，全行撤出庙内，赀财先行查封。其达赖喇嘛受伤情由，并著提同随侍之森琫及服侍之堪布等悉心研鞫，务得实情具奏，往往年幼的达赖喇嘛为摄政的活佛所操纵。光绪二十一年（1895），十三世达赖喇嘛土登嘉措亲政，二十五年（1899），发生所谓"阴谋杀害达赖"的事件，据说摄政第穆呼图克图阿旺罗桑成烈，卸职后退居丹吉林寺静修，其侄诺布才仁对达赖亲政不满，勾结琼结之巴日佛和尼雅珠佛，仍请降神，看出以符咒陷害达赖，发现后逮捕了诺布才仁，审讯后他供认了经过。第穆听到破案，即暴病而死。另一种传说是：十三世达赖喇嘛亲政后，为了避免前几世达赖早逝的命运及消除异己势力，达到真正掌政，借护法神之口诬摄政第穆呼图克图阿旺罗桑成烈阴谋不轨诬咒达赖，然而，达赖只罚第穆闭门修行，但是终被人诬将第穆活佛禁在狱中含冤而死，并查抄其财产，革除第穆呼图克图名号，不准其转世，从而确立达赖喇嘛在西藏的统治地位。但是十三世达赖之死也成了历史疑案，据说他是吃了乃穷护法神进献的药品后不久去世的。

西藏近代史上的政治斗争日趋复杂、激烈，曾经发生两次热振事件。第一次在道光二十七年（1847），道光以三世热振呼图克图阿旺益喜次臣嘉措（1818～1876）任摄政，掌办商上事务。由于热振治理藏政有功，曾多次受到清政府的嘉奖。咸丰五年（1855），十一世达赖逝世，他再度任摄政。同治元年（1862），卸任噶伦霞扎哇·旺曲结布欲夺摄政之职，贿赂当时的哲蚌寺的杰巴堪布，进行阴谋活动，杰巴堪布给热振呼图克图呈一文，请示对于哲蚌寺的扎巴布施是发钱还是发物，热振活佛批示发物。该堪布便在哲蚌寺造谣热振活佛"克扣布施"，鼓动哲蚌寺的僧人反对热振活佛，并到热振摄政府前吵闹，事态扩大，哲蚌寺僧人打开布达拉宫的弹药库，取出火炮，向摄政府轰击，热振活佛聚众开枪还击，并向驻藏大臣报告。第二天热振活佛被迫携印取道青海到北京，向清朝政府控诉此事的原委。而驻藏大臣未经详查即参奏诏黜呼图克图名号。次年热振在北京圆寂。清朝政府根据驻藏大臣的报告，又听了众喇嘛禀诉，才知实情，准其转世。第二次热振事件是：1933年，十三世达赖圆寂，1934年五世热振活佛江白丹益西丹巴坚赞经中央政府批准出任摄政，掌管西藏政教事务，赐"辅国宏化禅师"。具有爱国反帝思想的热振摄政后，在灵童寻认及坐床方面做了两件大事，第一件事是督建十三世达赖灵塔，耗金1.887万两，历时两年建成。另一件事，是寻获十三世达赖转世灵童，并请中央政府派特使来参加十四世达赖灵童的验视和主持坐床大典。1939年国民政府蒙藏委员会委员长吴忠信赴藏主持和监视了十四世达赖灵童的验视及坐床典礼，当时帝国主义及西藏亲英分子极力破坏。当吴忠信到西藏才发现原呈报三名灵童仅只是一个灵童，立即提出必须亲自验视，同时令西藏呈报中央批准免掣，否则不予承认。吴忠信所提条件终被西藏政府接受，但在坐床席位上他们却节外生枝，亲英分子妄图压低吴忠信的身份。吴忠信以中央代表身份据理力争，终于胜利，取得了与达赖座位平行的左方面南之座。现据吴忠信所著《西藏纪要》记载，其座位被摹绘如图。

第八章 披着袈裟的僧官与转世纷争

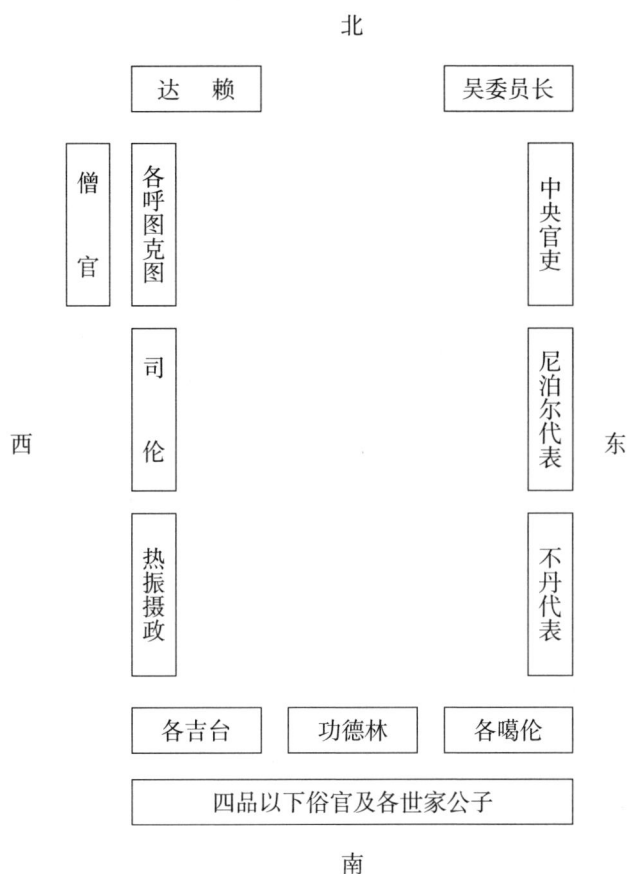

当时,英国人见破坏坐床的阴谋失败,一气之下没参加坐床典礼。

在爱国的热振摄政期间,一些反对热振的亲帝分裂分子,先制造谣言诽谤热振活佛,继而又阴谋利用宗教手段,唆使乃穹降神,妄图以所谓"神谕"迫使热振下台交出政权。史料说明,迫使热振下台是亲帝分裂分子达扎等蓄意已久的政治阴谋。据载,降神喇嘛说:"若继续任职,对其本人不利,若辞职回寺静修,就能消除凶兆。"迫使热振活佛提出离职三年,并向国民党中央发电呈报辞退摄政。1941年经中央政府批准,以达扎·阿旺松饶土多旦巴杰增代理摄政。他是一个地位较低的活佛,任过热振的经师,在热振摄政时被提拔为十四世达赖的副经师。三年代理期满,达扎不愿卸职,从此与热振活佛的矛盾日益激化。国民党政府暗地里支持热振夺回摄政之职,西藏社会上的广大爱国僧俗人士也要求热振再次出任摄政。但达扎在帝国主义明里暗里的支持、策划下，为了保持其地位，于1947年制造诬陷热振"谋叛"的假证据，将热振活佛逮捕，于是支持热振的色拉寺的喇嘛和藏兵交战，相持数日，最后藏兵攻下色拉寺，并将热振活佛毒死（亦有说勒死）在布达拉宫夏钦角的牢房里。藏兵包围了热振寺，激战七天七夜，热振寺被占领。西藏地方政府宣布取消热振活佛的名号，不准转世，并没收其财产，达扎等人还将与热振活佛有密切关系的十四世达赖之父祁却才仁毒死。

亲帝分裂分子以窃夺的权力倒行逆施，摄政的达扎于1949年和英美帝国主义及其追随者印度政府等策划制造了"七月八日"事件，即以"防共"为名驱逐国民党蒙藏委员会驻藏办事处人员的事件，妄图断决与中央的政治关系，遭到当时国民政府及中国共产党的揭露和谴责。1950年1月，西藏地方政府与帝国主义分子又策划组织了所谓"亲善使团"拟赴英、美、尼泊尔、印度，制造西藏独立，我中央人民政府予以严词揭露。为了尽早驱逐帝国主义势力出西藏，实现和平解放，在劝和手段失效之后，我人民解放军渡过金沙江，一举歼灭藏军的主力军5000余人，藏军第九代本格桑旺堆在宁静宗宣布起义。昌都地区的解放，给帝国主义和西藏反动上层分子以沉重的打击。1950年11月西藏地方政府开会研究对策，通过降神之神谕迫使摄政的达扎下台。十四世达赖喇嘛亲政。派出了以噶伦阿沛·阿旺晋美为首的西藏噶厦政府代表5人，与中央代表会谈，签订《中央人民政府和西藏地方政府关于和平解放西藏办法的协议》十七条。从而将帝国主义势力驱逐出西藏，使西藏得到和平解放。通过摄政达扎及首席噶伦然巴两个上层活佛掌政后的反动行径，可以看出此类活佛一旦窃权得势，就会干出分裂祖国等违背藏族人民愿望的罪恶勾当，但终究要落得多行不义必自毙的可耻下场。

三、世俗统治者为活佛转世引起的纷争

高僧活佛在蒙藏社会上有着很高的地位，享有政治、经济的特权，有着举足轻重的影响。统治者为了巩固自己的统治地位，往往操纵高僧活佛的转世，形成明争暗斗局面。如一世哲布尊丹巴入寂，土谢图汗派人到北京及西藏等处进行活动，以逼使一世哲布尊丹巴转世在土谢图汗之家。但是车臣汗则认为，过去一世哲布尊丹巴已在土谢图汗家出生，现在其转世应在车臣汗家了。于是

双方发生争执，最后雍正皇帝决定仍以土谢图汗之子为二世哲布尊丹巴。二世哲布尊丹巴呼图克图入寂以后，喀尔喀蒙古王公贵族对哲布尊丹巴的转世发生争执，蒙古诸王相争相陷，其部下亦效诸王，组党树帜，相嫉之余，暴行压虐，无所不至。清朝政府既虑蒙境之争，须资镇抚，又恐哲布尊丹巴呼图克图之权力过重，难以慑服，遂降诏：当转世在西藏。喀尔喀王公贵族仍欲力争，要按哲布尊丹巴的遗言，坚持转世于蒙古。土谢图汗致书于驻京章嘉呼图克图，申述哲布尊丹巴应转世于喀尔喀。在库伦喇嘛集会时提出哲布尊丹巴转世西藏，但请移居多伦诺尔，费用由清政府支给。以此要挟，要求皇帝改变旨意，但皇帝仍坚持哲布尊丹巴转世在西藏。三世哲布尊丹巴逝世后，土谢图汗妻怀孕，企图将三世哲布尊丹巴转世于本家，结果其妻所生竟是一女婴，其转生喀尔喀之志遂绝。道光二十二年（1842），据车林多尔济上奏，四世哲布尊丹巴入寂，额尔德尼商卓特巴那旺吹木玻勒违旨，前往喀尔喀地方寻访四世哲布尊丹巴转世灵童，清朝政府已规定，从三世哲布尊丹巴呼图克图的转世起皆出西藏，其寻访哲布尊丹巴的转世灵童由达赖喇嘛、班禅额尔德尼从西藏寻访。商卓特巴明明知道这规定，却字寄四部盟长，令其在喀尔喀寻访转世灵童。因此清朝政府重申，哲布尊丹巴呼图克图转世仍遵前旨，由藏寻访，将额尔德尼商卓特巴那旺吹木玻勒交库伦办事大臣严行查办。

  从哲布尊丹巴呼图克图转世之事中反映出，统治者均为使自己子弟获得活佛的地位，进行种种活动，除大活佛转世发生了纷争外，一般活佛也发生了纷争。这是因活佛在社会上的地位比较高，家族中有人转世为活佛不仅是荣耀，而且在一定范围内掌握神权和经济实力。如清光绪年间，土默特左旗葛根庙的活佛，是达尔汗旗人，圆寂后，由于该庙财产奇巨，富足异常，土默特左旗王爷与该庙的商卓特巴嘎勒僧诺尔布商定，欲将王爷的儿子定为转世活佛，于是王爷派了一名王府官员和商卓特巴嘎勒僧诺尔布赴西藏，请达赖喇嘛指定为转世活佛。然而从葛根庙去西藏学经，并获拉然巴格西学位的那木铁蒲尔勒也进行活动，结果达赖喇嘛指定前世活佛达尔汗旗的后裔为转世灵童。在这样的情况下，土默特左旗的商卓特巴嘎勒僧诺尔布用金银财宝四处通贿，买通了大活佛扎勒欺赍，他编造出葛根庙的活佛其灵魂已经分化为左、中、右三位，并转生了三个人，达赖喇嘛所指的达尔汗旗的孩子是左位，土默特左翼旗王爷之子是中位，而中位居上。这样王爷的儿子名义上就有了当活佛的资格。商卓特巴回到寺庙后，宣布了寻访灵童的结果，这样寺内有支持达尔汗旗孩子为活佛的达旗派，有支持土默特左旗王爷孩子的王爷派，斗争非常激烈。有一天夜里，王爷派的喇嘛将达旗派的首领喇嘛杀了，于是事情越闹越大，越来越严重，王爷以此为借口，派兵前来镇压，实际上是保护王爷派的喇嘛，将达旗派的首领大喇嘛等十余人拘禁起来，这样做激怒了达旗派，以萨尼喇嘛为首的达旗派选出 30 多名代表去承德告状。土默特王闻之，亲自出马，带着银子到北京向西太后活动。西太后下令将承德告状的喇嘛严加惩处，杀十余人，余皆判罪。在西藏获拉然巴格西学位的那木钦蒲尔勒带着达赖喇嘛的函件从西藏归来，将葛根庙中的达旗派喇嘛 2000 余人领到达尔汗旗建立了新庙。迎达尔汗旗的转世活佛进了新寺，然后又亲自赴北京上告。由于他在北京四处活动，结果将葛根庙的商卓特巴噶勒僧诺尔布逮捕。王爷派将王爷的儿子迎入葛根庙为转世活佛。商卓特巴被捕后，王爷派虽然活动，但官司打输了。到袁世凯上台，为拉拢蒙古王公，又因土默特旗王爷的活动，把商卓特巴放了出来。王爷派又占了上风。那木钦蒲尔勒上告失败，死于达尔汗旗。"九一八"事变后，日本帝国主义侵占了我国东北，达尔汗旗那木钦蒲尔勒的侄子甘珠尔扎布，是投靠由日帝扶持的伪满洲国的军界要人，他利用并勾结关东军的力量，将葛根庙王爷的儿子从庙中撵出去，把达尔汗旗新庙的活佛送进葛根庙，活佛转世的纷争最后才算结束。由此可见，寻访转世灵童，不仅是寺庙内部的事，还与世俗统治者有着密切的关系。一些寺庙寻访转世灵童时，往往在贵族施主家族中去寻找，因为贵族施主是地方首领，具有政治、经济实力，寺院在政治上可以依靠，在经济上能从中得到可靠和丰厚的收入。这样就使地方势力与寺院相结合，加强了宗教的势力。因此很多活佛转世寻访在贵族家庭中，造成统治阶级之间明争暗斗。世俗贵族从政、教两方面捞取利益。

四、僧俗联合发生转世纷争

活佛的转世，不单是佛教内部的问题，更重要的是社会政治问题。佛教首领和世俗领主是封建社会神权与俗权的两大支柱，他们联合操持政权，因此活佛转世过程出现的纷争，既来自佛教内部高级僧人，也来自封建贵族，有时僧人与贵族利益的暂时结合，导致在活佛的转世中形成激烈的斗争，例如，拉卜楞寺寺主一世嘉木样于康熙六十年（1721）入寂，因纷争致使嘉木样入寂后 20

年才迟迟转世，这恐怕是活佛转世拖延时间最长的。和硕特部的黄河南亲王为此积极谋取嘉木样活佛转世，征求拉卜楞寺僧众的意见，嘉木样活佛的大弟子赛仓俄昂扎西反对，于是转世问题迟迟不决。亲王在雍正十三年（1735）逝世，王妃南吉卓玛以施主的身份与拉卜楞寺僧俗商量，尽快寻访转世灵童，拉卜楞寺的总法台赛仓俄昂扎西为首的僧人以遵照嘉木样不转世之临终之言，来反对进行转世。而以襄佐德瓦仓为首的僧人，从拉卜楞寺的地位及其发展前途考虑，希望进行转世。这两派的意见分歧，相持不决，导致寺内不平静。王妃支持以德瓦仓为首的僧人，一面派人赴藏取得达赖喇嘛的支持，东科尔活佛提供嘉木样转世的异兆，指出其母入梦，知其子是身、口、意三化身中之意化身。系阿底峡显身。雍正十三年（1735），派人携带嘉木样生前用品、器物往吉塘日辍，时岗察头人（东科寺活佛福海之弟）俄昂南加三子俄昂坚参进行验视，认为确是转世。乾隆六年（1741），王府派人禀报达赖，翌年致书拉卜楞寺，召集僧众聚会商量，在僧众的支持下，将转世的呼毕勒罕迎入寺内，举行了坐床典礼。

内蒙古奈曼旗蒙楚格庙第四世察罕活佛转第五世时发生纷争，出现两派，一派是第四世活佛的世俗家族，认为转世应该在阿鲁科尔沁旗色底达尔玛家中，持这种意见为首的是奈曼旗达尔结扎兰，他认为色底达尔玛的儿子能认识第四世活佛使用过的遗物，如念珠、茶壶、经卷等；确信其是转世灵童。另一派主张转世在巴林右翼博和扎布家中，即博和扎布之孙，根丕勒梅伦之子名叫罗布桑，其理由是四世活佛的遗体被焚化时，其烟火指向西北，这就是灵魂向巴林右翼旗去的预兆。其次，甘肃拉卜楞寺的活佛扎木彦沙达巴已指定根丕勒梅伦儿子为转世灵童。在阿鲁科尔沁旗，掌权者也有两种意见。以阿鲁科尔沁王为首的支持转世在阿鲁科尔沁旗色底达尔玛家中的孩子为转世灵童。以管旗章京根丕勒的妻弟那达木德为首的支持罗布桑为转世灵童。双方各持己见，纷争不决，愈演愈烈。阿鲁科尔沁王虽身为盟长，也不能独断，于是召集十一旗王公举行盟会，在会中奈曼旗王列举各种理由和事实认为根丕勒之子是第五世察罕活佛转世灵童，盟会上决定下来了。但博和扎布认为这是争执而来的活佛，很不高兴，他想自己的孙辈是独生子，不愿意让孙子去当活佛，于是他不服从盟会的决议。但盟会决定下来的命令他必须遵守，否则要逮捕惩办。但是博和扎布坚持意见，去热河上诉。奈曼旗王鉴于事情无法解决，遂到北京托人在清朝皇帝面前奏明。经过皇帝的准许，令热河副都统嘱巴林右翼旗通知博和扎布，将其孙子罗布桑送蒙楚格庙当活佛,并令阿鲁科尔沁盟长处罚博和扎布牛马45头,以违抗盟令决议,博和扎布就此不敢坚持,只好服从。此次纷争才告结束。

五、达赖与班禅之间的矛盾与冲突

西藏分前藏、后藏。前藏以拉萨为中心,称卫,达赖喇嘛管理前藏。从地理上说,后藏以日喀则为政治中心,称为藏,雍正六年(1728)时,清中央曾几次旨令班禅管辖后藏和阿里,但班禅最后只同意掌管拉孜、昂仁及彭措林三个宗。达赖喇嘛在前藏领导噶厦政府,班禅在后藏领导堪布会议厅,这是两个平行的机构。但是到20世纪20年代,帝国主义的挑拨离间,导致了达赖对班禅的猜忌。特别是1910年达赖喇嘛逃奔印度,由甘丹寺池巴策满林呼图克图摄政。清朝政府革去十三世达赖喇嘛的名号,引起佛教徒的反对,驻藏大臣联豫把班禅请到拉萨,请他主持西藏政务,这时他觉察到拉萨上层喇嘛对他不欢迎,因而拒绝,回到了札什伦布寺。1911年辛亥革命,驻防拉萨的川军内部发生内乱,噶厦地方政府与川军对立,迫使川军撤回内地。1912年达赖喇嘛返回拉萨,这时达赖喇嘛与班禅额尔德尼之间的关系开始恶化,英帝驻藏专员贝尔唆使达赖征后藏税收扩军,强迫后藏承担,噶厦地方政府向班禅管辖的地区强派粮款,征兵征税,粗暴地干涉班禅所管辖地区的事务,并派总管接管班禅管辖的日喀则地区,强迫支乌拉,迫使班禅承担约25万斤军粮和10万~15万两藏银。班禅派人前往拉萨,与噶厦进行谈判,要求免征,噶厦地方政府不予接受。班禅大师的陈述遭到拒绝,他的几位重要大臣被拘入狱,班禅及属下人的生命安全受到威胁。在这种情况下,班禅于民国十二年(1923)11月15日晚被迫出走,离开了西藏,达赖喇嘛乘机将札什伦布寺统一在噶厦地方政府的管辖之下,派古觉大堪布罗桑丹增代替班禅掌管政教事务。班禅大师到达内地,受到国民政府和广大僧俗的欢迎,他在内地,在蒙藏地区为了抗日战争的胜利,为了国家统一、民族团结做出了有益的贡献。后来十三世达赖于1933年10月入寂,九世班禅大师向中央政府请求返回西藏,西藏的广大僧俗也盼望着班禅大师早日返回。九世班禅于民国二十四年(1935)行抵青海,经锡塔尔寺采买粮秣,购置马匹行装,筹措入藏事宜。噶厦政府虽允许班禅回藏,但提出不许汉族官兵护送入藏,谈判达不成协议。民国二十六年(1937),九世班禅在青海玉树入寂。中央政府为九世班禅举行祭祀仪式之后,开始寻访九世班

第八章 披着袈裟的僧官与转世纷争

禅转世灵童,班禅堪布会议厅寻找到了青海地方名叫官宝慈丹的灵童,并迎往塔尔寺供养。西藏提出两名幼童,一名为塔尔寺幸穹地方人,名叫切穹扎喜,另一名为西康八宿擦马川岗地方的人,名叫拉玛。噶厦政府提出要把三名幼童迎入拉萨进行金瓶掣签选定。班禅堪布会议厅认为官宝慈丹灵慧异常,聪明过人,并已经过十三世达赖的经师和热振活佛打卦,以及降神、占卜,又能正确选取九世班禅所使用过的物品等,是不允怀疑的,不必举行金瓶掣签仪式,并已呈报国民政府行政院。西藏噶厦地方政府与班禅堪布会议厅发生争执。此事反映出,西藏噶厦一面在九世班禅生前反对其返藏,一面在九世班禅去世后又想抓住其转世的认定权。堪布会议厅认清事态,遂即请民国中央政府速做裁断。噶厦政府中的亲帝分离势力极力破坏堪布会议厅所认定的班禅转世的权力。他们制造各种借口加以反对,说什么九世班禅曲吉尼玛于1937年12月1日入寂,官宝慈丹在1938年1月3日诞生,相距只有两个月,认为转世怀胎要十个月才能诞生,在班禅达赖转世过程中没有先例;但是班禅堪布会议厅以及佛教人士认为,活佛转世,其灵魂可以依附在别人的身上进行转世,是符合佛教教义的,加以反驳。随后在1948年,西藏噶厦政府连续召开了十余日会议,会上竟有一撮用心险恶之徒主张废除班禅名号,不准转世,由此激起了藏族众多僧人的反对。在这种严重政治斗争的形势下,班禅堪布会议厅于1949年派人赴广州向国民党政府请求命令免于掣签,批准十世班禅。国民党政府于1949年6月3日在广州颁布命令,批准青海的官宝慈丹为九世班禅的转世,免于掣签。8月10日,派蒙藏委员会委员长关吉玉到西宁主持十世班禅坐床大典,至此,得到中央的批准,取得合法身份。

1949年10月1日中华人民共和国成立。班禅从青海致电毛主席、朱总司令:"西藏解放,指日可待"。1951年4月29日,中央人民政府与西藏地方政府的全权代表在北京谈判西藏和平解放的问题,其中指出几十年来西藏内部,达赖和班禅不团结,直至分裂。关于班禅问题,这次谈判不能不谈。据说西藏地方和谈代表来北京的谈判中不谈班禅大师返藏问题。中央人民政府的代表认为班禅大师返藏问题是中央与西藏和平谈判的一个重要组成部分,必须在谈判中取得统一认识并明确解决。经双方商谈,最后达成关于达赖喇嘛和班禅额尔德尼之间的和解办法,在十七条协议的第五条规定,"班禅额尔德尼的固有地位及职权,应予维持"。第六条,"达赖喇嘛和班禅额尔德尼的固有地位及职权,是指十三世达赖喇嘛与第九世班禅额尔德尼彼此和好相处时的地位及职权"。文中所说的"和好相处时"是指光绪二十三年（1897年）。5月24日，毛泽东主席在中南海怀仁堂举行盛大的宴会，庆祝和平解放西藏办法的协议的签订。毛泽东主席致辞说："现在，达赖喇嘛所领导的力量与班禅额尔德尼所领导的力量与中央人民政府之间，都团结起来了。"十世班禅于5月30日主动给十四世达赖喇嘛发了致贺电报，表示："愿协助您和西藏地方政府，彻底实行协议，为和平解放西藏奋斗。"7月19日，十四世达赖喇嘛给十世班禅额尔德尼回电："此间我卜卦所得良好征兆，您确是前辈班禅化身。"这表示达赖喇嘛在宗教上对十世班禅转世的承认。为了贯彻执行协议，十世班禅于1951年12月19日在中央人民政府指令牙含章同志的护送下进藏。1952年4月12日抵达拉萨，与达赖喇嘛在布达拉宫会晤，结束了30的分裂，恢复了关系。6月23日，到达后藏札什伦布寺。由于以前札什伦布寺以及班禅大师所辖宗谿的一切政教事务被噶厦政府接管。根据协议中关于班禅额尔德尼的固有地位和职权应予维持的决定，噶厦政府将札什伦布寺所辖宗谿权力归还给班禅，举行了噶厦政府同班禅堪布会议厅之间的谈判，解决了双方之间存在的历史悬案。堪布会议厅接管了噶厦政府移交的权力，恢复了班禅固有的地位和职权，实现了十四世达赖喇嘛和十世班禅额尔德尼的和解。

第九章 主要活佛世系

活佛是被佛化了的人,神秘的宗教色彩,使人认为他们高深莫测,信徒们拜倒在他们的脚下。他们普度众生,为在世之人编织了一幅死后才有可能见到的"极乐世界"图景,为人们憧憬来世"美好生活"起着精神的安慰作用。其实他们的活动,并不仅仅是佛教活动,而是涉及社会生活、政治、经济、文化各个方面。因此以主要高僧活佛的传略,反映转世活佛的经历。

第一节 达赖、班禅世系

据说格鲁派创始人宗喀巴(1357～1419)是文殊菩萨即代表智慧的化身。他对西藏佛教各派的弊端,进行变革,恢复佛教的纯洁性,以噶当派教义为基础,吸收其他教派的一些内容,提倡学行并举、显密并重,主张僧人重苦行,严持戒律,学经遵循次第,禁止僧人娶妻和参加生产劳动,加强寺院组织和管理制度,创立格鲁派,教派以弟子传承,不久以化身传承,于是出现了双轨制的传承,以后过渡到活佛转世制度。宗喀巴的传承,后来分成两大转世系统,即达赖喇嘛和班禅额尔德尼,对其活佛传略简介如下:

达赖喇嘛是格鲁派中最大的活佛,被称为观世音菩萨的化身。也是格鲁派中最早开始的活佛传承。

一世达赖喇嘛根敦朱巴(1391～1474)出生在后藏萨迦寺附近的霞堆地方,初名白玛多杰,有兄弟姊妹五人,根敦朱巴位居第三。他7岁丧父,因家贫，即去纳塘寺乞讨僧食。明永乐三年(1405)，15岁时，出家为僧，在纳塘寺十四任住持拜团柱凯珠(一名珠巴喜饶)为师，从珠巴喜饶受沙弥戒(小戒)，取名根敦朱巴，并通晓藏、蒙、汉、梵多种文字。八年(1410)20岁，再拜珠巴喜饶为师，受比丘戒(大戒)，十三年(1415)至前藏山南扎西朵喀听宗喀巴讲经说法，深为感服，拜宗喀巴为师，为宗喀巴最小的弟子。宗喀巴圆寂后，又从嘉曹杰学显宗和密宗。他在前藏居12年、后藏居6年，讲经传法，著书立说。明正统十二年(1447)，得到日喀则宗本乃穹吉巴·班觉桑布及达吉本·索朗贝桑之资助。在日喀则地方建造札什伦布寺，并担任该寺池巴28年。他广泛研习佛教经典，知识丰富、学问渊博，是西藏著名佛教学者，著有《戒经疏》、《毗奈耶要义》、《因明正理庄严论》、《释量论疏》等佛教著作，在札什伦布寺圆寂，享年84岁，由其大弟子斑青·桑布扎喜任札什伦布寺池巴，后被追认为达赖喇嘛一世。

二世达赖根敦嘉措(1475～1542)出生于后藏日喀则西北扎朗地方的达那一农户家。3岁时被索本卓玛哇认定为化身。幼年从父学习宁玛派密法。明成化二十一年(1485)11岁。入札什伦布寺出家为僧，受沙弥戒。1486年受戒后，取名根敦嘉措。明弘治七年(1494)纳塘寺堪布贾哇扎巴诽谤其非达赖转世，而根敦嘉措忍让并在哲蚌寺第八任住持迎接下，于19岁时，住拉萨哲蚌寺学经，九年(1496)21岁，拜乃宁住持嘉样烈巴曲觉为师，受比丘戒，正德四年(1509)在西藏山南地方圣母湖畔(即拉莫拉措)创建群科甲寺。七年(1512)任札什伦布寺第五任池巴(住持)，十二年(1517)应帕竹第司阿旺扎西扎巴及哲蚌寺法王拉日巴等人之请，前往拉萨任哲蚌寺第十任池巴，冬、春住哲蚌寺，夏、秋住群科甲寺。因帕主政权的支持和根敦嘉措传播格鲁派之功，遂于1518年以哲蚌寺住持身份主持一度中断的三大寺参加的传招大会。嘉靖五年(1526)兼色拉寺第九任池巴。帕竹第巴以哲蚌寺之青石殿堂为其驻锡之所，于是乃在哲蚌寺修建甘丹颇章，立管理寺属庄园的第巴制度。1541年在哲蚌寺建阿里扎仓并于当年圆寂，享年67岁，被追认为达赖二世。其灵塔安置于哲蚌寺。有《宗派总论》等众多著作。

三世达赖索南嘉措(1543～1588)生于西藏拉萨西郊堆垅地方玛氏贵族家。哲蚌寺僧众把他认定为二世达赖灵童，4岁迎入哲蚌寺，开始学经，嘉靖二十八年(1549)7岁出家，从堪布索南扎巴受沙弥戒，三十二年(1553)11岁任哲蚌寺第十二任法台，次年主持祈愿大会，三十七年（1558）兼色拉寺池巴，嘉靖四十三年（1564）拜格勒巴桑为师，受比丘戒，云游各地，传法收徒，受蒙古土默特部俺答汗（明封顺义王）邀请，于万历六年（1578）五月抵青海，在仰华寺与俺答汗会见，俺答汗赠给尊号：圣识一切瓦齐尔达喇达赖喇嘛。从此开始以达赖为佛名号，是为三世达赖。追认了一世、二世。当年他致书张居正宰相，向明中央请封。八年（1580）在青海康区等地讲经收徒，建理塘寺和塔尔寺。十一年（1583），赴内蒙古归化城为俺答汗逝世诵经、祈祷、传教、建席力图召。万历十六年（1588），明朝政府派官员赴归化城册封索南嘉措为"朵儿只唱"（意为"执金刚"）。并邀请赴京，未果，在内蒙古卡欧吐密地方圆寂。享年46岁。

四世达赖云丹嘉措（1589～1616）出生于内蒙古土默特部俺答汗贵族之家。被蒙古贵族选定为三世达赖转世灵童。万历二十年（1592），西藏三大寺派出代表到内蒙古确认他为转世灵童，三十年（1602）被迎往西藏，第二年在热振寺举行了坐床典礼，到哲蚌寺拜噶丹池巴根敦坚赞为师，受沙弥戒。三十五年（1607），赴札什伦布寺，向罗桑曲结学经，四十二年（1614）云丹嘉措请四世班禅罗桑曲结到哲蚌寺，拜四世班禅罗桑曲结为师，受比丘戒。云丹嘉措担任哲蚌寺和兼任色拉寺池巴。1616年在哲蚌寺圆寂。时年28岁。

五世达赖阿旺罗桑嘉措（1617～1682）出生于前藏山南琼结之钦瓦达孜地区的一贵族家庭，其父为琼结之第巴（执政官），其母系萨迦本勤阿兰之后裔。初名衮噶拉孜。6岁时，经四世班禅等于热振寺问卜，被选定为四世达赖喇嘛转世灵童。于明天启二年（1622），克服噶玛派的种种阻力。被格鲁派僧众迎入哲蚌寺，五年（1625）9岁拜四世班禅罗桑曲结为师，受沙弥戒，取名阿旺罗桑嘉措。崇祯十年（1637）受比丘戒，加阿吉旺秋名号。任哲蚌寺、色拉寺池巴，并于此年与固始汗相会于大昭寺。为对抗噶玛派对格鲁派的迫害，十四年（1641）与四世班禅遣使赴青海，请固始汗率兵入藏，次年固始汗率兵入藏，征服前后藏，杀藏巴汗，固始汗没收了迫害格鲁派的教派和贵族寺庙的土地和农奴，将一部分赐给格鲁派的大小寺庙。1642年，固始汗迎五世达赖去日喀则，尊之为格鲁派之主，1643年，与四世班禅及固始汗议定遣使赴盛京与后金通好。顺治二年（1645），达赖命第巴新建布达拉宫白宫。在拉萨大昭寺内每年正月举行一次默朗木大会。顺治九年（1652），五世达赖从哲蚌寺出发，到北京朝见，清朝中央政府正式封他为"西天大善自在佛所领天下释教普通瓦赤喇怛喇达赖喇嘛"，并赐金印、金册。从此，达赖喇嘛的封号以及在西藏的宗教地位，得到中央政府的承认和确立。他回藏以后，以皇帝所赐纹银万两新建大寺13所，制定了寺庙的组织机构。1674年反对吴三桂叛清。康熙十八年（1679），委任桑结嘉措为第巴，主持西藏政务。并曾派噶丹才旺率兵收复阿里、格达克。后专心从事著述，撰有著述21函，其中有《西藏王臣记》、《菩提道次论》等，还有《大昭寺志》、《三世达赖传》、《四世达赖传》、《四世班禅传》、《嘉木样法王衮秋群佩传》，有《五世达赖全集》行世，其《五世达赖自传》为著名史学佳作。在布达拉宫圆寂，享年66岁。

六世达赖仓央嘉措（1683～1706）出生在西藏南部门隅地方之拉沃城松的农民家庭，父名札西丹增，母名才旺拉木。自幼随父母劳动，康熙二十四年（1685），经措纳宗本贾雅巴推荐，并经第巴桑结选定仓央嘉措为五世达赖的灵童。二十七年（1688）拜五世班禅为师受戒，三十七年（1698）被迎入布达拉宫，他学习哲学、诗歌、历算等，著作不少，特别是《仓央嘉措情歌》在西藏民间广为流传。康熙四十四年（1705），拉藏汗举兵攻杀第巴桑结，拉藏汗向清朝请求废第巴桑结所立六世达赖仓央嘉措，康熙命将仓央嘉措解往京师。四十五年（1706）在青海途中死去，时年24岁。

七世达赖格桑嘉措（1708～1757）出生于原西康理塘寺附近，五十三年（1714），由理塘移住德格，理塘寺护法神言其为达赖转世，传遍卫藏。先在德格地区保护，五十五年（1716），被青海和硕特蒙古察罕丹津等，先后迎至阿力克温泉、青海湖等地，后被迎至青海塔尔寺。五十八年（1719），受康熙降旨，认其为前世之真正呼毕勒罕，并正式册封，五十九年（1720），皇太子允禵亲授金印、金册，蒙、藏、满三体印文"弘法觉众第六世达赖喇嘛"。后随清军入藏，在布达拉宫坐床，拜五世班禅罗桑益喜为师，受沙弥戒，入哲蚌寺学经。1724年雍正帝又赐汉、满、蒙、藏四体文金印"西天大善自在佛所领天下释教普通瓦赤拉怛喇达赖喇嘛之印"。雍正十三年（1735），返回拉萨，管理宗教事务。后移居康区惠远寺，居5年，此寺为清帝以14万两白银特为其建造，又曾奉命派僧人赴京建雍和宫四扎仓。乾隆十五年（1750），配合清军平息珠尔默特那木扎勒叛乱，稳定了西藏政局。十六年（1751），受清政府令，掌管西藏地方政权，受命设四噶伦，并奉命发布《酌定西藏章程》十三条。开创西藏政教合一的地方政权。1757年于布达拉宫圆寂。时年50岁。

八世达赖强白嘉措(1758～1804),生于后藏托布加地方拉日岗的贵族之家。两岁零五个月即被迎往札什伦布寺。乾隆二十七年(1762),5岁,驻藏大臣和西藏摄政第穆活佛等迎其至拉萨,并主持其在布达拉宫的坐床仪式。三十年(1765),拜六世班禅为师,受沙弥戒。四十六年(1781)七月,受乾隆之命亲政。清帝赐汉、藏、蒙、满四体文字之金册及金印。四十八年(1783)于拉萨西郊继七世达赖之后,扩建罗布林卡夏宫。五十六年(1791)廓尔喀侵藏事件后,极力协助驻藏大臣制订钦定章程二十九条,并按《钦定章程》处理政务,稳定了西藏政局。大力整修及扩建大昭寺,大昭寺之大围廊及大量壁画,即始建于此,又支持资助兴建策却林大经堂。1804年圆寂在布达拉宫,时年47岁。著有《达赖喇嘛灵塔志》、《与哲布尊丹巴问答书》等。

九世达赖隆多嘉措(1805～1815),生于西康春科土司之家。免予金瓶掣签,嘉庆十三年(1808)于布达拉宫坐床,拜七世班禅为师,11岁于布达拉宫暴亡。

十世达赖楚臣嘉措(1816～1837)生于理塘仲夺地方,道光二年(1822),经金瓶掣签选定,迎入布达拉宫坐床,拜七世班禅为师。八年(1628)入哲蚌寺学经,十三年(1633)受比丘戒。22岁时暴卒于布达拉宫,一直未亲政。

十一世达赖凯珠嘉措(1838～1855)生于康区打箭炉富户之家。道光二十一年(1841)在驻藏大臣主持下,在布达拉宫举行金瓶掣签选定。次年坐床。二十六年(1846)拜七世班禅为师,入哲蚌寺学经。咸丰二年(1852),在三大寺讲经熬茶。五年(1855)正月受命掌管政教事务,十二月在布达拉宫暴亡,年仅18岁。

十二世达赖成烈嘉措(1856～1875)生于西藏娘布沃噶章细地方大贵族拉鲁家族。咸丰八年(1858),经金瓶掣签选定,九年(1859)迎入布达拉宫坐床。同治二年(1863)拜罗桑钦饶旺觉为师,受沙弥戒。四年(1865),平瞻对部落纠纷,奉旨将上中下三瞻地归达赖管理。十二年(1873),遵旨掌管政教事务。随后到西藏各地讲经说法,十三年(1874)返拉萨举行大召法会,时年20岁,在布达拉宫暴亡。

十三世达赖土登嘉措(1876～1933)生于拉萨东南达布地区朗敦村农家。光绪三年(1877)经清中央政府批准,免于掣签,选定为十二世达赖喇嘛转世灵童。光绪四年(1878)在贡汤德娃尖寺,由八世班禅剃度受戒、取法名,翌年举行坐床典礼。二十一年(1895)经清中央政府批准,掌管政教事务。1904年英帝国主义向西藏发动了侵略战争,攻占江孜,逼拉萨。十三世达赖和九世班禅,高举反帝爱国的旗帜,反对外来侵略。十三世达赖为了抵制英军而去内地。英侵略军以武力迫使三大寺及代理摄政签订了《拉萨条约》。驻藏大臣有泰向中央上报了"弹劾"十三世达赖喇嘛的诬告性奏折。以致错误地革去他的佛名号。十三世达赖于三十四年(1908)到北京,谒见光绪帝及慈禧太后,又赐加封号。宣统元年(1909),达赖返回拉萨,由于与驻藏大臣矛盾激烈,1910年驻藏大臣请求清中央政府,调来2000川军入藏,十三世达赖仓皇出走印度。清廷没有弄清真相,又革去达赖名号。辛亥革命后,明令恢复其达赖封号。1912年他返回西藏,通过西藏驻南京总代表,西藏驻京办事处与中央政府保持了密切的联系。1919年决定新建布达拉宫之印经院,又下令刻印拉萨版大藏经,1920年又建门孜康促进医学、历算的发展。58岁于拉萨圆寂。著有《诗镜三章举例》、《修复大小昭寺志》及《经师楚臣嘉措传》等。

十四世达赖丹增嘉措(1934～)生于青海湟中县祁家村。经中央政府批准,免于掣签手续。1940年,国民党政府委派蒙藏委员会委员长吴忠信入藏,主持坐床典礼。在我解放军解放昌都之后,1950年11月,西藏地方当局开会,迫使摄政达扎佛下台,宣布达赖亲政。十四世达赖写信给毛主席说:在我尚未成年之时,发生了汉藏冲突的事情,甚感痛心,如今西藏僧俗人民同声吁请我亲政,实难推卸责任,不得已于藏历10月8日亲政,盼望毛主席关怀,施恩于我本人和全体西藏人民,并派出全权代表阿沛·阿旺晋美等人与中央人民政府举行谈判,于1951年5月23日签订了《关于和平解放西藏办法的协议》。从此西藏和平解放。1954年,达赖喇嘛参加中华人民共和国第一届全国人民代表大会,当选为第一届全国人民代表大会副委员长。1956年,成立西藏自治区筹备委员会,达赖任主任委员。1959年,西藏上层反动分子发动武装叛乱,挟持达赖逃往国外,进行分裂活动。

班禅额尔德尼是格鲁派中最高的活佛之一,被称为无量光佛化身,在达赖喇嘛开始转世后,即实行活佛转世。

一世班禅克珠杰(1385～1438)生于后藏推堆绛地方的贵族贡噶扎西家。幼年出家拜萨迦派的森格坚赞为师,后又拜高僧仁达娃为师,受比丘戒。得法名克珠杰·格勒巴桑。明永乐元年（1403），到前藏听宗喀巴讲经，受大灌顶，正式拜宗喀巴为师，他学习教法，在多次辩论中获胜。宣德五年（1430）任甘丹寺第三世大法台。八年他建宗喀巴灵塔，著有《宗喀巴传》等。54岁于甘丹寺圆寂，后追认为一世班禅。

二世班禅索朗确朗（1439～1504）生于后藏恩萨地方的农家，幼年到甘丹寺出家为僧，拜甘丹寺池巴巴索曲结坚赞为师。他善于辩论，后从森巴洛垂贝巴学法，遂通显密、佛典教诫，后移安贡寺专事禅修。据说他的十六弟子到后藏各地弘扬格鲁派教义，二世班禅担任安贡寺池巴，与札什伦布寺和扎什甘贝寺建立了密切的关系，安贡寺喇嘛经常到这两寺学经。大家称他为"安贡朱古"。66岁在安贡寺圆寂，后追认为二世班禅。

三世班禅罗桑丹珠（1506～1566）生于后藏恩萨格吉切玛。明正德十一年（1516），在拉仁孜寺出家，拜大德扎巴顿珠为师，受沙弥戒。从极拉热聆听菩提道次第、时轮金刚、大盛德金刚等。又从曲吉罗珍结村学密谛，受灌顶。十六年（1521），后藏发生天花，罗桑丹珠染上天花，后从一位出青曲吉多结喇嘛处得到治天花的秘法，治好了自己的病，并使用这个秘法治好很多人的病。后往札什伦布向罗桑希业诸大德精学显密，他积极弘扬格鲁派，晚年时回到故乡，在安贡寺静修，62岁在寺圆寂。后追认为三世班禅。

四世班禅罗桑曲结坚赞（1567～1662），出生于后藏西部兰周甲一差巴木仓策忍家，初名曲结巴丹桑布。5岁能诵多种经卷，13岁到安贡寺为僧，拜克珠桑结益西为师，受沙弥戒，取法名罗桑曲结坚赞。14岁在寺内学经，参加辩论，当时江孜八郭曲登寺高僧慈诚到安贡寺传法，发现他精通佛经，很有辩才，赠给黄色斗篷一件，僧众认为他是罗桑丹珠转世。万历十一年（1583），任安贡寺池巴，被称为"安贡朱古"。十四年（1586），前往札什伦布寺学经。十六年（1588）拜札什伦布寺池巴班青当秋亚白为师，受比丘戒。次年赴拉萨，到甘丹寺学经，并参加经院辩论，获得了好评。二十六年（1598）回到安贡寺任池巴，二十九年（1601）任札什伦布寺十六任池巴，整饬僧纪、扩建寺庙。三十一年（1603），创立札什伦布寺的默朗木大会，拉萨三大寺请罗桑曲结到拉萨为四世达赖云丹嘉措传授沙弥戒，这是达赖与班禅第一次建立师徒关系。三十五年（1607），创建专修密宗扎仓。先后为札什伦布寺建两座金瓦殿。四十四年（1616）四世达赖卒。他便到拉萨任色拉、哲蚌两寺寺主，并为四世达赖转世奔跑。达赖转世后，将其迎入哲蚌寺，为其授法戒。四世班禅与五世达赖，又建立了师徒关系。由于藏巴汗迫害格鲁派，四世班禅与五世达赖派人到和硕特部，请固始汗率兵进藏保护格鲁派，占领西藏以后，顺治二年（1645）固始汗赠罗桑曲结"班禅博克多"①尊号。从此班禅有了称号。四年（1647）清帝封其为"金刚大师"。四世班禅96岁于札什伦布寺圆寂。札什伦布寺为其建第一座肉身安放的金灵塔。从此开始了班禅活佛转世制度。

五世班禅罗桑益希（1663～1737）生于后藏托嘉竹仓。札什伦布寺派出僧人把他带到寺庙，将四世班禅所使用过的器物与其他器物混杂在一起，让他辨认，仅3岁的幼童能将前世班禅用的物品辨认出来，便被认定为四世班禅的转世灵童。4岁被迎入札什伦布寺。康熙七年（1668），举行坐床典礼。九年（1670），拜五世达赖为师，受沙弥戒。十一年（1672），清圣祖派钦差专程到札什伦布寺看视五世班禅，送来"敕书"和礼物，以表示祝贺。康熙三十六年（1697），给六世达赖喇嘛剪发，取法名仓央嘉措，从此建立了师徒关系。六世达赖仓央嘉措被废，拉藏汗立意希嘉措。五世班禅为其受戒，取法名。五十二年（1713），康熙封其为"班禅额尔德尼"②，赐金册、金印。五十六年（1717），准噶尔部首领策旺阿拉布坦侵扰西藏，他亲临拉萨调处，未果，返回札什伦布寺。五十七年（1718），赴布达拉，为七世达赖③授沙弥戒。雍正六年（1728），受命治理后藏拉孜、昂仁、彭错林等地。75岁于札什伦布寺圆寂。

六世班禅罗桑贝丹（1738～1780）生于后藏南木林宗扎西则豁卡。札什伦布寺寻访转世灵童，找到罗桑贝丹益希，经七世达赖与噶厦政府官员和垂仲降神，确认为六世班禅转世灵童。经清高宗皇帝批准，乾隆五年（1740），被迎入札什伦布寺，拜七世达赖为师。六年（1741），举行坐床典礼。十四年（1749）到拉萨，向七世达赖学经，半年后回札什伦布寺。二十年（1755），七世达赖写信给六世班禅，告之其生病，六世班禅派名医去拉萨为七世达赖治病，无效而卒。六世班禅诵经祈祷达赖早日转世。二十五年（1760），六世班禅为八世达赖剪发取法名。二十七年（1762），主持八世达赖的坐床典礼。给三大寺及其他各

---

① 班是梵语，班智达的简称，意为智慧；禅是大的意思，藏语为"钦波"；博克多是对睿智英武人的尊称。
② 额尔德尼是蒙古语，意为宝贝。
③ 受戒时为六世达赖，至乾隆四十五年（1780）改为七世。

大寺僧众熬茶，共费白银15179两。四十四年（1779），为庆祝乾隆皇帝70大寿率堪布13人及随从高僧百余人，往热河避暑山庄，经塔尔寺、阿拉善、宁夏、鄂尔多斯、绥远、察哈尔，于四十五年（1780）抵达热河。清高宗特地在热河仿札什伦布寺修建须弥福寿寺，供六世班禅居住，并派岗建夏仔喇嘛青罗桑团柱为热河札什伦布寺堪布，当青巴噶青罗桑多吉为翁则，罗桑扎西为格贵。六世班禅在八月七日庆祝了清高宗七十大寿之后，赴北京，曾到雍和宫等各大寺讲经说法，为乾隆帝授戒，皇帝颁赐金印、玉册。43岁患痘疾于北京黄寺圆寂。高宗命于黄寺内以赤金制班禅肖像一尊，赐赤金7000两造金塔一座，以供佛身。四十六年（1781），将赤金宝塔送往札什伦布寺，四十七年（1782）建黄寺清净化城塔，藏其经咒衣履，并立碑。

七世班禅丹白尼玛（1782～1853）生于后藏萨南木吉雄，是巴丹顿珠之子，札什伦布寺经过寻访认定，经清中央批准。乾隆四十八年（1783），迎入札什伦布寺。八世达赖为七世班禅剪发取法名，四十九年（1784），举行隆重的坐床仪式，拜八世达赖为师。五十四年（1789）在拉萨大昭寺，由八世达赖给他授沙弥戒。五十七年（1792），回札什伦布寺，与清军统帅福康安议立《藏内善后章程》。嘉庆九年（1804），八世达赖卒，七世班禅为九世达赖剪发取法名，建立师徒关系。九世达赖9岁卒，七世班禅参加九世达赖转世灵童金瓶掣签仪式。为十世达赖剪发取法名。道光十四年（1834），十世达赖卒，十世达赖转世灵童经金瓶掣签选定后，七世班禅为十一世达赖剪发取法名。72岁于札什伦布寺圆寂。

八世班禅丹白旺秋（1854～1882）生于后藏桑脱布甲补鲁地方，经金瓶掣签选定。咸丰十年（1860），在札什伦布寺坐床。受沙弥戒，学经听法。光绪元年（1875），十二世达赖在布达拉宫圆寂，为其祈祷，希望早日转世。四年（1878），为十三世达赖剪发取法名，29岁于札什伦布寺圆寂。

九世班禅却吉尼玛（1883～1937）生于西康达克保地方。经金瓶掣签选定。九世班禅拜十三世达赖土丹嘉措为师，十三世达赖为其剃度，取法名。光绪十八年（1892），举行坐床仪式。从摄政第穆呼图克图受沙弥戒。二十八年（1902），从十三世达赖受比丘戒。当英帝国主义两次向西藏发动侵略战争时，十三世达赖和班禅反对英军侵略，清朝政府不出兵抵抗，使英军占领拉萨，十三世达赖离开拉萨，避走蒙古。三十一年（1905），转往北京等地觐见清帝及慈禧，九世班禅赴印参加佛事活动。抵制英帝国主义的反清"自治"，于次年返藏。宣统元年（1909）十三世达赖返回西藏，班禅到藏北重镇那曲迎接。十三世达赖回到西藏后，英帝国主义及某些分裂主义分子为加强统治西藏所采取的措施触犯了班禅的权益，发生了矛盾，导致了达赖与班禅的失和。1923年11月，九世班禅经藏北草原、青海，到达北平，在内地宣扬佛教。1929年，设班禅驻南京办事处。1931年参加国民会议，国民政府授"护国宣化广慧大师"名号。1932年任西陲宣化使，宣传抗日，维护祖国统一与民族团结。1934年参加国民党政府主席的吊唁在西藏、十三世达赖圆寂的活动。1935年到拉卜楞寺，准备回藏，因种种原因而迟迟不能返藏。1937年于青海玉树结古寺圆寂。

十世班禅却吉坚赞（1938～1989）出生于青海省循化县温都乡。札什伦布寺寻访九世班禅转世幼童官保慈丹，西藏噶厦政府寻访到切穹札喜和拉玛，为三个转世幼童发生激烈的争论，直至1949年，国民党政府代总统批准官保兹丹为九世班禅转世灵童，并免予掣签。派蒙藏委员会委员长关吉玉为专使前往西宁，在塔尔寺主持隆重的坐床典礼，由拉卜楞寺的拉科仓·晋美赤烈嘉措为十世班禅剪发，取法名。十世班禅1949年10月致电毛主席和朱德总司令，祝贺中华人民共和国成立，表示拥护中央人民政府。西藏和平解放以后，由牙含章同志护送回西藏。1954年9月，参加第一届全国人民代表大会，被选为代表大会常务委员会委员。后当选为全国政协副主席，1955年成立西藏自治区筹备委员会，任第一副主任委员，1956年11月班禅大师与达赖喇嘛参加印度释迦牟尼涅槃2500周年纪念会。1959年西藏发生叛乱，班禅副主任委员代理主任委员职务。1959年，在第二届全国人民代表大会上，当选为副委员长。班禅大师在"文革"时期受到迫害。1979年，在政协第五届全国委员会第二次会议上，增选为政协全国委员会副主席，1980年当选为全国人民代表大会常务委员会副委员长。1986年出席世界佛教徒联谊会第十五届大会。在拉萨，班禅大师主持了传召大法会，为培养佛教人才，他倡议和创办了藏语系高级佛学院，亲任院长，并任中国佛教协会名誉会长。1989年正月赴西藏日喀则，主持五世至九世班禅合葬灵塔开光典礼。于同年1月28日在日喀则圆寂，享年51岁。国务院为十世班禅大师治丧，建立灵塔，札什伦布寺负责寻访十世班禅的转世灵童。1995年西藏藏北嘉黎县6岁灵童坚赞诺布，被中央人民政府特准为第十一世班禅额尔德尼。

第二节　哲布尊丹巴、章嘉世系

哲布尊丹巴呼图克图，是喀尔喀蒙古最大的转世活佛。据传说，最早降生在印度的是释迦牟尼的500佛徒之一。后转世在西藏，转世十五世至多罗那他（1575～1643），幼年在觉囊寺学经。明万历三十六年（1608）著《印度佛教史》。四十二年（1614），建达丹彭错林寺，后到喀尔喀蒙古库伦弘扬佛教，建立寺庙。明崇祯七年（1634），圆寂，在喀尔喀转世，为哲布尊丹巴。

一世哲布尊丹巴罗布藏旺布扎勒三（1635～1723），生于喀尔喀乌苏居勒地方，是蒙古土谢图汗衮布多尔济之子，尊称温都尔格根①，博克多格根②。崇德三年（1638），从扎木巴力诺门罕，受乌巴什戒③，次年从旺希布如勒喇嘛受小戒出家为僧。在锡哷图察罕诺尔寺坐床，获"善智释迦幢"称号。顺治七年（1650），至西藏札什伦布寺晋谒第四世班禅额尔德尼，受沙弥戒。至拉萨拜谒五世达赖喇嘛，受哲布尊丹巴尊号，改信格鲁派。八年（1651），返回喀尔喀蒙古，并带回西藏喇嘛及诸种工匠、画工约数十人，弘扬格鲁派。十一年（1654），在肯特山南建新寺。十二年（1655），察珲多齐尔济入觐清帝，哲布尊丹巴以西藏佛像献顺治皇帝。十六年（1659），在喀尔喀伊图察罕泊讲经。康熙二十年（1681），遣使向康熙皇帝献佛像三尊。二十五年（1686），调解喀尔喀左右翼纠纷。二十七年（1688），准噶尔噶尔丹率军三万侵入喀尔喀，哲布尊丹巴南下投附清朝，三十年（1691），参加多伦诺尔会盟，清朝中央政府赐掌喀尔喀蒙古宗教事务。三十二年（1693）清政府封其为大喇嘛。三十五年（1696），至热河祝贺康熙率兵击败准噶尔回师。四十年（1701），修建额尔德尼昭。五十年（1711），在库伦建立寺庙。六十一年（1722），康熙逝世，到北京吊丧。雍正元年（1723），世宗授其"启发哲布尊丹巴喇嘛"，给予金印。90岁在北京黄寺圆寂，雍正皇帝至灵前悬帕供茶。

二世哲布尊丹巴罗布藏丹彬多密（1724～1757）生于喀尔喀蒙古，系土谢

---

① 至上光明者。
② 圣光明者。
③ 在家修行。

图汗惇多布多尔济之子。雍正元年（1723），由于第一世哲布尊丹巴在北京临终前的暗示和七世达赖关于哲布尊丹巴的转世之意均不明，雍正皇帝决定惇多布多尔济之子为转世灵童。六年（1728），由栋科尔庙的呼图克图那旺罗布藏给其授戒，取法名。十年（1732），因准噶尔首领噶尔丹策领率兵三万，侵入喀尔喀，清廷将哲布尊丹巴移至多伦诺尔。乾隆元年（1736），乾隆皇帝即位，哲布尊丹巴到京，受到乾隆皇帝的隆重接待。三年（1738），清廷册封哲布尊丹巴，颁给金册、金印，掌握喀尔喀教务。五年（1740），在库伦修建寺庙。十二年（1747），建成满珠锡里佛庙。十九年（1754）奉旨设额尔德尼商卓特巴专管行政事务。二十年（1755），在库伦创设察尼特扎仓（显宗），讲授经典、评定学位。二十一年（1756），青衮咱卜发动"撤驿之变"，哲布尊丹巴呼图克图按高宗旨意遂复台驿。清政府封"敷教安众大喇嘛"。34岁因出天花在库伦圆寂。

三世哲布尊丹巴伊什丹巴尼玛（1758～1773）出生于理塘，领主丹津衮布之子。二世哲布尊丹巴圆寂，乾隆为防止哲布尊丹巴权力过重，以及喀尔喀蒙古王公为转世纷争，决定转世于西藏。乾隆二十八年（1763），喀尔喀蒙古奉旨往迎，回来时路经承德，受乾隆皇帝接见。从三世章嘉呼图克图若必多吉受沙弥戒。由多伦诺尔到库伦，高宗谕旨哲布尊丹巴，因年岁尚幼，不能管理属民，所有沙弥徒众悉归库伦大臣管理，并赐黄布围墙、红色车轿。二十九年（1764），派衮布多尔济毕里克图为库伦商卓特巴。三十年（1765），扩建广教寺，立御制碑文。三十一年（1766），筹建新寺。三十二年（1767），创立大法会制度。三十五年（1770），派丹木楚拉巴利为商卓特巴。16岁于库伦逝世。

四世哲布尊丹巴罗布藏图巴坦旺舒克（1775～1813）出生于后藏藏堆托嘉拉日岗，系八世达赖伯父索诺木达什之子。乾隆四十三年（1778），由达赖喇嘛指定为三世哲布尊丹巴转世灵童，在布达拉宫受戒，取法名。四十六年（1781），由喀尔喀蒙古前往迎接，回来时途经多伦诺尔，从第三世章嘉若必多吉受戒，至库伦坐床。广修寺院，规定法戒。五十五年（1790），设曼巴扎仓、时轮扎仓。五十六年（1791），赴热河晋谒高宗皇帝，获厚赐。嘉庆四年（1799），为乾隆逝世修冥福，造万尊铜佛像。七年（1802），至热河建八座佛塔。八年（1803）入藏，九年（1804）至布达拉宫，从八世达赖受比丘戒，携大量佛像及经典返回喀尔喀。十一年（1806），在库伦建密宗扎仓。十三年（1808），建特达布林禅寺。十四年（1809），建慈安特寺，并赴热河朝觐嘉庆皇帝。十七年（1812）

赴北京。十八年（1813），由北京赴五台山，途中病卒，年39岁。

五世哲布尊丹巴罗布藏楚勒都木济克默特（1815～1842）出生于前藏，衮布惇多布之子。嘉庆后期，四世哲布尊丹巴入寂后，报告西藏，七世班禅选三名幼童，以汉满蒙藏四种文字录其名置入金瓶，在西藏大昭寺金瓶掣签选定。嘉庆二十四年（1819），在布达拉宫从第七世班禅受戒，二十五年（1820）赐用黄色布围城、黄色车轿，被迎入喀尔喀库伦坐床。清廷赐给金册、金印。道光元年（1821），受册封，特向道光皇帝献九白之贡[1]，四年，库伦办事大臣奏请哲布尊丹巴，请明年赴热河觐见。皇帝令明年不用赴热河。十一年（1831），从经师罗卜桑扎木养受沙弥戒。十五年（1835），清廷批准赴西藏晋谒七世班禅。十六年（1836），归库伦。十九年（1839），赴北京觐见道光皇帝。翌年返库伦，28岁入寂于库伦之甘丹寺。

六世哲布尊丹巴罗布藏巴勒垫丹拜佳木粲（1842～1848）生于前藏牧奴之家。第五世哲布尊丹巴呼图克图卒后报告西藏。寻访了三名幼童，经驻藏大臣等会同达赖喇嘛、班禅额尔德尼、噶勒丹锡呼图萨玛第巴克什带领喇嘛等众诵经，由金瓶掣签选定绥那玛之子聂尔阿定（乳名）为转世灵童，道光皇帝赏给转世灵童哈达一方、佛一尊，大缎四匹。道光二十八年（1848），由喀尔喀各部派5000人，从西藏迎至库伦，途中遭两次扰劫，所费约40万，仅59天染天花逝世。

七世哲布尊丹巴凯珠布丹桑（1850～1869）出生于西藏拉萨附近。六世哲布尊丹巴呼图克图入寂后报告西藏。咸丰二年（1852），七世班禅以金瓶掣签选定。四年（1854），从呼徵阿奇图呼图克图阿旺依什楚琛佳木参受戒。五年（1855），被喀尔喀各部迎至库伦坐床，清廷赐给金册、金印。在12岁前立志修学，研习经典、修戒律。清廷赏给哈达一块、大荷包一对、小荷包四个、黄缎二匹。六年（1856），进九白之贡。同治二年（1863），受库伦办事大臣车臣汗阿耳塔西兹达父子影响，不事宗教、嗜烟酒、耽于淫逸。五年（1866），库伦大臣发布制裁不法喇嘛之禁令。七世哲布尊丹巴赴庆宁寺避之，后稍改。七年（1868），病，19岁于库伦甘丹寺入寂。

八世哲布尊丹巴哲布尊阿旺垂济尼玛丹彬旺舒克（1870～1924）出生于西

---

[1] 白驼一，白马八，为清代喀喀蒙古汗王最高礼仪。

藏沃卡坝卓地方。由十二世达赖金瓶掣签选定，同治十三年（1874），喀尔喀蒙古从西藏迎入库伦坐床，从俄国领事馆获得各种玩具和珍奇物品。光绪十四年（1888），遣使贡物祝贺光绪大婚。十五年（1889），到庆宁寺。次年不经清政府允许又到庆宁寺，修习经典。二十一年（1895），献给清廷战马1200匹。三十四年（1908），库伦办事大臣延祉向哲布尊丹巴借快枪，哲布尊丹巴拒绝，延祉要上告，哲布尊丹巴只好借给，但双方矛盾加深。宣统二年（1910），实行新政，在库伦新设机关20个，费用都由蒙民负担，造成蒙民逃亡。又发生喇嘛在库伦德义勇牧场抢夺事件，三多派兵弹压，造成驻库伦大臣与哲布尊丹巴的矛盾。宣统三年（1911），在沙俄怂恿下宣布"独立"，将库伦办事大臣三多等逐出外蒙，自称"大蒙古皇帝"，年号"共戴"。民国三年（1914），签订《中俄声明》，承认中国在外蒙古的宗教主权，规定哲布尊丹巴呼图克图名号受中华民国大总统册封，外蒙古自治。1917年，俄国发生革命，外蒙古举行全蒙古王公会议，决定撤销自治，仍隶属民国政府，内政、外交、军事等统归民国中央政府管理。民国大总统册封为"外蒙翊善辅化博克多哲布尊丹巴呼图克图汗"。1921年2月，白俄入侵库伦，再次宣布"独立"，同年七月苏军占领库伦。1924年，八世哲布尊丹巴呼图克图入寂，停止转世。

章嘉呼图克图是内蒙古最大的转世活佛。据传说，章嘉呼图克图第一世为阿罗汉达尊，降生印度，四世以前都转生在印度，五世以后转世在西藏和青海。从十三世转世以后，始称章嘉活佛。为一世活佛。

一世章嘉禅克朗塞拉（约1607～1641）出生于青海省互助县红崖子沟张家村。前世活佛为班觉轮珠，曾为西藏大寺的喇嘛，其著作甚多，并为第五世达赖喇嘛的经师。崇祯十四年（1641）圆寂。五世达赖为其造一塔，供奉之。后来转生在青海张姓之家，幼童时能勤学经典，出家修所有密宗经典，均依前世之传法，搜集殆遍依梵经规律编写诸经、传授僧俗、修建寺庙、传授密宗，驻锡格偏寺为众喇嘛之师，因此称他为张家法王。后来康熙以"张家"二字不雅，改为章嘉。于崇德六年（1641）逝世。

二世章嘉阿旺罗布桑却拉丹（1642～1715）生于青海湟中县，其父张益华，自幼聪慧，能辨识前世章嘉经典佛像，经班禅额尔德尼认定为一世章嘉活佛转生的灵童。顺治三年（1646），迎入郭隆寺。九年（1652），五世达赖喇嘛经青海时，从五世达赖受小戒。十八年（1661），赴西藏拜五世达赖喇嘛为师，从其受戒、取法名，后又赴札什伦布寺谒四世班禅学经。康熙九年（1670），在拉萨讲经。二十二年（1683），返回青海郭隆寺。二十三年（1684），随锡呼呼图克图赴喀尔喀库伦伯勒齐尔会盟，调解扎萨克图汗与土谢图汗两部的矛盾。二十六年（1687）朝觐清朝康熙皇帝，住北京法渊寺。二十七年（1688），回到青海任郭隆寺法台。三十二年（1693），康熙帝遣使召请章嘉入京，授驻京扎萨克达喇嘛之职，并主持佛教事务。随从均得廪饩。驻京二年，每逢夏，随驾避暑口外。三十六年（1697）奉旨赴西藏，途经青海，劝导蒙古诸台吉入京朝觐内附。返京后康熙皇帝命章嘉驻多伦诺尔主持建立汇宗寺。四十年（1701），多伦诺尔汇宗寺建成，谕二世章嘉总管多伦诺尔喇嘛事务，漠南蒙古各旗各出一名喇嘛到汇宗寺学经。多伦诺尔成了漠南蒙古佛教的中心。四十四年（1705），康熙到多伦诺尔视察，定二世章嘉久驻多伦诺尔，赐呼图克图名号，封为"灌顶普善广慈大国师"。四十五年（1706），赐金印以及九龙黄褥、貂皮被褥，并掌管内蒙古佛教事务。四十九年（1710），回到青海西宁郭隆寺，在寺内讲经说法。五十年（1711），二世章嘉回到北京，清廷为二世章嘉修建嵩祝寺。五十四年（1715），二世章嘉病，圣祖派四品顶戴赖硕到多伦慰问。当年在多伦诺尔圆寂，时年73岁。

三世章嘉若必多吉（1716～1786）生于甘肃凉州地区。据说生后能言，经询之，五世班禅认为是二世章嘉的转世灵童。经清朝政府批准，康熙五十九年（1720），被迎入郭隆寺，学习佛教经典。雍正二年（1724），世宗派使臣往召，进京驻锡栴檀寺。朝觐清帝，清帝喜抱之。移至嵩祝寺，谕地铺黄毡、乘黄车，与第四皇子同习汉、蒙、满三种文字。五年（1727），雍正皇帝以银10万两在多伦诺尔的汇宗寺西南建善因寺，命章嘉主持。清政府授予"灌顶普善广慈大国师"称号，并赐重近100两银印及封册。十二年（1734），奉雍正皇帝谕旨，偕同果毅亲王允礼，往打箭炉噶达地方的惠远寺迎送七世达赖入藏，并从七世达赖受大戒，后又赴后藏札什伦布寺，晋谒班禅额尔德尼，传授经典。因雍正驾崩即返回京师。乾隆元年（1736），清帝命掌管京师寺庙，授扎萨克达喇嘛印一颗。翻译大藏经即丹珠尔为蒙文上奏。八年（1743），赐御用金龙黄伞一把，十六年（1751），赐"振兴格鲁派大慈大国师之印"。乾隆二十一年（1756），喀尔喀蒙古郡王青衮咱卜发生撤驿之变，乾隆派三世章嘉前往鄂尔坤处理。四十年（1775），三世章嘉六十寿辰，乾隆帝赐佛像、如意、绸缎。五十年（1785），七十寿辰时，乾隆赏佛像、如意、金银等。五十一年（1786），71岁入寂。

四世章嘉伊希丹毕坚赞（1787～1846）生于甘肃宗江北的噶达托布达寺附近的扎拉通地方。经前世章嘉之扎萨克喇嘛辨认，后经乾隆皇帝确定。4岁从周塞亚瓦坦克达喇嘛受小戒，学习经典。7岁从扎森额尔德尼受比丘戒，学习密宗、戒律。乾隆五十九年（1794），奉旨抵热河，谒见乾隆。嘉庆四年（1799），奉旨赴西藏谒见达赖喇嘛，对各寺熬茶，在藏学经，受法7年。嘉庆十一年（1806），返京晋谒嘉庆，赏香山、法海寺、五台山、普庆院等寺居住。二十四年（1819），封四世章嘉为管理京师扎萨克达喇嘛，办理一切佛教事务。道光八年（1828），四世章嘉学经后，清帝赐银质镀金大国师印及诰命，以及使用金顶黄轿、九龙黄坐褥、黄伞等项。十四年（1834），又获金制大国师及金册。二十六年（1846），六十寿辰，清帝赐"福寿"二字及白玉如意等礼品。准设章嘉的商卓特巴扎萨克喇嘛一人，以资管理喇嘛徒众，并管理汇宗、善因二寺。60岁于青海入寂。

五世章嘉叶熙丹壁尼玛（1849～1875）出生于青海西宁拉功端鲁布之家，幼名森哈萨托。道光三十年（1850），西宁办事大臣哈勒吉那呈报幼童能辨别前世章嘉所用物品，即铃杵、素珠、木碗等，经雍和宫金瓶掣签，从三名中选定，宣宗赏给素用之念珠一串。咸丰元年（1851），因抢劫事件，文宗派兵加以保护。二年（1852），捐献给清政府马五匹，不收，而赏赐哈达一件，大缎二匹。八年（1858），奉诏入京，晋谒咸丰帝，获赐玉如意、金碗、法床、黄车等，驻京城。十年（1860），赴多伦避暑，受到蒙古王公、贝勒、贝子、扎萨克等的隆重欢迎，并供奉珍品财物。同治元年（1862），赴京师，驻嵩祝寺，谒同治帝于内廷。五年（1866），赴西藏，礼物送遍各大小寺，从罗桑喜渡王超噶为师，修文殊经典，又从萨曼达哲卿为师，习密宗经典。七年（1868），从哲色勒呼图克图受大戒。八年（1869），由藏返回蒙古。九年（1870），到京受同治帝接见，呈九九之贡，谕旨任职京师，敕封大国师，赐给金印。十年（1871），奉命掌管多伦善因、汇宗二寺，并给印信。光绪元年（1875），在京师城外之天宁寺圆寂，时年27岁。

六世章嘉罗藏丹森嘉索（1878～1888）生于西宁之多隆基地方。光绪七年（1881），由西宁钦差大臣及第五世章嘉之弟子等选出幼童，呈报清廷，在雍和宫金瓶掣签选定。德宗敕赐御用人骨念珠一串，黄色大哈达一方。九年（1883），以大金刚教海喇嘛为师，诵学经典，受小戒。十年（1884），从噶隆匝伯特耶丹萨喇嘛受比丘戒。十二年（1886），奉旨至京，进呈皇太后、皇上长寿佛各一尊，哈达各一方。谕旨遵照前世驻锡京师，准坐黄轿、乘马。十三年（1887），至多伦善因、汇宗二寺诵经，以保安宁。十四年（1888），于多伦善因寺逝世。

七世章嘉雳迎叶锡道尔济（1891～1978）生于青海。光绪二十五年（1899）奉旨入京，晋谒光绪帝，赐金印，赏黄舆车。翌年授扎萨克达喇嘛，驻京任职。二十七年（1901），至多伦诺尔避暑。三十年（1904），返京驻嵩祝寺，因驻京副扎萨克达喇嘛敏珠尔呼图克图入寂，奉旨兼任副扎萨克达喇嘛，并管理多伦诺尔之汇宗、善因二寺，京师之嵩祝寺、法渊、知珠、法海四寺；西宁之佑宁、广济二寺；五台山之镇海、普乐二寺等。赏给"灌顶普善广慈大国师印"以及敕书，1912年，赞助共和，劝导内蒙古各旗归附民国政府，大总统加封为"宏济光明大国师"，给年俸银一万元。1914年，在原有名号上加封"昭因阐化"四字，给金册。1919年，奉令劝导外蒙古取消独立。1921年，任蒙藏委员会委员。1929年，设大国师章嘉呼图克图驻京办事处。1930年，国民党政府允许给格鲁派喇嘛月发3000元口粮费，喇嘛印务处改名为喇嘛事务处。1931年，国民党行政院特派章嘉为蒙旗宣化使，并在北平成立"宣化使署"，直隶行政院，定期赴蒙古宣化。1934年起赴包头、抗锦旗、乌兰察布、昭乌达盟、绥远、察哈尔、锡林郭勒等地讲经，宣传国民党政府对蒙政策，任国民政府委员。新中国成立前，移居台湾。1978年前后在台湾逝世。

第三节　阿嘉、嘉木样等世系

一、阿嘉世系

阿嘉呼图克图，是青海塔尔寺内地位最高的活佛。其前十四世是追溯，并无记载。阿嘉，藏语为父亲之意。其十五世阿嘉相传是宗喀巴父亲转世，为一世，是塔尔寺寺主。

一世阿嘉喜惹桑布，明末清初人，出生于青海塔尔寺阿昌地方，曾获塔尔寺格西。康熙二十五年（1686），任塔尔寺堪布。二十六年（1687），三世达赖索南嘉措居住的土榻上，建起四壁有画室，后称"真宝座"，成为修密宗之地。二十八年（1689），用银5000两，修建80根柱的具有楼上楼下的两层藏式大经堂。三十年（1691）塔尔寺修建完工。

二世阿嘉洛桑丹悲坚箕（？～1766）被称为阿嘉佛。乾隆十一年（1746），奉旨进京朝觐，赐述道门勒各图诺门罕称号。驻雍和宫，有佛仓，并带来徒弟格隆6名，班第6名。任副扎萨克达喇嘛。十二年（1747），佛仓设扎萨克达喇嘛。十三年（1748），在多伦诺尔的汇宗寺，敕赐游牧地一块，坐落在察哈尔地方卓楞巴噶布尔噶苏台、德勒苏台等处，东西15里、南北20里。乾隆三十一年（1766）入寂。

三世阿嘉洛桑坚样嘉措（1768～1816）出生于郭密氏族的贺尔加庄。幼年时在塔尔寺学经，后赴西藏色拉寺拜师学法，八世达赖授以"额尔德尼班智达"称号。乾隆五十一年（1786），赴北京晋谒高宗帝，撤除呼毕勒罕名号。五十二年（1787），返青海。五十八年（1793），入京，任扎萨克达喇嘛。嘉庆三年（1798），任扎萨克达喇嘛，在多伦诺尔掌喇嘛印务处，授为"禅师"及"呼图克图"封号。十六年（1811），赐以"诺门汗"称号，二十一年（1816）圆寂。

四世阿嘉耶嘉克珠（1817～1869）于郭密族贺尔加出生。道光元年（1821），在京师雍和宫金瓶掣签选定。幼年在塔尔寺学因明。道光七年（1827），进京朝觐宣统皇帝，撤除呼毕勒罕名号。十一年（1831），敕赐多伦诺尔的慈福寺一座，设立大喇嘛。十三年（1833），奉旨入藏，考查经典。十五年（1835），赐述道禅师印。十七年（1837），任扎萨克达喇嘛。二十六年（1846），掌管京师喇嘛印务处事务。咸丰六年（1856），因病回青海。同治元年（1862），西北回民反清，他在塔尔寺举办团练保护寺院。八年（1869）于西宁塔尔寺入寂。

五世阿嘉洛桑丹白旺秀（1869～1909）光绪三年（1877）在雍和宫金瓶掣签选定。七年（1881），撤除呼毕勒罕名号。九年（1883），任副扎萨克达喇嘛。十年，回籍受戒。二十年在南海晋谒皇太后，赏加慧聪名号，奉旨掌管喇嘛印务处，授扎萨克达喇嘛，管理弘仁寺事务及唐忒学事务。二十八年（1902），阿嘉活佛回到塔尔寺，他喜欢饮酒骑马，十三世达赖至塔尔寺便对他不满，并且还干涉塔尔寺的事务。由此促使了两人矛盾的加深。宣统元年，于西宁塔尔寺去世。

六世阿嘉策巴扎布（1910～1948），西宁塔尔寺商卓特巴绰尔济喇嘛等寻访五世转世灵童,有策巴扎布和森巴扎布两名,1915年,由蒙藏院副总裁临雍和宫拈香行礼,会同护理京城喇嘛印务之扎萨克达喇嘛,将两童缮写名签,封于金本巴瓶内,诵经三日,掣出策巴扎布。他幼年在塔尔寺学习因明、般若等。1925年入京,赏坐黄轿暨承用前世各项荣典,授予副扎萨克达喇嘛职衔。返塔尔寺后,努力学经,不问世俗,对显、密各宗都有研究。担任塔尔寺法台,整顿戒律,颇受僧侣们敬重。1948年39岁于塔尔寺入寂。

七世阿嘉呼图克图,新中国成立以后实行转世。1952年10月27日,在青海塔尔寺举行隆重的坐床典礼。青海省人民政府特派副秘书长。青海省政协副秘书长,携带西北军政委员会和青海省人民政府的各种贵重赠礼和贺信前往祝贺。

二、嘉木样世系

嘉木样协巴呼图克图,是甘肃拉卜楞寺地位最高的活佛。嘉木样系文殊菩萨的化身。传说嘉木样在拉萨各寺朝拜文殊菩萨,求其保佑,在献哈达时,文殊菩萨笑了。"嘉木样"其意为笑,是拉卜楞寺的寺主。

一世嘉木样协巴华秀俄昂宗哲(1648~1721)于甘肃省夏河县甘加哇代地方出生,家境贫寒。清顺治七年(1650),从伯父索南伦球学经。13岁从青却益希嘉措受沙弥戒。康熙九年(1670)赴西藏拉萨郭莽院学法。康熙十三年(1674),25岁时取得噶举巴学位。十五年(1676)29岁,从五世达赖受比丘戒,并在郭莽院般若结业,又在拉萨续部下院从密宗学法四年结业。二十一年(1682),开始传徒。三十一年(1692),六世达赖委任哲蚌寺郭莽扎仓堪布,传授五部大论精义。精通显密二宗,学问渊博,连任8年。61岁,应青海和硕特首旗蒙古河南亲王察罕丹津之请,从西藏回到家乡,康熙四十年(1701),开始建寺,弘扬佛法。五十年(1711),建立了有80根柱子的大经堂。五十九年(1720),康熙皇帝册封嘉木样大师为"扶法禅师班智达额尔德尼诺门罕"。颁给金敕、金印,并准许穿黄马褂。六十年(1721)圆寂。享年74岁。

二世嘉木样吉美旺波(1728~1792)生于青海省仁县囊惹地方的色康家庭。5岁从诺布坚参大师受居士戒,后又从舅父罗哲嘉措比丘学藏文,13岁,从伯父东科尔活佛受沙弥戒。乾隆八年(1743),主持拉卜楞寺嘉木样活佛转世事宜的德哇仓罗桑顿珠等认定他为一世嘉木样的转世,将其迎至拉卜楞寺,时年

16岁。22岁从章嘉呼图克图若必多吉国师受具足戒。25岁赴西藏学法，经8年学习，获"格西"学位。32岁时西藏地方政府赐"具善明教班智达诺门汗"称号。乾隆二十四年（1759），回到拉卜楞寺，次年任拉卜楞寺法台。三十七年（1772），返回拉卜楞寺，清乾隆皇帝敕封"扶法禅师班智达额尔德尼诺门罕呼图克图"。36岁时任佑宁寺法台。三十八年（1773）任塔尔寺法台，并将80根柱子的大经堂扩建为140根柱子、可容纳3000名僧人诵经的大经堂。同时还健全了僧侣学经制度，建立和完善寺院的规章制度，建立各种法会。58岁赴西藏，先后收集佛经万余部。1786年返寺。61岁任夏琼寺法台。五十六年（1791），从夏琼寺返拉卜楞寺的途中，在甘肃地方圆寂，享年64岁。

三世嘉木样罗桑图旦久美嘉措（1792～1855）于青海省同仁保安旗罕托地方出生。土观活佛认定其为嘉木样二世转世灵童。由达赖、班禅主持，清嘉庆皇帝派员参加，在拉萨大昭寺抽签决定。嘉庆三年（1798）正月迎至拉卜楞寺时仅7岁。拜拉然巴洛桑旦增为师。13岁从贡唐·贡却丹欠卓美受沙弥戒。十六年（1811），赴拉萨入哲蚌寺的郭莽扎仓学经，19岁赴后藏，由七世班禅洛桑丹贝尼玛授比丘戒，次年返回拉卜楞寺任法台，同时改革寺院戒律，道光皇帝赐以"扶法禅师"称号。咸丰二年（1852），任塔尔寺台吉。晚年闭室静修，政教事务由襄佐、堪布二人料理。咸丰五年（1855），64岁圆寂。

四世嘉木样尕藏图旦旺秀（1856～1916）于西康拉龙地方出生。咸丰九年（1859），由拉卜楞寺的德哇仓活佛和火尔藏仓活佛认定为三世嘉木样的转世灵童，十年（1860），迎入拉卜楞寺。同治七年（1868），入闻思扎仓，学显宗经典。十年（1871），学因明和般若。光绪三年（1877），进藏入哲蚌寺郭莽扎仓深造，四年后返回拉卜楞寺。七年（1881），创建喜金刚扎仓以及建立护法殿。十一年（1885），任拉卜楞寺总法台，并兼任青海塔尔寺总法台。二十六年（1900），到北京雍和宫，并觐见光绪皇帝。二十八年（1902），光绪皇帝赐"广济禅师"封号、印册。同时建造了医学扎仓，对政权机构进行调整。1914年，袁世凯赐封他为"广济静觉妙严禅师"封号。

五世嘉木样丹贝坚赞（1916～1947）汉名黄正光，出生于西康理塘的营官坝采乡玛村。1920年2月，经九世班禅大师卜算，旧摄政贡唐仓活佛找寻认定第四世嘉木样转世灵童。五世嘉木样迎入拉卜楞寺，从拉科仓·久美成来加措受沙弥戒。当时地方政教方面极为混乱，寺院上层人士根据实际情况决定，在大师未成年前，政教事务由其父兄代为管理。1927年成立拉卜楞设治局和拉卜楞番兵司令部。1929年修建续部上扎仓。1933年国民党政府颁赐"辅国阐化禅师嘉木样呼图克图"册印，从班禅受比丘戒。1937年赴西藏学法。1947年于菩提法苑圆寂，终年32岁。火化，修建舍利灵塔。

六世嘉木样洛桑久美·图旦却吉尼玛（1948～　）于青海省岗察县岗贡玛部出生。1951年由班禅大师选定为五世嘉木样转世灵童。1952年迎入拉卜楞寺，举行坐床典礼，拜贡却三哲为师，受沙弥戒。1981年率领中国青年代表团赴日本访问，任全国佛教协会副会长、甘肃省佛教协会会长等职。

三、第穆呼图克图

第穆呼图克图，是拉萨阐宗寺（丹结林寺）的活佛，也称丹结林活佛。西藏摄政的四大呼图克图之一。

一世第穆关恪具奈（约1454～1506）。出生于多堆危地方，53岁入寂。

二世第穆巴勒觉尔扎喜（约1507～1571）在西藏工布所属萨噶尔曲康地方出生。65岁圆寂。

三世第穆拉旺巧列朗杰（约1572～1630），出生于聂赤仲钦地方。随帕巴拉通瓦顿丹剃发出家。从巴索·拉旺却吉坚赞受比丘戒。随四世达赖云丹嘉措学经，明万历三十七年（1609），拜四世班禅洛桑却吉坚赞为师。59岁圆寂。

四世第穆拉旺丹贝坚赞（1631～1668）出生于西藏工布扎克吉玉买地方。由四世班禅认定为三世第穆转世灵童。在哲蚌寺洛色林学经。顺治二年至六年（1645～1649），从五世达赖受比丘戒，取法名。九年（1652），随五世达赖赴京，觐见顺治皇帝。康熙七年（1668），38岁时赴青海途中病逝。

五世第穆阿旺拉木喀嘉样（1669～1721）出生于工布扎嘉中地区。康熙十五年（1676），从五世达赖剃度为僧，取法名，赐以寺庙庄园。曾多次参加清朝的各种典庆宗教仪式。53岁在北京逝世。

六世第穆阿旺降白选热嘉措（1722～1777）出生于西藏工布中默地方。乾隆二十二年（1757），七世达赖圆寂后，奉旨摄政，掌管达赖喇嘛商上僧俗事务，始为定制。二十三年（1758），赏给"诺门罕"名号。二十七年（1762），授金字银印。修建寺庙。56岁入寂。

七世第穆阿旺罗布藏土布丹济克美嘉措（1778～1819）出生于察木多嘉

木凌附近萨冈地方。嘉庆十三年(1808),为九世达赖喇嘛荣增师。十六年(1811),摄政济隆呼图克图逝世,奉旨任摄政,掌管商上事务,赐"额尔德尼诺门罕"名号。二十年(1815),九世达赖圆寂,掌商上事务。42岁入寂。

八世第穆阿旺罗布藏济美嘉穆措(1820~1855),咸丰三年(1853),因不守清规,劣绩昭著,被撤销名号,发往宗喀安置。36岁逝世。

九世第穆阿旺罗布藏称勒饶结(1856~1900)出生于桑叶那拖地方。咸丰八年(1858),经金瓶掣签选定。光绪十二年(1886),奉旨任摄政,掌管商上事务。十三年(1887),任十三世达赖荣增师。十四年(1888),为九世班禅幼童举行金瓶掣签。十七年(1891),因办理印藏通商有功,赏"靖善禅师"名号。二十一年(1895),辞去摄政职务,由十三世达赖亲政。二十五年(1899),以阴谋杀害十三世达赖之罪入狱,在狱中卒。宣统二年(1910),准其转世,为十世第穆呼图克图。

四、席力图呼图克图

席力图呼图克图是内蒙古呼和浩特席力图召的最大活佛。四世达赖云丹嘉措随希迪图葛卜楚学经,举行坐床典礼时,由希迪图葛卜楚抱着坐床。因希迪图葛卜楚坐过达赖喇嘛的法座,蒙古语称"席力图",因此成为佛转世名号。

一世席力图希迪图噶卜楚(?~1638)从三世达赖喇嘛索南嘉措到内蒙古呼和浩特传教,熟悉经典,精通蒙、藏、汉三种文字。三世达赖赐尊号"班第达固希巧尔乞"。明万历十六年(1588),三世达赖圆寂,留下遗书,要以希迪图噶卜楚代替三世达赖主持呼和浩特教务。十七年(1589),与内蒙古封建主决定以俺答汗孙子为四世达赖,并给他讲授佛教经典,主持四世达赖坐床。三十年(1602),护送四世达赖赴藏,后返回呼和浩特,扩建了席力图召,为汉藏混合建筑形式。主持该寺教务。

二世席力图纳文罗布森扎木苏(1639~?),一世席力图活佛入寂后,至青海寻访转世灵童,后迎至绥远席力图召坐床。清顺治元年(1644),在席力图召的喇嘛护送下,至盛京(沈阳)参加顺治即位典礼,并与清朝建立了联系。

三世席力图,约在顺治后期至康熙初期。在世期间,对席力图召进行了扩建,使寺庙金碧夺目,顶及四壁皆绘有佛像、山水、人物等,作为宗教艺术而存在。

四世席力图（？～1712）曾往西藏学经。康熙三十年（1691），从西藏回到呼和浩特。三十三年（1694），准噶尔噶尔丹率兵南下，为防止噶尔丹军侵入呼和浩特市，他发动六召喇嘛和蒙汉人民修筑旧城外垣，加强防守。在清廷的支持下，对席力图召进行了扩修。三十五年（1696），康熙赐名为"延寿寺"。并以幡幢、经卷等物赠予召内。四十二年（1703），席力图呼图克图被认命为绥远地区掌印扎萨克达喇嘛。

五世席力图（1713～1750）出生于内蒙古乌喇特旗，经过寻访选定，迎入席力图召。雍正五年（1727），经理藩院转呈皇帝核准后，前往西藏学经，回到寺内，把汉文《圣勇金刚经》译成蒙文和藏文。十二年（1734）任绥远掌印扎萨克喇嘛，总管绥远佛教。

六世席力图（1751～1783）出生在喀尔喀蒙古车臣汗封建主家庭。寻访选定后被迎入席力图召内。乾隆二十四年（1759），于大青山北沙拉木楞修建席力图召的属寺——普会寺。二十七年（1762），赴北京觐见乾隆皇帝。二十九年（1764），任绥远掌印扎萨克达喇嘛。

七世席力图召（1784～1787）经寻访选定被迎入席力图召，不久即逝世。

八世席力图（1788～1793）乾隆五十七年（1792），在西藏用占卜的形式选定青海戈拉洞地方的4岁幼童为席力图七世的转世灵童。仅一年，即逝世。

九世席力图（1794～？）在西藏寻访转世的幼童，经过金瓶掣签选定。后在西藏学经，嘉庆二十三年（1818），从西藏迎入席力图召，为九世席力图呼图克图。任绥远掌印扎萨克达喇嘛。二十四年（1819），赴北京觐见嘉庆皇帝。道光十二年（1832），赴京为道光皇帝诵经。咸丰九年（1859），他主持重修席力图殿。同治八年（1869），到京觐见同治皇帝。

十世席力图（？～1941）是在九世席力图入寂后，派人寻访的转世灵童。民国二十九年（1940），从西藏迎回席力图召坐床，于次年逝世。

十一世席力图吉格木德希日布扎木苏（1943～）出生于青海省贵南县过马营乡初扎村。从寻访转世的幼童中经过掣签选定，乳名强巴。6岁进青海噶卡庙学经，次年转德钦寺，10岁转塔尔寺。1956年，从塔尔寺将十一世席力图呼图克图迎至呼和浩特，并举行了隆重的坐床仪式。后担任内蒙古佛教协会名誉顾问。

五、对音库尔

对音库尔,是内蒙古包头郊区的五当召(广觉寺)的大活佛。

一世对音库尔呼图克图阿格旺曲日莫(约 1695～1763),祖父喇嘛扎布虔信佛教,曾去西藏觐见班禅额尔德尼,从西藏回来,其儿子丹巴得一子,起名为罗布桑嘉措。7 岁送给伊盟的一个坐禅师当徒,学了两年,由于天资聪颖,被推荐给多伦寺的甘珠尔巴活佛,在多伦寺学经,法名阿格旺曲日莫。18 岁赴青海寺庙学经 6 年,后去拉萨深造 10 年。从西藏回来时,七世达赖喇嘛授予"对音库尔班第达"封号。回到内蒙古后,受到土默特、茂明安、乌拉特等旗信徒的崇拜,后集资在包头东北 54 公里处,有柳树之地,建立寺庙,俗称五当召。清乾隆二十一年(1756),赐名为广觉寺。由于他佛学知识渊博,在北京时,把藏文的《丹珠尔》翻译成蒙文。人们称其为额尔德尼莫尔根对音库尔班第达。乾隆二十八年(1763)圆寂。

二世对音库尔呼图克图伊希肥道尔济(1764～1836)是内蒙古归化城土默特旗人,蒙古族。阿格旺鹏斯克等赴西藏请班禅指点对音库尔呼图克图一世活佛转世的灵童,班禅指出归化城土默特旗盂克章格亚的第三子热西尼玛是转世灵童,后呈报章嘉呼图克图转理藩院核准。乾隆四十年(1775),迎入广觉寺,取法名伊希肥道尔济。12 岁开始在经师的指导下学经 7 年。乾隆四十七年(1782),经理藩院批准赴西藏拉萨深造 10 年。八世达赖授予"额尔德尼莫尔根对音库尔班第达"封号,后回到内蒙古。从嘉庆六年(1801)至道光五年(1825)前后觐见皇帝 7 次。于道光十六年(1836),73 岁时圆寂。

三世对音库尔呼图克图伊希罗卜桑丹津嘉措(1838～1854)。道光二十四年春,广觉寺主事喇嘛寻访到两名转世幼童,呈报章嘉呼图克图转呈理藩院审定。在北京雍和宫掣签选定丹增热西为转世灵童,冬接入寺庙内开始学经,法名为伊希罗卜桑丹津嘉措。咸丰四年(1854),经理藩院批准,赴拉萨,带银 7000 余两,乘骡子轿车、带骡马 9 匹、骆驼 60 余峰,在行程中渡河,因河水上涨落水而死。同治二年(1863),西拉喇嘛冒充已死对音库尔呼图克图三世活佛,自称没有死去,赴西藏后已回。最后谎言被揭穿。

四世对音库尔呼图克图嘎拉渗图布登(1855～1886)出生于乌兰察布旗四子王旗热西家中,名奈曼道尔济。咸丰十年(1860),被定为转世幼童,经雍和宫掣签选定为四世活佛，迎入广觉寺，学习经文。法号嘎拉渗图布登吉格木得嘉措，同治十二年(1873)，进京朝贡穆宗皇帝，皇帝赐琥珀、念珠等物。后患腰腿痛病，于光绪十二年(1886)在寺内圆寂。

五世对音库尔呼图克图泽登扎布(1887～1918)在四世活佛圆寂后，派喇嘛去西藏请达赖喇嘛指点，以便进行寻访。主事喇嘛根据达赖的指点，前往乌拉特旗寻访亥年出生的幼童，经过雍和宫掣签，选定泽登扎布为对音库尔呼图克图五世。光绪二十年(1894)，泽登扎布进寺，广觉寺举行盛大的欢迎仪式。后在经师的指导下学习经文。宣统二年(1910)，到北京朝见宣统皇帝。1914年又赴北京觐见袁世凯大总统，授予"弘道大智"的封号，并赏给呼图克图印信。1918年圆寂。

六世对音库尔呼图克图特卜登卡拉森(1919～1943)出生于内蒙古乌兰察布盟明安旗，名桑杰敖德斯尔。1925年迎入广觉寺，在经师指导下学习佛经，法名特卜登卡拉森丹辛嘉措。1933年去百灵庙拜见六世班禅额尔德尼。1943年圆寂。

第十章 活佛圆寂

从佛教理论看,活佛既然已是修行成佛之人,是能主生死之佛,他不像世俗人的死亡,活佛圆寂只是完成了普度众生的职责。从大乘佛教教义来说,活佛的去世,称为圆寂。佛教把活佛在世间所示现的人身称作色身或蕴身,其去世就是色身的暂时结束,色身结束后他去哪里呢?他的去处按佛教解释是赴法界,由色身转为法身。藏文史书对活佛圆寂称作到了"德瓦坚"——"安乐宫",或称前往"金刚界",也称"贡巴佐"——"意趣圆满",俗称"升天"或"坐化"。活佛在圆寂前,其信徒、弟子要设法挽留,促使其延寿。圆寂后要建舍利塔,同时要着手作转世的安排。

第一节 活佛延寿与圆寂

活佛的色身(在世人),也是普通人,被称为"活佛",只不过是信徒对他的佛化而已。实际上活佛在生理上与凡人无别,亦有病老之时,患病时需要医治,诊病服药。而佛教的信徒们则误认为诵念延寿经咒便能为活佛求得延长在世时日。虽然这是不科学的,但对信徒起着某种精神的安慰作用。活佛染病,自己也念延寿经,以望祛病延寿。如病重,其门徒或其他僧人都要为他诵念佛经,以祈祛病,除魔禳灾,希望借此延寿,使活佛在世能为众生做善事。活佛自己也深知人的寿命有限,是不可抗拒的自然规律。临终时嘱咐弟子们虔诚奉佛,广行善事,完成自己未竟的善业,然后安详而逝。一些藏文史书往往渲染说，活佛逝世升天，有些名叫空行母或空行者的神迎接，由他们引导前往天国。活佛圆寂后弟子们要进行念经，祈求活佛早日转世。相信活佛为普度众生，不会一去不返，而能很快转世再到现世。所以佛教徒把活佛看做死即是生，活佛转世也即所谓"生死一人"。

一般的大活佛，例如达赖喇嘛、班禅额尔德尼、哲布尊丹巴呼图克图及章嘉呼图克图，据史料记载，他们的圆寂一般经过如下几个过程，即预兆、染病、诵经除病、延寿法会、预言转世、病情加重、圆寂、上报中央、广做法会超度、处治遗体、塔葬、举行法会，祈求活佛早日转世。各大活佛圆寂前后的过程基本大同小异。一般中小活佛则相对简化，其规模及声势亦远不及大活佛。下面就以七世达赖喇嘛噶桑嘉措的圆寂过程为例进行具体叙述。乾隆十九年（1754），七世达赖喇嘛举行拉萨传大召法会（即大祈愿法会）之后，受风寒而导致旧病复发、咳嗽、吐血，似是肺部有病。乾隆皇帝闻讯即派特使和京城名医赴西藏慰问和医病，驻藏大臣奉旨前往照看，还送去大量所需用品及金银财物。同时在京城命大国师章嘉呼图克图率众僧举行法会，为达赖喇嘛祈祷早日康复。七世达赖从患病到圆寂前后约三年。他在患病期间，不惜病体，竭力忙于佛事。在佛教活动中，病情日益加重，乾隆十九年（1754）七世达赖去群科甲寺朝圣，静修延寿，由第穆活佛及噶伦多喀哇才仁旺杰等僧俗官员随行，从色拉寺出发，取道蔡贡塘、达孜、彭域、甘丹寺、拉莫护法神具螺顶譬梵天的驻地拉莫觉、元代甲马万户府府址甲马赤康、唐吐蕃赞普松赞干布的出生地墨竹二卡，最后抵沃卡地区的群科甲寺。该地是西藏佛教徒所认为的圣地，传为大护法天女所居的拉莫拉措湖——神女湖湖畔，有二世达赖时所建的群科甲寺，意为法轮圣寺。据说，按《噶当全书》所记，群科甲地方是勇武空行者（按：一种天神）云集之地，也是护法神示现护法之处，特别是该地是四周环山，中间低凹的湖区盆地。神女湖就位于盆地中央，气候多变，因此湖中多幻景，四周山川森林景色常映现湖中，佛教徒多据此附会解释湖景，以示问卜及预言吉凶，故此群科甲寺被佛教徒视为与众不同的寺院，它最宜静修，有益道行纯良，并可聚集福泽，又会为众生祈福除灾。七世达赖在群科甲寺，率众朝拜圣湖，坐在历辈达赖喇嘛坐过的石座上，冒雨向圣湖天女祈祷，敬献各种珍宝和祭湖物品，虽然湖区下雨，继而雪花纷飞，大雾弥漫，七世达赖仍率众在恶劣的天气下举行法事，诵念经咒，审视湖中幻景，请求神女降福延寿。此后他又在群科甲寺举行有千余僧众参加的法会,并为闻讯不断前来的各地数万僧众摩顶祝福。七世达赖离开群科甲寺又取道曲隆、温泉、仁钦区、桑日、帕竹派大寺丹萨梯。在丹萨梯,七世达赖又向雅鲁藏布江南北来此的雅隆、琼结泽当、年波拉卡等地数万僧俗信徒摩顶赐福,从太阳升起到日落,除去午餐时间,不间断地亲自接见并摩顶。后又去桑耶寺大做佛事数日。在贡塘寺、拉东渡口又为数千信徒摩顶祝福,还受聚集于拉东渡口的数万名各地蒙藏信徒的瞻仰,最后返布达拉宫。七世达赖喇嘛往返群科甲寺,骑马行程费时3个月,返回后病情加重,多次吐血,于是又闭门静修两个月。乾隆二十年(1775)在拉萨传大召的法会上,达赖喇嘛在病体未康复的情况下,每日为僧俗徒众讲经,奉祭吉祥天女,封赐藏族寺院活佛名号,由于劳累过度,病情进一步恶化,咳嗽不止,大量吐血,虽经香噶丹群科寺名医桑珠坚赞切脉医治,仍不见好,噶伦们及诸护法神分别商议及降神,均认为必须大做法事,为其除病祛障延寿。于是全藏广积财物,大做祈寿法事,据统计,全藏为他大约做过七至八次的大规模的延寿法事,一般每期用白银2万两左右,多则4万两以上,少则数千两。另外各地寺院均要为达赖延寿举行法事,诵《甘珠尔》、《丹珠尔》等经,各密宗院做长寿仪轨,诵念六字真言、长寿陀罗尼咒,等等。西藏的驻藏大臣诸官员,以班禅大师为首的诸大活佛、第穆摄政,噶厦掌办事务的各个噶伦、内侍、仲科尔及各寺之堪布、阿阇黎(即规范师)都亲自参加有关延寿法事活动。诵经夜以继日,佛灯通宵达旦,其规模之大,持续之久,耗资之众,前所未有。

为延长七世达赖之人寿,除上述法事之外,驻藏大臣及诸噶伦还派汉、藏医生治疗、奉药,因不见明显效果,又共同商议请达赖去罗布林卡夏宫水疗,以冷水养身可望治愈。达赖喇嘛前后曾两次去罗布林卡进行水浴疗法,首次水浴七日,每日两次,加上医生切脉诊治,身体略有好转,血痰变少,体重增加。后医生认为必须继续以秋水养身才可望消除病根。于是又请达赖二次去罗布林卡水疗,为期14日,但返回后咳嗽不止,病情加重,这时又举行法会为达赖祈寿。

按照西藏佛教徒的说法,达赖或班禅等大活佛圆寂前都有某些自然征兆,这实际上是对当时发生的自然变异的一种"天人感应"的附会。据记载,乾隆十九年(1754)十一月内,发生日月升落带有红光;纳木措(即藏北腾格里湖)

和甘丹方向有雷鸣；沃德贡杰雪山发生雪崩，覆盖湖面，后又解冻，湖水甚多，人们对此称奇，视为凶兆；二十年（1755）达赖观看祭灯，最初祭灯正常，突起狂风，吹灭祭灯，不久又天降大雪，众人对此视为"顺缘不佳"之兆；有一天，上部阿里金矿出现前所未闻的块金；甘丹及彭域地方发生山啸，冬季发生雷鸣；在新旧年交替之际，卫藏南北部分地方及藏北纳仓等地发生地震。这些现象都被当时人看作是不祥之兆。这些自然界的异常现象使诸护法神十分不安，拉莫、乃穷、桑耶、噶栋、蔡贡塘、桑浦、雅桑、彭域班丹孜及色拉马头明王殿等地的护法神，为此均进行祷告祭祀活动。为达赖除灾延寿。久病不愈的达赖喇嘛亦有自知，面对异常征兆更觉前景不妙，在一次按例举行的在天女像前的卜卦问疑的仪式上，他亲自卜卦后对侍者说出对自身前景的估计，他说："从卦象看，别事无妨，自己似无大的寿障，可能吉祥天女安慰于我，我自觉今年寿尽。"达赖这种无可奈何的不吉之言，使各寺护法神汉的预言也改变了调子，其所说也是不祥的预言。他们认为法事虽然不停，但达赖病仍不见愈，其原因是浊世许多众生行为不端，达赖喇嘛虽以利乐善巧教化，但心忧身劳，使达赖喇嘛自染恶疾，而众生之邪行使达赖喇嘛病情更为恶化。当他要离开尘世欲往"天国"时，众侍者慌忙礼拜，哀声求达赖永做众生怙主，"万望不要忘却我等浊世有情众生"，并请明示转世灵童。达赖睁眼，微笑而不明言。

一般来说，高僧活佛圆寂之前都以某种不同方式示意他转世的趋向，实际上此前七世达赖已两次示意他将转世，他曾在哲蚌寺洛赛林扎仓对第穆活佛说："一位不像我这样弱而身材秀丽、聪明的学僧正倾慕于我。"此话示意将有传人。后又对他的侍寝堪布扎巴塔西说："我的残体或许可能好转，但再也很难讲经弘法了，与其这样，不如不好转，惟愿此残体再成少年之身，以行清净佛事……吾之躯体可长生安乐。"这句话表明七世达赖要转世。从佛教观点看，活佛之圆寂或涅槃，是自然而合乎佛教传承道理的。佛教理论所示，当其以自身教化众生的事业已近圆满时，也就是他将进入另一个化身的时刻。七世达赖于乾隆二十三年（1757）二月初三的黄昏时圆寂，享年50岁。乾隆皇帝派扎萨克喇嘛阿旺班觉呼图克图等赴西藏悼念，同时委第穆呼图克图为总管事，办理达赖喇嘛的一切事宜，并赐银1万两。六世班禅闻七世达赖喇嘛圆寂后甚为悲痛，下令扎什伦布寺全体僧侣哀悼三日，集合在大经堂诵经，并派人赴西藏拉萨向七世达赖喇嘛遗体献酥油灯1000盏，食子1000个以及元宝、马匹和绸缎等。班禅为达赖喇嘛尽快转世发表了祝祷真言。前后藏以及康区等地前后进行了一个月的悼念活动。

牙含章所著《达赖喇嘛传》中也记载了十三世达赖喇嘛土登嘉措圆寂的情况：土登嘉措在1933年10月13日患病，拉萨大昭、小昭、哲蚌寺、色拉寺、甘丹寺等僧众诵平安经，祈祷达赖平安在世。10月30日下午圆寂。护侍者将达赖的遗体安置在法座上，脱去平常穿的僧衣，换上龙古神服，面部覆以赤巾，在法座前的供桌上点酥油灯和供物，众僧念《拉曲德当永埋》经，进行超度。噶厦通知哲蚌寺、色拉寺、甘丹寺、功德林、喜德林、丹吉林、策满林以及寺庙庄园，一律在屋顶上点燃佛灯，贵族不戴耳垂，妇女不戴头饰，所有寺院、住宅、商店不挂旗帜，以示哀悼。然后，由三大寺和四大林代表以及家属、噶伦向遗体献哈达，噶厦还向遗体献上谓之"千供"的千盏酥油灯，各在自己力所能及的范围献出金银珠宝等财物，以便建塔。

据佛教徒的著作说，活佛在圆寂前往往能预料自身的圆寂，如哲布尊丹巴二世在一次布施会上说："河边的老树依靠着幼树，可活120岁。"以此来比喻他将长寿，众人听说哲布尊丹巴呼图克图长寿都很高兴，互相叙说着。唯有曾做商卓特巴的朋楚克格隆不大愉快，他神情忧郁地坐在那里，其他僧人问商卓特巴，你为什么不说话？商卓特巴说："我们哲布尊丹巴格根喇嘛所说的意思是即将要圆寂，意为一世哲布尊丹巴格根的年龄加上二世格根的年龄为120岁。"于是众人商议祈求长寿。哲布尊丹巴二世病重，众人献吉祥的曼陀罗，哲布尊丹巴二世说："不行了，120岁的年限过了。"此后病情愈来愈严重，终于在十二月二十七日圆寂。又如三世章嘉呼图克图患病，土观活佛祝他健康长寿，章嘉呼图克图却说："神和许多喇嘛曾预言我寿命不会太长，但五世班禅佛罗桑益希说我会长寿，如今我已年近七旬，大概已达到了寿数的终点。"乾隆五十年（1785），章嘉曾在给土观的一封信中说："我活到七十，并不足为奇，我苦于忙乱，求一日安宁而不可得。"章嘉的话有归天之意。章嘉染病，而且每况愈下，乾隆帝派御医为其看病。章嘉活佛对侍从说："我虽身患沉疴，心里却享受着莫大的欢乐。"这是章嘉活佛行将安息的表现。他对侍者说："今日星辰美好，我耳畔妙音萦绕，你们可曾听见？"也就是说，章嘉听到了天乐，反映他已近离世，将在天乐声中被迎往上天的极乐世界。章嘉是从北京到五台山的，病殁于此，其行前每日狂风大作，雨雪骤至，天气凛冽，前所未见，此为不吉之兆，佛教徒认为天气异常，正是天空鬼神对章嘉悼念志的反映。章嘉气息停止之后，天象立变，天空变得清澈，以后数日，晴朗晶莹，四方升起白云，状如伞盖、飞幡、经幢，并有各色虹光发生。相传这是天神空行勇士和空行母打着佛教仪仗，将以虹身出现的章嘉迎往天界无量宫的景象。教徒就是以这类附会之说，来描述活佛升天的。

第二节 塔 葬

高僧活佛圆寂，要进行塔葬，而一般活佛乃至小活佛有火葬和土葬等。塔葬，也就是将高僧活佛的尸骨放在塔内。关于高僧活佛圆寂后的塔葬，其来历是从印度传入的，最早印度埋葬尸骨的坟冢称为窣堵波，这是梵文的音译，汉语译为塔。据《高僧传》记载，汉地造塔始于三国孙权，晋帝修饰。最初印度的舍利塔与佛教并没有什么关系，直到释迦牟尼逝世后，门徒为其所建塔，才具有特殊的意义。由于佛教信徒对释迦牟尼佛崇拜，不能向真身膜拜，便转向膜拜埋葬佛遗骸的塔，以表示自己的虔诚和信仰，这类塔叫做"灵骨塔"，通称"佛塔"。佛塔后来就成为佛教信徒膜拜的建筑物。据说释迦牟尼死后，他的弟子们火化释迦牟尼的尸体，结成了许多晶莹明亮、五光十色而击之不碎的五色珠子，称为舍利子，藏语称作"仁塞"，意为"永存之物"。并把它分别埋在"八大灵塔"中供奉。佛教信徒把舍利塔看成是佛所在的塔，后阿育王兴佛，造84000塔，成一时之盛。塔就成为此后佛教专用的一种建筑。塔中无舍利者，称作支提，只表示道场古迹而已。佛教的传播主要有两种形式，一种是利用佛经即传经念讲；另一种是用形象化的实物，其中佛塔就是突出的形象之一，与佛像、佛经并称为佛之"三宝"。我国蒙藏等地的很多寺庙都有塔的建筑。如我国六大圣寺之一的塔尔寺，寺内佛塔较多。其中有八座如意宝塔通称"如来八塔"，八塔八种特点，是乾隆四十一年（1776）由拉科部头人桑结伦珠出资兴建的。这八座如意宝塔，是根据《佛说八大灵塔名号经》中的记载设计而建的，这八大灵塔即古印度的龙毗尼园、尼连河边、鹿野苑、祇陀园、曲女城、王舍城、广严城及拘尸那城等地之塔。为当时八王所建，分藏舍利，以为供养。在塔尔寺小金瓦殿西北广场上之"八如来塔"，旨在纪念释迦牟尼从诞生到涅槃的八件大事：从东向西起为：（1）莲聚塔，纪念释迦佛诞生，相传佛生学步、步步生莲花。（2）菩提塔，纪念释迦佛修行得道，即指佛在尼连绰河菩提树下觉悟成佛事。（3）转法轮塔，纪念释迦佛初转四谛法轮，即指佛在鹿野园初转法轮（讲经）之事。（4）降伏外道塔，纪念释迦佛降伏摩揭陀等国外道种种奇迹。（5）天降塔，纪念释迦佛从天堂返回人间。（6）息诤塔，纪念释迦佛平息佛教僧人之内部争论。（7）祝寿塔，佛曾在广严城预测自身寿数，其弟子遂祝佛长寿，佛法永存。（8）涅槃塔，纪念释迦佛进入涅槃。释迦牟尼成佛以后，佛教寺庙内都供奉雕塑的佛像，也有一些寺庙用金、银、水晶等制作佛骨的替代品，放在佛像或佛塔内，谓之"装藏"。这些替代品也称为舍利，把这些"舍利"装在塔内的就成为舍利塔。《如意宝珠经轮咒王经》上说："若无舍利，以金、银、琉璃、水晶、玛瑙、玻璃众宝制作舍利。行者无力者，则可到大海边拾取清净砂粒作为舍利，亦有用药草、竹木根节造为舍利。"

塔的种类较多，另有一种是金刚宝座式塔，它供奉的是金刚界五部的主佛（五方佛），在塔基上中央的塔为最大，四隅塔较小，形成五塔象征着须弥山五形。如内蒙古呼和浩特市的五塔寺，由雅察尔济活佛于雍正五年（1727）建立，殿后为金刚座舍利塔，塔座是一方形的高台，台上有立方形慈灯，五塔塔身是以雕刻涂釉的玻璃砖砌成，梵文佛像刻工非常精巧别致。北京西直门外、白石桥东北明代所建之大正觉寺中的五塔，亦是金刚宝座式塔。

塔葬，西藏早就开始了，既是印度佛教传入，西藏便受其影响，同时还受到汉族地区佛教的影响。藏族在唐代就开始建塔了，在藏文《五部遗教》一书中记载，松赞干布的遗骸未被火化，而是以整体坐相安葬在巨陵正中高台之上，然后封陵。松赞干布是藏族崇拜佛教的开创者，并非僧人，却采取了整体遗骸安葬封陵，这必然影响到后世藏族佛教界。藏族地区建塔始于唐代赤松德赞建桑耶寺之时。桑耶寺及五代时期托林寺的佛塔具有很高水平。元代尼泊尔建塔专家阿尼哥等进藏，进一步完善了藏式佛塔的形制，敦煌莫高窟465号元代密宗石窟中就有这种藏式佛塔的完整壁画。另有白马佛塔一座，系藏式佛塔中之精品。迨萨迦派高僧元帝师八思巴抵大都（今北京）后，首座内地西藏式佛塔——白塔寺在北京落成，清季西黄寺的藏有六世班禅衣冠的清净化城塔及北海的白塔均属此类，这是一种常见的主要形制。还有其他变体形制的塔流传。格鲁派的创始人宗喀巴的遗体肉身保存在甘丹寺的灵塔之内，谓之"肉身塔"。信徒们用以膜拜，同时也是世俗信徒对著名高僧的一生行善行为的一种纪念。佛教信徒们以真身舍利塔表示对死者的敬仰，使之成为永远供人奉祀的对象，借以激发人们皈依佛教，效法前贤，舍己度人。这是佛教中建舍利塔的主要原因。当然也出现了一些富有的僧人，其德行善业无功，却仗势争相与宗喀巴大师及其有德行的大弟子们相比拟，用保存完整遗体和建造金银灵塔来提高自己的身价。章嘉活佛对此就有反感，他去世前向乾隆奏书，要求不要完整保存其遗体，也不要建立金银灵塔，只要求将其骨骸火化后，把其骨灰和灵骨装在一个小铜塔里，安放于五台山的镇海寺中即可。这就是章嘉活佛以灵骨和其舍利劝化众生的思想体现。他生前已意识到其圆寂时刻将到来，据说他有意选了文殊菩萨现身说法的圣地五台山（即清凉山），而圆寂日期则选定在释迦牟尼涅槃的四月（即氐宿月），唯独没立嘱建塔。但皇帝和广大信徒因章嘉是高僧活佛，有功于国家，仍然为其建塔，保存了章嘉国师的遗体，以建造金银塔来表示对他的崇敬。章嘉一生行为谨慎谦恭，对达赖、班禅尤为敬重，其不愿建塔是他避免使人误解他与班禅大师相提并论。乾隆提出建塔并增加几种颜色，以此表示其地位低于班禅大师，还以7000两黄金建了一座镶了无数珍宝的大塔，由北京送往五台山，将章嘉遗体安放在塔瓶内，遗体周围摆满各种舍利、奇珍异宝及各种香。佛教界以为一般凡夫俗子不能随心所欲建塔，认为这种建塔不仅无益，反而使他将来下地狱。《惩罚犯戒经》说："未曾得道说得道，死亡说成是涅槃，信者为此如建塔，此系恶趣之根源。"

　　塔葬，是对高僧活佛营葬的一种形式。在塔葬之前，对遗体要作一系列的处理，并有一定仪轨。凡是高僧活佛达赖或班禅等圆寂，必须呈报中央政府，因为达赖、班禅等活佛是由中央册封的。高僧活佛圆寂，中央政府要悼念、体恤，并赐大量的金银财物，办丧葬等仪式。从清朝到民国都是如此，同时要批示准予寻访转世灵童。七世达赖和十三世达赖的塔葬过程的仪式和对遗体的处理是：圆寂前，死者自己盘腿打坐，做跏趺坐相，待停止呼吸时依然如此，如果体弱而无力做跏趺相，则由其亲近弟子协助去做跏趺坐姿。迨三日左右，死者开始流鼻液，佛教徒称作红白菩提水，这时身体软化。这种姿式被称为"幻化之身，成正等觉之相"。当即将遗体移入如意宝盒内。七世达赖遗体在被放入盒内之前，其贴身侍者为其遗体沐浴、涂抹香料。有的记载说，还要为遗体涂上尸盐，以便使遗体脱水干燥，然后为遗体穿上僧衣、戴上五佛冠，使遗体成跏趺坐姿，一般来说，这是经过整容后的活佛形象，已同本来面目略有不同，显得更加丰满、庄严和高大，加上有"七俱拿"和背光为座后装饰，手拿金刚杵、佛经、金铃等法物，更具有理想中的佛相。这样做一方面出于对活佛生前功绩的尊崇，也为方便一般佛教徒的膜拜。十世班禅于1989年1月28日圆寂以后，对其遗体进行处理时，西藏自治区人民政府提供500公斤名贵药品，其中有5公斤的藏红花、帕苦玛粉、白檀香粉及高级冰片等，使用藏红花、檀香料、盐以及名贵的药水洗体，以绸缎裹紧，吸去水分，经过四个月不断的更换，吸尽了水分，就能长年保存。对遗体处理以后，十世班禅的法体端坐在一米多高的法台上。在整容时涂上金粉，描绘了五官，头戴尖顶黄帽（藏语称"孜夏"），身披绸缎法衣，右手持金刚杵（象征着方便和慈悲），左手持法铃（象征着方便、慈悲与智慧的结合），法体外有玻璃护室，供奉在札什伦布寺的孜恰殿堂内，供人瞻仰。

　　遗体有火化和全体存放两种。对于达赖、班禅这些宗教领袖人物来说，对其遗体的处理是一件大事，一般要经重要的会议讨论和卜卦决定。以七世达赖为例，当时由刚被乾隆帝册封的西藏第一位摄政第穆呼图克图负责此事，乾隆命他在七世达赖转世灵童未寻获前及寻获后未亲政前，承办达赖喇嘛的一切事宜，以保持西藏地方政教事务的正常运转。身负皇命的第穆呼图克图决定以卜卦择定达赖遗体的安置。先将预言度母、自言天女等本尊佛像放在达赖喇嘛遗体前，然后进行卜卦，卦示表明要像宗喀巴遗体得到全体存放一样，将七世达赖的遗体全体存放。卜卦又认为造灵塔存放达赖遗骸，以存放在布达拉宫的扎西奇哇寝宫为宜。卜卦决定上述措施后，便开始集资，班禅喇嘛为此捐金千两，连同政府库存开支和汉藏蒙信徒的捐赠，共有金15000余两，同时还收集了无数珍宝，作为灵塔镶嵌之用。继之又以800余两白银铸成达赖的银身像，并泥塑许多诸如妙音天女、大悲观音及喜金刚等佛像，这些佛像都安放在布达拉宫扎西奇哇殿。

　　藏历九月，择选吉日进行塔葬。首先由布达拉宫中的南杰扎仓的僧众吹奏海螺等法器，在佛乐声中，将达赖喇嘛的遗体迎入扎西奇哇寝宫，安放在灵塔内的宝瓶中，宝瓶内有一大型檀香木宝箧，达赖喇嘛的遗体即放在其中。一般安放遗体在清晨，安放完毕正好太阳东升，以示吉祥。安放好七世达赖喇嘛的灵塔（即所谓肉身塔）后不久，以摄政第穆呼图克图阿旺嘉白仁波切为首的众密宗师，又择日为七世达赖灵塔的落成举行开光仪式，从此该灵塔向广大信徒昭示，允许正式朝拜祭祀。成千上万的僧俗信徒来此献供，祈愿者络绎不绝。

活佛灵塔，藏语称作"色尔东"，意为"黄金灵塔"。格鲁派创始人宗喀巴在甘丹寺司东康建灵塔，后世达赖、班禅等大活佛圆寂后多加以效仿，五世达赖灵塔则建于布达拉宫的红宫，是第巴桑结嘉措所建。七世达赖到十三世达赖喇嘛，其灵骨塔均建在布达拉宫，其中以五世达赖及十三世达赖喇嘛的灵塔最为有名，两塔均高14米余，均以木架为之，外裹黄金，前者用11万两，后者为14万两。这些灵塔被形容为"世间装饰"。五世达赖等灵塔建造过程在《世间灵骨塔志》里有记载。十世班禅大师圆寂后，国务院决定，为十世班禅大师修建金灵塔，中央政府拨出6400多万元专款、600多公斤黄金、500多公斤白银，于1990年9月20日在札什伦布寺动工。日喀则民间工匠专为十世班禅大师的灵塔、祀殿打制精美彩绘的铜制"聚福宝瓶"，瓶高近一米，粗约30厘米，宝瓶内装有金、银、珊瑚、松耳石及珍珠等5种珍宝、47种珍贵藏药、青稞等5种谷物，还有各种香料食物。把宝瓶用各色绸布包起来，放进一口棕色的木箱内，把木箱放在灵塔中央基石下面，据说这样可以带来福运。灵塔高11.52米，镶有各种珠宝的全金色十世班禅灵塔修建成以后，十世班禅的肉身被移至灵塔内，以利世代相传。

佛塔象征佛意，藏文称"却甸"，汉语译作"塔"。西藏对活佛遗骸的佛塔则称灵骨塔。这类塔分塔座（又称须弥座）、塔瓶（又称塔腹）及相轮三部分，相轮顶部尖端装有日、月及火焰。塔内装藏物，有金身遗骸（全尸）、舍利子及舍利骨、佛经、佛像和古钱，等等。装有整体遗骸者在汉藏佛教界多有所见。塔身各部均有寓意，塔基代表地基的"土"；塔基上部的阶梯式束腰部分，代表趣悟阶路，即心灵发展的四个阶段；塔瓶代表"水"；相轮（或称塔刹）代表火——精进之火；又代表十三天（因相轮有十三圈）；相轮顶端有月日，分别代表"风"——气息，"空"——精神或灵气（神），这种塔即代表佛教哲学的"土水火风空"。这五者是统一而又循环往复周转的，依次体现一个人所走过的出生—生活—死亡—精神（灵气）的历程，而这种人生历程是轮回式的，也象征活佛作为超脱者，可以有"转世再生"的可能。经过干燥并涂以漆液和遗体装金的遗骸放在塔中，其内涵即在于此。一般活佛的遗骸安奉在塔腹的正中眼光门处，以供佛教徒或世俗百姓瞻观。通常自安奉活佛灵骨于佛塔中后，即进一步大规模地在塔前做四方的高体器物,并系以彩带,西藏佛教认为,这些彩带即谓之"天绳"(藏语称"木踏"),神、佛或活佛的灵魂即通过这些彩带升天或降落人间,这种认识导源于西藏古代宗教——本教。格鲁派兴起,宗喀巴肉身金佛塔建立,是达赖、班禅两大系统活佛死后造塔而葬的开始,成为活佛转世过程中的一个必不可少的重要环节,既是活佛在世间活动的终结,又是活佛再生化现的开始。(见图)

因塔葬而建立起来的塔,是寺庙中的一部分,旨在供佛教徒膜拜,因此要进行不断的修建,如青海化隆县夏琼寺,被认为是格鲁派祖寺,该寺之端珠仁钦大师(1309～1385)是宗喀巴的启蒙法师,77岁圆寂后在夏琼寺建立了一座灵塔,后来阿卓曲杰·喜饶坚赞又用砖砌灵塔,用金粉涂饰。明万历十一年(1583)三世达赖索南嘉措到夏琼寺见端珠仁钦的灵塔有些残破,便赠重金,将塔改建为鎏金铜塔,饰以黄金。第康哇罗桑热丹用许多珠宝镶饰大灵塔。拉卜楞寺活佛晋美成列嘉措对灵塔进行扩建。康熙二十八年(1689),夏琼寺堪布热罗珠固罗桑萨珠以大灵塔为中心,建立起一座琉璃瓦殿宇。康熙五十六年(1717)七世达赖喇嘛格桑嘉措到夏琼寺,按照夏琼寺僧众要求,委任阿旺诺布为夏琼寺堪布,赐黄金500两,覆盖灵塔殿屋顶,金碧辉煌,雄伟壮观,称为大金瓦殿。

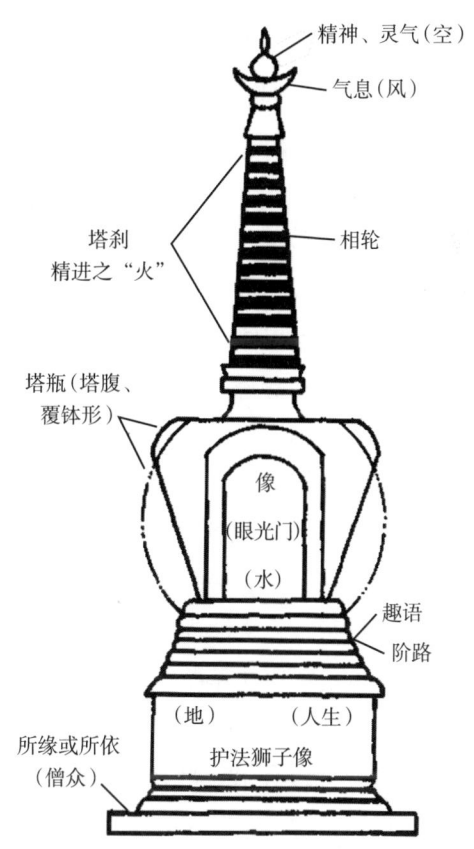

西藏、青海、蒙古等地的寺庙,很多都建有塔,青海的塔尔寺,塔就很多。大金瓦殿有一座大灵塔,塔底座占地面积为25平方米,底周长20米,高11米,在大金瓦殿中央,为纪念宗喀巴(1357～1419)诞生,明洪武十二年(1379)建立,称莲聚宝塔(藏语称巴邦却典),后闻

宗喀巴在卫藏大转法轮，将塔改成四谛塔形（藏语称扎喜果芒却典即转法轮塔），宗喀巴圆寂后又改成涅槃塔，祈愿大师转生，改为天降塔。蒙藏纠纷后又改成息诤塔。经过多次修建，不断改变塔名。在达赖遍知殿，明万历十八年（1590）以三世达赖索南嘉措的一些灵骨舍利和清皇太极赐给达赖的供养物建塔，康熙五十一年（1712）改装为银塔，有琉璃瓦顶和上下两层回廊的佛殿，乾隆二十三年（1758）佛塔因在战乱中损坏，遂用白银4000余两，将塔仍修复为银壳塔，嘉庆二十三年（1818）遍知殿被火焚，次年重建为菩提塔。在大金瓦殿内右侧有一个大塔，是杰仲·阿旺官却旦贝尼玛的灵骨塔，还有阿嘉·日贝坚参的灵骨塔，左侧有一个大塔是章嘉阿旺罗桑却旦的灵塔以及供有阿嘉·嘉样坚措的灵骨塔，赛赤活佛的灵骨塔。在弥勒殿内，其右供着仁钦宗哲坚参的灵骨塔，其左供着塔尔寺第一任法台根本上师俄色嘉措的灵骨塔，等等。

寺庙中的塔，是寺庙的珍贵文物，如西藏桑耶寺，有一座石刻的塔，由塔座、塔身、相轮、太阳和月亮组成，塔座为束腰多边长方形，共15层，第4、8、15层全雕刻成覆莲形，塔身为宝瓶状，宝瓶正面中部有一小佛龛，佛龛边饰为火焰纹，龛内还有一尊小佛像，头戴塔式宝冠，裸上身，下着裙，双手置胸前作转法轮印，结跏趺坐于仰莲座上。相轮由13节组成，其上有仰莲底座和月亮、太阳装饰，石板顶端刻有屋檐建筑，上盖有筒瓦滴水，为莲花图案，屋檐两角各挂一条飘带。这座石刻佛塔，造型美观大方，雕刻细腻考究，与桑耶寺的白塔极为相似。

甘肃拉卜楞寺佛殿内供奉的舍利塔，有肉身塔和骨灰塔，共26座。塔的高低不等，大小不一。高的2米多，一般用银皮包裹，在塔上捶雕各种花纹图案，镶嵌各种珍贵宝石，塔前有金银镶框的活佛画像。每年还举行燃灯节。为纪念格鲁派创始人宗喀巴于十月二十五日圆寂，他的两名弟子加央却杰和仙钦却杰分别在十月二十四日和二十六日圆寂，以及二世嘉木样在十月二十七日圆寂，要举行三天燃灯节活动。全寺经堂、佛殿和建筑物上都点燃灯火，这天寺庙开放供信徒顶礼膜拜。全寺僧人可获得布施和斋饭。凡是历世嘉木样圆寂日，都开放寺庙举行法会等活动。

在哲蚌寺，有第三世和第四世达赖喇嘛的灵塔，均建在哲蚌寺的大经堂内，三世达赖索南嘉措的灵塔以7400两白银制成，银塔装藏了三世达赖的心、舌、眼珠及佛舍利子等无穷宝物。四世达赖喇嘛云丹嘉措的灵塔也是以白银制成的灵塔，塔内藏四世达赖的舌、舍利子、遗骨、骨灰等。藏历每年七月八日哲蚌寺龙崩节时，拉萨市内的群众和寺院附近的群众纷纷前往哲蚌寺举行朝拜活动。

第三节　转世与停止转世

活佛圆寂后进行转世，最早数量比较少，后来发展得很多，各大寺庙均效法沿袭，出现了不可胜数的大大小小的转世活佛，造成活佛转世的泛滥。活佛的转世涉及活佛的权力、地位、财产的延续。也有一些原因造成一些活佛停止转世。有的是强制的，有的不是强制的。活佛圆寂不能进行转世的原因可以说是错综复杂的，有政治的、经济的及教派斗争的诸种原因。

清朝政府对投敌反清的活佛，停止其转世。西藏十世红帽系活佛却朱嘉措勾结廓尔喀军入侵后藏，被停止转世。原因是六世班禅罗桑贝丹，获得蒙藏信徒供献的金银财宝和大量的牛、羊、马匹，以及皇帝给予的赏赐共计价值数十万两的金银财物，由其兄弟仲巴呼图克图运回西藏，除一部分牛、羊、马交给札什伦布寺外，其余珍贵物品均为仲巴呼图克图独吞，其另一兄弟红帽系却朱嘉措因教派不同，没能分到，很不满意，乾隆四十九年（1784）前往尼泊尔，在加德满都勾结廓尔喀王，煽动其出兵，掠夺了札什伦布寺。清高宗命四川总督鄂辉、成都将军成德率军入藏驱逐廓尔喀军，接着又派了一支军队入藏，最后将廓尔喀军驱逐出去。廓尔喀乞降，送回所掠各种财产及文物时，却朱嘉措已死。为严厉惩罚，宣布停止红帽系活佛转世，将其所住羊八井寺产查抄，财产充公，寺庙改为格鲁派寺庙，从此红帽系活佛传承断绝。札什伦布寺济仲喇嘛不抵抗，以卜辞惑众，以剥黄正法，班禅之兄仲巴呼图克图在大敌当前时携财物而逃，令解京治罪。康熙二十四年（1685）任命内蒙古绥远的朋苏召伊拉古克三呼图克图为绥远掌印扎萨克达喇嘛，二十七年（1686）准噶尔与喀尔噶发生战争，康熙派伊拉古克三呼图克图前往调解，伊拉古克三到塔米尔后，杳无音讯，后来获知伊拉古克三投准噶尔部的噶尔丹。三十一年（1692）伊拉古克三派人入边侦察清军行动，被清军所擒，经过审问，证实了他投敌，以后便停止了伊拉古克三呼图克图在朋苏召的转世。青海蒙古罗卜藏丹津在康熙五十五年(1716)袭亲王爵,于雍正元年(1723)率众反清,塔尔寺和郭隆寺的上层喇嘛也参加反清,清廷派年羹尧、岳钟琪率兵平定,郭隆寺之丹麻胡土克图因反清被杀,被停止转世。清朝政府对寺庙和活佛加强统治,进行限制。由年羹尧奏准,五年(1727)规定参加反清寺庙喇嘛不准超过300人,每年稽查两次,使"神权"掌握在清王朝手中,决不允许用"神权"来反对清朝的君权。

经济原因也会造成活佛停止转世。寺庙财产的增加是佛教发展的基础,如果寺庙没有收入,寺庙就存在不下去,活佛没有财产也就不能转世。特别是到清末,很多寺庙经济困难,使一些活佛停止了转世,呼和浩特的一些寺庙,尤为明显。在呼和浩特小召,1878年内齐托因圆寂,在哈喇沁人中找到了转世灵童,但新生婴儿不久死了,由于寺庙在寻访转世灵童中花去一笔经费,寺庙本身经济困难,无力再寻找新的转世者,寺庙的活佛转世也就停止了。又如呼和浩特拉布济召是康熙六年(1667),由宁宁呼图克图建立,大约在同治十二年(1873),宁宁呼图克图圆寂,佛殿已处于半倒塌的情况,再也无人去寻找转世灵童,也就不再转世了。内蒙古呼和浩特五塔寺的活佛称雅察尔济格根,只转世三代。光绪十二年(1886),雅察尔济格根三世圆寂,此时庙已荒废,已没有条件进行活佛转世。寺内没有活佛,喇嘛也陆续转到小召去了。十九年(1893),寺内已无一喇嘛,佛像也残缺不全。内蒙古呼和浩特乌素图召的罗布桑旺扎勒活佛,因经济困难传到第八代,明珠尔于民国十九年(1930)圆寂,也停止了转世。在甘肃地区的一些寺里也出现过活佛停止转世现象,如由拉丹夏仲和拉丹然绛巴·阿旺年智两人掌管的寺庙,因拉丹然绛巴·阿旺年智是拉卜楞寺老僧,将寺院转献给嘉木样以后,由拉丹夏仲转世的活佛阿旺丹增程勒管理,他和拉丹噶居转世的活佛两人不和,由圣·大甘珠尔贡却华增调解,最后确定寺院由贡拉丹夏仲转世的活佛掌管,但是他圆寂后,寺庙荒芜破落,没有再转世。

有渊博学识、具有名望的僧人,被尊崇为活佛,可世世转生,但也有一些能刻苦学经的学者,遗嘱不再转生。如拉卜楞寺的拉科仓·久美成来加措,是一个佛学造诣很深、德高望重的人,他曾为第九、第十世班禅大师,第五世嘉木样和十四世达赖喇嘛以及甘青各大寺活佛的传法,并被尊为拉科仓活佛,他临终时,遗嘱其徒,绝不转生。

第十章　活佛圆寂

除了以上原因之外，还有许多其他原因，如活佛的还俗以及政治原因，如八世哲布尊丹巴呼图克图阿旺垂济尼玛丹彬旺舒克停止了转世。七世章嘉呼图克图雱迎叶锡道尔济 1978 年在台湾圆寂，五世甘珠尔瓦呼图克图于 1978 年在台湾圆寂，都是最末一代，不再转世。

转世要有一个过程。传说活佛圆寂后，从死亡到转生之间有一个过渡期，也可以称其为中阴期。在这个时期，众僧为活佛圆寂诵经，祈祷早日转世，这是提醒他不要在中阴期停留，为普度众生，要及早投胎转世。

附 录

一、指认呼毕勒罕定制

乾隆五十七年 (1792) 谕，西藏为达赖喇嘛、班禅额尔德尼驻锡之地。各蒙古及番众人等前往煎茶瞻拜。皈依佛法，必其化身的确，方足以衍禅教而惬众心。今藏内达赖喇嘛、班禅额尔德尼等呼毕勒罕圆寂后，俱令拉穆吹忠作法降神，俟神附伊体，指明呼毕勒罕所在，拉穆吹忠既不能认真降神、往往受人嘱求，任意妄指，是以达赖喇嘛、班禅额尔德尼、哲布尊丹巴呼图克图等，以亲族姻娅相传袭，近数十年来总出一家，竟与蒙古之世职无异，以致蒙古番众物议沸腾，嗣后应令拉穆吹忠认真作法降神指出，务寻实在根基呼毕勒罕名姓若干。将其生年月日各写一签，贮于由京发去金本巴瓶内，令达赖喇嘛等会同驻藏大臣公同念经，对众拈定具奏。作为呼毕勒罕，不得听其仍前任意妄指，私相传袭，以除积弊而服人心。

又谕，嗣后出有呼毕勒罕，禁止吹忠降神，将所生年月相仿数人之名，专用金本巴瓶，令达赖喇嘛掣签指定，以昭公允。

又谕，达赖喇嘛、班禅额尔德尼，系宗喀巴之大徒弟，职掌佛教，乃西藏之要人，众蒙古番子等尊崇佛教，是以达赖喇嘛、班禅额尔德尼之呼毕勒罕，必须真实，方能倾服众心，兴隆格鲁派，向来认识呼毕勒罕，惟在拉穆吹忠之隆丹，凭其所指，即为呼毕勒罕，因近年来古尔德木巴等本领平常，不能降神，或且受人嘱托，妄行指示，至达赖喇嘛、班禅额尔德尼、哲布尊丹巴呼图克图等之呼毕勒罕，皆出于一族，及其近亲中，竟与各蒙古王公八旗官员世袭无异。朕心实所不许,乃果因丹津班珠尔之子中亦出呼毕勒罕,众心不服,致有沙玛尔巴图谋班禅额尔德尼遗产,遂往廓尔喀勾引贼匪抢掳札什伦布之事,朕前于识认达赖喇嘛、班禅额尔德尼、哲布尊丹巴呼图克图之呼毕勒罕时,曾降旨令四吹忠诚心祈祷,俾真神降临,指出呼毕勒罕几人,将伊等名字生辰缮签入于自京赏发之金本巴瓶内,达赖喇嘛与驻藏大臣等共同看视唪经。于大众前掣出一人,以为呼毕勒罕,如此办理,特为保卫格鲁派之意,藏内既已如此,内外扎萨克地方,亦各原有素所敬信之呼图克图,如圆寂后,其呼毕勒罕亦应照此例办理,不可仍前以致某部落所奉之呼图克图,其呼毕勒罕必出于本部落扎萨克王公之弟子中。此朕保障格鲁派之意,将此通谕内外扎萨克等知之。是年遵旨议定,凡蒙古番子部落呈报呼图克图大喇嘛之呼毕勒罕出世,准于闲散台吉或属下人等及唐古特平人之子嗣内指认,其达赖喇嘛、班禅额尔德尼之亲族,及各蒙古汗、王、贝勒、贝子、公、扎萨克台吉之子孙,均禁止指认呼毕勒罕,凡各处之呼图克图,及旧有之达喇嘛等圆寂后,均准寻认呼毕勒罕,其无名小庙坐床,从前并未出有呼毕勒罕之寻常喇嘛已故后,均不准寻认呼毕勒罕。

五十八年(1793)谕各蒙古等祈奉之呼图克图甚多,若悉令赴藏识认呼毕勒罕,未免过繁,且道途亦远,蒙古等力所不能,嗣后识认各扎萨克等所奉呼图克图之呼毕勒罕,着各盟长拟定,其情愿赴藏识认者,仍照例前往外,其余经报理藩院,缮签入于雍和宫所供金瓶内,令掌印扎萨克达喇嘛呼图克图等唪经,与理藩院大臣共同监掣,可省远路浮费,将此通谕内外扎萨克永远遵行,将伊等私指王公子弟为呼毕勒罕之事,严行禁止。

又议准,嗣后各大寺坐床堪布喇嘛缺出,达赖喇嘛知会驻藏大臣济咙呼图克图共同捡放,给予合印执照,派往住持以昭慎重,其小寺堪布喇嘛缺出,令达赖喇嘛自行补放。

五十九年(1794)谕,青海之察汉诺门汗,系一扎萨克,有管理游牧之责,伊之呼毕勒罕必须伊属下心服,方于事有益,嗣后察汉诺门汗圆寂后,拟呼毕勒罕时,无论伊族人亲戚,按伊属下人等众情帖服者,入于金本巴瓶掣定,毋庸固执新例。

嘉庆十三年(1808)奏准,达赖喇嘛呼毕勒罕寻得时,灵征众者,不复入金本巴瓶掣定。

二十四年(1819)谕,玉麟等奏藏中僧俗人等求定达赖喇嘛呼毕勒罕一折,甚属非是,从前各处呈报呼毕勒罕出世,每多附会,争端渐起,弊窦丛生,皇考高宗纯皇帝洞烛其情,设金本巴瓶缄名掣定之制,睿漠深远,自当万世遵行,今理塘所报幼孩,其所述灵异,何足征信,若遽听其言,与从前指定一人者何异,玉麟等不严行驳饬实为错误,著传旨申饬,此次理塘幼孩,即作为入瓶签掣之一,俟续有报者再得其二,方可将三人之名,一同缄封入瓶,照定制对众诵经掣签;着将此旨明白传谕第穆呼图克图,毋许再渎,若来京求请即查拿治罪。

道光二年(1822)议准,认获呼毕勒罕时,该旗加具印结报院,方准入瓶掣签。

三年(1823)谕,嗣后呼毕勒罕,不准在民人(汉人)幼孩内寻访。

摘自《钦定大清会典事例》之《理藩院》

二、喇嘛说

　　佛法始自天竺，即厄纳特阿克部，其地曰痕都斯坦。东流而至西番。即唐古特部，其地曰三藏。其番僧又相传称为喇嘛。喇嘛之字，汉书不载，元明史中，或讹书为剌马。陶宗仪《辍耕录》载，元时称帝师为剌（读作拉）马。毛奇龄《明武宗外记》又作剌麻，盖系随意对音，故其字不同，予细思其义，盖西番语谓上曰喇，谓无曰嘛。喇嘛者，谓无上。即汉语称僧为上人之意耳。喇嘛又称格鲁派，盖自西番高僧帕克巴，旧作八思巴，始盛于元，沿及于明，封帝师、国师者皆有之，元世祖初封帕克巴为国师，后复封为大宝法王，并尊之曰"帝师"。同时，又有国师（《卫藏通志》为丹巴）者，亦封帝师，其封国师者，不一而足。明洪武初，封国师、大国师者，不过四五人。至永乐中，封法王、西天佛子者各二。此外封灌顶大国师者九，灌顶国师者十有八，及景泰、成化间，益不可胜记。我朝惟康熙年间，只封一章嘉国师，相袭至今。我朝虽兴格鲁派，而并无加崇帝师封号者。惟康熙四十五年敕封章嘉呼图克图为灌顶国师，圆寂后，雍正十二年乃照前袭号为国师。其达赖喇嘛、班禅额尔德尼之号，不过沿元明之旧，换其袭敕耳。格鲁派之兴，始于明。番僧宗喀巴生于永乐十五年丁酉，至成化十四年戊戌圆寂。其二大弟子曰达赖喇嘛、曰班禅喇嘛。达赖喇嘛位居首，其名曰罗伦嘉穆措，世以化身掌格鲁派。一世曰根敦朱巴，二世曰根敦嘉穆措，三世曰索诺木嘉穆措，即明时所称活佛索南嘉措也，四世曰云丹嘉穆措，五世曰阿旺罗桑嘉穆措。我朝崇德七年，达赖喇嘛、班禅喇嘛遣使贡方物。八年，赐书达赖喇嘛及班禅呼图克图，盖仍沿元明旧号。及定鼎后，始颁给敕印，命统领中外格鲁派焉。盖中外格鲁派，总司以此二人。各部蒙古，一心归之。兴格鲁派，即所以安众蒙古，所系非小，故不可不保护之，而非若元朝之曲庇诒敬番僧也。元朝尊重喇嘛，有妨政事之弊，至不可问，如帝师之命与诏敕并行，正衙朝会，百官班列；而帝师亦专席于坐隅。其弟子之号司空、司徒、国公、佩金玉印章者，前后相望，怙势恣睢气焰熏灼，为害四方，不可胜言。甚至强市民物，捶挞留守与王妃争道，拉殴堕车，皆释不问，并有民殴西僧者截手、詈之者断舌之律，若我朝之兴则大不然。盖似蒙古奉佛信喇嘛，不可不保护之，以为怀柔之道而已。其呼图克图之相袭，乃以僧家无子，授之徒，与子何异，故必觅一聪慧有福相者，俾为呼必勒罕，即汉语转世化生人之意。幼而皆习之，长成，乃称呼图克图。此亦无可如何中之权巧方便耳。其来已久，不可殚述。孰意近世其风日下，所生之呼必勒罕，率出一族，斯则与世袭爵禄何异，予意以为大不然。盖佛本无生，岂能转世，但使今无转世之呼图克图，则数万番僧无所皈依，不得不如此耳。从前达赖喇嘛圆寂后，转生为呼必勒罕。一世在后藏之沙卜多特地方，二世在后藏大那特多尔济丹地方，三世在前藏对垅地方，四世在蒙古阿勒坦汗家，五世在前藏崇寨地方，六世在理塘地方，现在之七世达赖喇嘛在后藏托卜扎勒拉里冈地方，其出世且非一地，何况一族乎？自前辈班禅额尔德尼圆寂后，现在之达赖喇嘛与班禅额尔德尼之呼必勒罕及喀尔喀四部落供奉之哲布尊丹巴呼图克图皆以兄弟叔侄姻娅递相传袭，似此掌教之达喇嘛呼必勒罕，皆出一家亲族，几与封爵世职无异。即蒙古内外各扎萨克供奉之大呼必勒罕，近亦有各王公家子弟内转世化生者，即如锡哷图呼图克图即系喀尔喀亲王固伦额驸拉旺多尔济之叔，达克巴呼图克图即系阿拉善亲王罗卜藏多尔济之子，诺颜绰尔济呼图克图即系四子部落郡王拉什燕丕勒之子，堪卜诺门汗扎木巴勒多尔济之呼必勒罕即系图舍图汗车登多尔济之子。似此者难以枚举。又从前哲布尊丹巴呼图克图圆寂后，因图舍图汗之福晋有妊，众即指以为哲布尊丹巴呼图克图之呼必勒罕，及弥月，竟生一女，更属可笑。蒙古资为谈柄，以致物议沸腾，不能诚心皈信。甚至红帽喇嘛沙玛尔巴垂涎札什伦布财产自谓与前辈班禅额尔德尼及仲巴呼图克图同系兄弟，皆属有份，唆使廓尔喀滋扰边界，抢掠后藏，今虽大振兵威，廓尔喀畏惧降顺，匍匐请命，若不为之剔除积弊，将来私相授受，必致格鲁派不能振兴，蒙古番众猜疑轻视或致生事，是以降旨藏中，如有大喇嘛出呼必勒罕之事，仍随其俗，令拉穆吹忠四人降神诵经，将各举呼必勒罕之名，书签贮于由京发去之金本巴瓶内，对佛念经，令达赖喇嘛或班禅额尔德尼同驻藏大臣共同掣签一人，定为呼必勒罕，虽不能尽除其弊，而较之从前各任私意指定者，大有间矣。又各蒙古之大呼必勒罕，亦令理藩院行文，如新定藏中之例，将所报呼必勒罕之名贮于雍和宫佛前安供之金本巴瓶内，理藩院堂官会同掌印之扎萨克达喇嘛等共同掣签，或得真传以息纷竞。去岁廓尔喀之听沙玛尔巴之语，劫掠藏地，已其明验。虽兴兵进剿，彼即畏罪请降，藏地以安，然转生之呼必勒罕出于一族，是乃为私。佛岂有私，故不可禁。兹予制一金瓶，送往西藏，于凡转世之呼必勒罕，众所举数人，各书其名置瓶中，掣签以定。虽不能尽去其弊，较之从前一人之授意者，或略公矣。夫定其事之是非者，必习其事，而又明其理，然后可。予若不习番经，不能为此言。始习之时，或有议为过兴格鲁派者，使予徒泥沙汰之虚誉，则今之新旧蒙古畏威怀德，太平数十年可德乎？且后藏煽乱之喇嘛，即正以法。上年廓尔喀侵略后藏时，仲巴呼图克图既先期逃避，而大喇嘛济仲扎苍等遂托占词为不可守，以致众喇嘛纷纷逃散。于是，贼匪始敢肆行抢掠，因即令将为首之济仲拿至前藏，对众剥黄正法，其余扎仓及仲巴呼图克图等俱拿解至京治罪安插。较元朝之于喇嘛方且崇奉之不暇，致使妨害国政。况敢执之以法乎？若我虽护格鲁派，正合于王制所谓修其教不易其俗，齐其政不移其宜，而惑众乱法者，仍以王法治之，与时地齐民无异。询问自帕克巴创教以来，历元明至今五百年，几见有将大喇嘛剥黄正法及治罪者？天下后世岂能以予过兴格鲁派为讥议乎？元朝曾有是乎？盖举大事者，必有其时与其会，而更在乎公与明。时会至而无公与明以断之，不能也，有公明之断，而非其时与会，亦望洋而不能成。兹之降廓尔喀，定呼必勒罕，适逢时会，不动声色以成之。去转生一族之私，合内外蒙古之愿，当耄近归政之年，复成此事，安藏辑藩，定国家清平之基于永久，予幸在兹，予敬益在兹矣。

乾隆五十有七年岁次壬子孟冬月之上浣御笔。

      摘自《清政府与喇嘛教》(乾隆撰写的《喇嘛说》用汉、满、蒙、藏四种文字刻于碑的四面，立于雍和宫，原文有主文678个字，夹注有2000字《卫藏通志》载《高宗纯皇帝御制喇嘛说》。另《清高宗实录》所载《喇嘛说》文中无注，具与碑文字略有出入。)

三、藏内善后章程二十九条

（一）关于寻找活佛及呼图克图的灵童问题，依照藏人例俗，确认灵童必问卜于四大护法，这样就难免发生弊端。大皇帝为求格鲁派得到兴隆，特赐一金瓶，今后遇到寻认灵童时，邀集四大护法，将灵童的名字及出生年月，用满、汉、藏三种文字写于签牌上，放进瓶内，选派真正有学问的活佛，祈祷七日，然后由各呼图克图和驻藏大臣在大昭寺释迦佛像前正式认定。假若找到灵童只有一名，亦须将灵童的名字的签牌和一个没有名字的签牌，共同放进瓶内，假若抽出没有名字的签牌，就不能认定已寻得的儿童，而要另外寻找。达赖喇嘛和班禅额尔德尼像父子（按：应译为师徒）一样，认定他们的灵童时，亦须将他们的名字用满、汉、藏三种文字写在签牌上，同样进行，这些都是大皇帝为了格鲁派的兴隆和不使护法弄虚作弊。这个金瓶平时放在宗喀巴佛像前，需要保护净洁，并进行奉养。

（二）为求西藏永远安乐计，今后由邻近各国来西藏的旅客和商人，需要进行管理，如果他们安分守己，遵守地方例俗，可以准其照旧经营商业，但是所有来往商人，必须进行登记，造具名册呈报驻藏大臣衙门备案。准许尼泊尔商人每年来藏三次，克什米尔商人来藏一次，各该商人无论前往何地，须由该管主脑呈报驻藏大臣衙门，按照该商人所经过的路线签发路证，并在江孜和定日两地新派官兵驻扎，各该商人经过时，须将路证拿出来检验。如有外人要求到拉萨者，须向各边境宗本进行呈报，并由驻江孜和定日的汉官进行调查，将人数呈报驻藏大臣衙门批准。该外人到拉萨后，需要进行登记并受检查。派驻各地的汉官及文书等人员，如有贪污受贿等行为，一经发现即予惩办。由不丹、哲孟雄前来拉萨办理朝佛等事的人员，也同样需要呈报。外人返回本国时，也由各地宗本加以管理并进行检查。达赖喇嘛派往尼泊尔修建佛像或去朝塔的人员，由驻藏大臣签发路证，如逾期不能返回，由驻藏大臣另外行文给廓尔喀王。这样办理既可澄清边务，也对西藏有利。

（三）西藏章卡（市场所流行的一种硬币）历来掺假很多，今后政府应以纯粹汉银铸造，不得掺假。并以旧制，每一章卡重一钱五分，以纯银的六枚章卡换一两汉银。本来六枚章卡只等于九两银攀子。所差一钱银子即算为铸造费用。"章卡"正面铸"乾隆宝藏"字样，边缘铸年号，背面铸藏文。驻藏大臣派汉官会同噶伦对所铸造之章卡进行检查，以求质量纯真。以前尼泊尔铸有假章卡，藏政府也铸有假章卡，现规定其比价一律为汉银一两换一百〔八〕枚，并决定以后不得再私自铸造。凡尼泊尔及西藏所铸章卡之没有掺假者，一律以上述比价为标准，以后不得非议。所铸新章卡如掺杂锡、铁等假料而被发觉时，所有藏汉官及噶伦委派之孜本、孜仲（僧官）等管理人员及工匠人等，一律依法应受严厉处分，并依所铸假币数目加倍罚款。

（四）以前前后藏都没有正规军队，用时临时征调，不仅缺乏作战能力，并且造扰人民，为害很大，这次呈请大皇帝批准，成立 3000 名正规军队：前后藏各驻 1000 名，江孜驻 500 名，定日驻 500 名，以上兵员由各主要地区征调，每 500 名兵员委一代本管理。以前西藏只有 5 个代本职位，这次增加兵额，应以新增人数，增加代本名额。前藏代本即由驻拉萨游击统辖，日喀则、江孜、定日各地代本，由日喀则都司统辖。所有征调的兵员，应填造两份名册，一份存在驻藏大臣衙门，一份存噶厦，以后如果发生缺额，即依名册补充。以上兵员统为达赖喇嘛和班禅额尔德尼的警卫。

（五）关于军官的职位，按照这次的编制，代本以下设 12 个如本，每一如本管 250 名兵员，如本以下设 24 名甲本，每一甲本管 125 名兵员，甲本以下设 5 名定本，每一定本管 25 名兵员。以上人员由驻藏大臣和达赖喇嘛挑选年轻有为者充任，并发给执照。代本出缺时，由如本中升补，如本出缺时，从甲本中升补，以下类推。贵族出生的军职人员，也要从定本、甲本逐级提升，不得任意升迁。按照旧例：平民只能升任定本，不能上升，今后应依照其学识技能及战功逐级升迁，不得歧视。如有违反军纪的事情发生，即予严惩。

（六）以前征调兵丁，不发粮饷武器，系由各兵丁自备，所带的东西一旦用完，即行潜逃。今后每年每人应发粮食二石五斗，总共为 7500 石，上述粮食仅靠前后藏的田赋收入不够支付，故以沙玛尔巴、仲巴呼图克图的田产，以及丹津班珠尔之子目居索南班觉所呈缴的五个庄园，总共收入青稞 3170 石，作为补充。如还不够支付，即将沙玛尔巴桑坚班的什物尽行变卖，以补不足，这样每年可收入青稞 7500 石，用以发给各兵员应发的粮饷。另外，受征调的兵员，由达赖喇嘛发给减免差役的执照，这样更可使各兵员知道对他们的照顾，以增进他们的战斗情绪。各代本因为已有了达赖喇嘛拨给他们的庄园,就无须另发薪饷。各如本每年应发 36 两银子,各甲本 20 两,各定本 14 两 8 钱,总共 2688 两银子,由藏政府交给驻藏大臣,分春秋两季发给。兵员的粮饷也分春秋两季发给,由甲本和代本负责,不得短少。

(七)关于军队装备:5/10 用火枪,3/10 用弓箭,2/10 用刀矛。前后藏各寺院如有剩余武器,给价予以收买,其费用由前被没收的沙玛尔巴牧场收入的酥油价值 550 两中开支。弓箭、火药由政府每年派人前往工布及边坝制造。各兵丁也要经常操演。

(八)达赖喇嘛和班禅额尔德尼的收入及开支,以前不经过驻藏大臣审核,由于达赖喇嘛与班禅额尔德尼全副精力贯注于宗教,不加细察,零星事务,完全由他的亲属及随员等负责管理,难免不发生中饱舞弊等情事,所以这次大皇帝特命驻藏大臣进行审核,每年在春秋两季各汇报一次。一有隐瞒舞弊等情事发生,应即加以惩罚。

(九)此次廓尔喀侵犯藏地,西藏许多村落夷为废墟,人民饱尝痛苦,因此对于所属人民应大发慈悲,予以爱护,最近决定济咙、绒夏、聂拉木等三个地方免去两年的一切大小差徭,宗喀、定日、喀达、从堆等地方各免去一年的一切差徭。并免去前后藏所有人民铁猪年以前所欠的一切税收。政府僧俗官员、各宗豁负责人等,所有欠交税收也都减免一半。以上各项措施符合大皇帝爱护西藏众生的意志,对于前后藏人民造益不浅。

(十)驻藏大臣督办藏内事务,应与达赖喇嘛、班禅额尔德尼平等,共同协商处理政事,所有噶伦以下的首脑及办事人员以至活佛,皆是隶属关系,无论大小都得服从驻藏大臣。札什伦布寺的一切事务,在班禅额尔德尼年幼时,由索本堪布负责处理,但为求得公平合理,应将一切特殊事务,事先呈报驻藏大臣,以便驻藏大臣出巡到该地时加以处理。

(十一)噶伦发生缺额需要补任时,从代本、孜本、强佐中考察各人的技能及工作成绩,由驻藏大臣和达赖喇嘛共同提出两个名单,呈报大皇帝选择任命。噶伦喇嘛之缺额,从大堪布中提名呈请委任。代本之缺额从如本中升迁,或从边界宗本中提出两个名单,呈请选择委任。孜本和强佐之缺额,由业仓巴、协邦(管理刑事者)、噶厦大秘书、孜中喇嘛(僧官)中选任。业仓巴和协邦之缺额,由雪第巴、拉萨米本、达本中选任。雪第巴、拉萨米本、达本之缺额，由各地宗本及噶厦仲尼（交际人员）中委任。业仓巴和雪第巴之僧官缺额，从各大寺喇嘛中挑选委任。大秘书之缺额，由小秘书及噶厦仲尼中委任。大宗及边宗宗本之缺额，由小宗宗本中委任。小秘书之缺额，由武官甲本及其他适当人员中委任。各边宗及小宗宗本之缺额，由普通职员中委任。过去各宗之僧官宗本，都由达赖喇嘛的随从中委任，他们多不能亲自到宗任职，而派代理人前往，这些代理人难免不发生贪污敲诈情事，因此今后所有代理人均由驻藏大臣选派，不能由孜仲喇嘛私自委派。噶厦的小秘书及仲尼，其职位虽小，但经常和噶伦一处工作，不谓不重要，所以须从俗官中挑选能力较强者充任之。最近改组造币厂，委任两个孜本和两个孜仲为管理人，如该人员发生缺额时，须由达赖喇嘛和驻藏大臣协商选任。所有以上人员，除噶伦和代本须呈请大皇帝任命外，其余人员可由驻藏大臣和达赖喇嘛委任，并发给满、汉、藏三种文字的执照。噶伦、代本以下人员和各个宗本，今后均按上述规定逐级升迁，不得逾规乱为。至于草官、卫士、糌粑管理人、帐篷管理人等，无关重要，可由达赖喇嘛自行委派。

札什伦布的工作人员，都是僧人，过去没有规定品级，多少也不一定。今后强佐出缺时，须由索本喇嘛（管饮食者）和森本喇嘛（管寝室者）中补任，索本出缺时，从孜仲中补任，森本出缺时，从仲尼中补任，不得随意升迁。札什伦布辖区内村落较少，各边地亦无重要之宗豁。所有强佐、索本、森本及宗本等，须依前藏之制度，由班禅额尔德尼和驻藏大臣协商委任。至于管理酥油、糌粑、柴火等零碎事务之无关重要人员，可依其技能之优劣，由班禅额尔德尼自行选任。关于"乌拉"等之派遣可依照旧例行之。

（十二）达赖喇嘛和班禅额尔德尼周围的随从官员，过去都是他们的亲属，如达赖喇嘛的叔父和班禅额尔德尼的父亲班丹团主，都是私人升任，又如达赖喇嘛之胞兄洛桑格登主巴，依仗势力多行不法。今后应依西藏各阶层及札什伦布僧俗人民之愿望，在达赖喇嘛和班禅额尔德尼在世时，其亲属人员不准参与政事。达赖、班禅圆寂后，如果还有亲属，可以根据他们的技能给予适当的职务。

（十三）驻藏大臣每年分春秋两季出巡前后藏各地和检阅军队，各地汉官和宗本等，如有欺压和剥削人民情事，即可报告驻藏大臣，予以查究。驻藏大臣出巡时，所用民间乌拉等，都得发给脚价，不能扰累番民，以示体恤。

（十四）西藏和廓尔喀、不丹、锡金等疆界相连，以前这些地方来人呈献贡物和处理公务，达赖喇嘛写回信时，曾因格式不合及其他原因而发生纠葛，例如廓尔喀前此行文交涉章卡一事，西藏方面没有谨慎从事，以致引起战争。现廓尔喀方面虽然表示悔改前非，归顺投降，但以后无论何种行文，都须以驻藏大臣为主，和达赖喇嘛协商处理。今后廓尔喀派人来见达赖喇嘛和驻藏大臣，其回文必须按照驻藏大臣之指示缮写，关于边界的重大事务，更要根据驻藏大臣的指示处理。外方所献的贡物，也须请驻藏大臣查阅。不丹，以前皇帝曾加过封号，其宗教虽然不同，但每年派人向达赖喇嘛呈献贡物；同时锡金、宗巴、孟唐等藩属，每年也派人向达赖喇嘛和班禅额尔德尼献贡，均不要加以阻挠，而应详细检查。外方人员来藏时，各边宗宗本须将人数登记，报告驻藏大臣，由江孜和定日的汉官进行检查后，准其前往拉萨。各藩属给达赖喇嘛等人的来文，须译呈驻藏大臣查看，并代为酌定回书，交来人带回。所有噶伦都不得私自向外方藩属通信，即或由外方藩邦行文给噶伦时，也得呈交驻藏大臣和达赖喇嘛审阅处理，不得由噶伦私自缮写回信。以上有关涉外事务的规定，应严格遵守。

（十五）西藏的济咙、聂拉木、绒夏、喀达、萨噶、昆布等地区和廓尔喀疆土相连，又为交通要道，须在济咙的日班桥、聂拉木的潘瞻铁桥、绒夏的边界等处树立界碑，阻止廓商和藏人随意越界出入。驻藏大臣出巡时必须予以检查。所有尚未树立界碑之处，亦须迅速树立，不得因迟延而引起纠葛。

（十六）边界地区与外方连接，对于当地人民之管理，来往行人之检查，都属重要事务。过去知能较强之宗本多留拉萨供职，而派知能较弱之宗本前去边界，难免耽误事情。今后边宗宗本均由小宗本及军队头目中选派，任满三年后考察成绩，如果办理妥善，驾驭得宜，记名以代本等缺升用；倘办理不善，立即革退。

（十七）西藏过去委任大小职务，均在贵族中选任，平民完全无份。自今新立规章，凡普通士兵如有知能较强并有战争能力者，虽非贵族亦得升任定本甚至逐级升至代本。其他一切官职，可依旧例从贵族中派任，但如年龄过幼，亦不宜担任官职。因此规定小秘书、噶厦仲尼、小宗本等，年满18岁之贵族子弟始可派任。

（十八）堪布为各寺院之主脑，应选学问渊博、品德良好者充任之，近查各大寺之活佛，拥有很多庄园，并因享有群众信仰，所献贡物者很多，再加经商谋利，贪财好货，甚不称职。现规定今后各大寺堪布活佛人选，得由达赖喇嘛、驻藏大臣及济咙呼图克图等协商决定，并发给加盖以上三人印章的执照。至于各小寺堪布活佛之人选，可依原例由达赖喇嘛决定。

（十九）政府之税收，有以银两折交易物品者，即照所定新旧章卡兑换之数，按新铸旧铸，分别折收，不得稍有浮多。至采买各物，亦须公平交易，不得苦累商民。

（二十）在济咙、聂拉木两地方抽收大米、食盐及各种物品之进出口税，可依原例办理。除非请示驻藏大臣同意，政府不得私自增加税额。

（二十一）西藏之税收、乌拉等各种差役，一般贫苦人民负担苛重，富有人家向达赖喇嘛和班禅额尔德尼领得免役执照，达赖喇嘛之亲属及各大呼图克图亦领有免役执照。各噶伦、代本、大活佛之庄民也多领得免役执照。今后所有免役执照一律收回，使所有差役平均负担。其因实有劳绩，需要优待者，由达赖喇嘛和驻藏大臣协商发给免役执照。对新成立之兵员，由驻藏大臣和达赖喇嘛依照名册一律发给免役执照。兵员出缺时，须将所发免役执照收回。

（二十二）达赖喇嘛所辖寺庙之活佛及喇嘛，一律详造名册，并由噶伦负责将全藏各呼图克图所属寨落人户详细堪造名册，于驻藏大臣衙门和达赖喇嘛处各存一份，以便检查。以后各寺喇嘛如有不领护照而私行外出者，一经查出，即惩办该管堪布及拉萨等主脑人员。

（二十三）青海蒙古王公派人来藏，迎请有学问之活佛到家念经祈祷，有些固然是通过驻藏大臣，但有些是私自前往，因而不易查考。以后青海蒙古王公前来迎请西藏活佛，须由西宁大臣行文驻藏大臣，由驻藏大臣发给通行护照，并行文西宁大臣，以便查考。到外方朝佛之活佛，亦得领取护照，始得通行。如若私行前往，一经查出，即惩罚该管堪布及主脑人员。

（二十四）依照旧例，来往派遣人夫乌拉，皆由达赖喇嘛发给执票，流弊很大，噶伦、代本以及达赖喇嘛之亲属，都有私派乌拉用以运输粮食用物，今后各活佛头目等因私外出时，一律不得派用乌拉。因公外出时，由驻藏大臣和达赖喇嘛发给加盖印章之执票，沿途按照执票派用乌拉。

（二十五）对于打架、命案及偷盗等案件之处理，可以缘依旧规，但须分清罪行之大小轻重，秉公办理。近年来噶伦及郎仔辖米本（拉萨市长）等，对案件之处理不惟不公，并额外罚款，还将所罚金银牛羊等不交政府，而纳入私囊。噶伦中还有利用权势,对于地位低下的人,随便加以罪名,呈报达赖喇嘛,没收其财产者屡见不鲜。今后规定对犯人所罚款项,必须登记,呈缴驻藏大臣衙门。对犯罪者的处罚,都须经过驻藏大臣审批。没收财产者,亦应呈报驻藏大臣,经过批准始能处理。今后无论公私人员,如有诉讼事务,均须依法公平处理,噶伦中如有依仗权势,无端侵占人民财产者,一经查出,除将噶伦职务革除及没收其财产外,并将所侵占的财产,全部退还本人,以儆效尤。

(二十六)每年操演军队所需用之弹药,由噶厦派妥员携带驻藏大臣衙门之公文,前去工布地方制造,运至拉萨发给部队,以前后藏番兵没有火炮,现从新造14门火炮中调两门给后藏,以便在军队操演时试验射击,其余都交给达赖喇嘛。

(二十七)过去噶伦及代本上任时,达赖喇嘛照例拨给公馆及庄园,卸任时交回,近查有噶伦及代本已经卸任,而公馆及庄园仍有家属承受不交,政府又另外拨给。今后所有卸任之噶伦及代本,应将公馆及庄园移交给新任,不得据为私有。

(二十八)依照原例,应该发给活佛及喇嘛之俸银,均有定时,近来多有提前发放情事。今后应按照规定时间发放,绝对不得提前。希济咙呼图克图立即进行调查,如发现提前发放俸银,或未全部发放者,对负责人员予以处分。

(二十九)西藏各村落应交政府之赋税、地租以及物品,邻近各地多派僧官催缴,较远者多派俗官催缴,近查僧俗官员和宗本中有少数坏人,将所收赋税地租不交政府而入私囊,致逐年积久者甚多。甚有催收本年各项赋税时,预将明年各项赋税提前催收情事。还有逃亡户应该负担之赋税,强加给住地户负担者,以致苛捐繁重,民不聊生。以后强佐派人催缴赋税时,应按规定期限办理。僧俗官员及宗本等只准催清当年赋税,不得提前催收来年赋税。各村逃亡户之负担应予减免,俟该逃亡户还乡后照旧负担。

摘自《达赖喇嘛传》(此汉文二十九条系由藏文译出。原汉文二十九条至今未见。我们现见到有三种藏文抄本,大同小异。据现有档案可知,当时驻藏大臣均通过达赖、班禅两位宗教领袖,将二十九条藏文本分送前后藏地区公布施行。)

四、喇嘛转世办法

1936年2月10日会令公布

第一条 本办法依据管理喇嘛寺庙条例第二条及第七条规定之。①

第二条 达赖喇嘛、班禅额尔德尼、哲布尊丹巴呼图克图，暨各处向来转世之呼图克图、诺门汗、班第达、堪布、绰尔济、呼毕勒罕、喇嘛等圆寂后，均准寻认呼毕勒罕，其向不转世之寻常喇嘛圆寂后，均不准寻认呼毕勒罕。

第三条 达赖喇嘛、班禅额尔德尼、哲布尊丹巴呼图克图，暨各处向来转世之呼图克图、诺门汗、班第达、堪布、绰尔济、呼毕勒罕、喇嘛等圆寂后，应报由该管地方最高行政机关，转报蒙藏委员会备案，由其高级徒众寻找具有灵异之同年龄幼童二人以上，以为各该喇嘛之呼毕勒罕候补人，报由该管地方最高行政机关，转报蒙藏委员会查核，分别掣签。

第四条 前条寻认之呼毕勒罕候补人，其在蒙古、新疆、青海、西康境内者，由蒙藏委员会令行该会驻平办事处处长，与北平喇嘛寺庙整理委员会主任委员、会同北平雍和宫扎萨克喇嘛缮写名签，入于雍和宫供奉之金本巴瓶内，共同掣定；其在西藏境内者，由蒙藏委员会咨行驻藏办事长官，会同达赖喇嘛缮写名签，入于拉萨大昭寺供奉之金本巴瓶内，共同掣定。

呼毕勒罕候补人，如有在蒙古、新疆、青海、西康境内寻获者，同时又有在西藏境内寻获者或遇其他特殊情况时，其掣签地点，均由蒙藏委员会临时呈请核定。

前项掣签时，如达赖喇嘛未经转世，应由驻藏办事长官会同班禅额尔德尼或护理达赖喇嘛印务大员行之。关于掣签之仪式依照向来惯例办理之。

第五条 依照前条规定掣定之一人，即为某某喇嘛之呼毕勒罕，由掣签人员报请蒙藏委员会查核转呈备案，并咨行该管长官转饬知照。

---

① 1935年（民国二十四年）12月9日国民政府公布《管理喇嘛寺庙条例》：第二条，喇嘛之转世，以从前曾经转世者为限，其向不转世之喇嘛，非经中央政府核许，不认为转世；第七条，喇嘛之转世、任用、奖惩、登记办法由蒙藏委员会拟订呈请行政院核定之。

第六条 前条所称某某喇嘛之呼毕勒罕,应依照下列手续将呼毕勒罕字样裁撤,始为次辈某某喇嘛。

(一)达赖喇嘛、班禅额尔德尼、哲布尊丹巴呼图克图之呼毕勒罕掣定后,由该地方最高行政机关呈请中央特派大员前往照料坐床。即于坐床之日,将其呼毕勒罕字样裁撤。

(二)章嘉呼图克图、噶勒丹锡勒呼呼图克图、敏珠尔呼图克图、济咙呼图克图、那木喀呼图克图、阿嘉呼图克图、喇果呼图克图、察罕达尔汉呼图克图,及其他驻京各呼图克图之呼毕勒罕掣定后,均于各该喇嘛到京觐见国民政府主席,由蒙藏委员会呈奉核准之日,将其呼毕勒罕字样裁撤。

(三)驻扎蒙藏等处之呼图克图,诺门汗、班第达、堪布、绰尔济之呼毕勒罕掣定后,非俟各该喇嘛年至18岁,经该管地方最高行政机关或盟长查明属实,报请蒙藏委员会呈奉核准后,不得将其呼毕勒罕字样裁撤。

第七条 凡呼毕勒罕候补人,禁止在达赖喇嘛、班禅额尔德尼、哲布尊丹巴呼图克图之亲属中及蒙古各盟旗现任长官之家属内寻认。

第八条 指认青海察罕诺门汗之呼毕勒罕之候补人,应就其属下人等众情悦服者指认之,不受前条之限制。

第九条 达赖喇嘛、班禅额尔德尼、哲布尊丹巴呼图克图圆寂时,其印信由该管地方长官咨报蒙藏委员会呈请派员护理,俟由中央特派大员会同该管地方长官照料坐床之日,呈明移授。

第十条 各呼图克图喇嘛等得有封号者,圆寂时,其印信交由该呼图克图喇嘛等之商卓特巴,于本庙内敬谨尊藏,如未设商卓特巴者,交由将呼图克图喇嘛等徒众中之喇嘛,于本庙内敬谨尊藏,俟其转世裁撤呼毕勒罕之日,由该管地方最高行政机关咨报蒙藏委员会呈明移授。

第十一条 喇嘛转世后,应俟给印册者,由蒙藏委员会参照旧例,呈明办理。

第十二条 凡转世喇嘛,其前辈所得中央特给物品,除旧例可以使用者外,其余非经蒙藏委员会呈奉核准后,不准擅用。

第十三条 本办法自呈奉行政院核定后施行。

(《修订蒙藏委员会法规汇编》第139至141页)

五、国务院关于第十世班禅大师治丧和转世问题的决定
（摘要）

1989 年 1 月 30 日

根据札什伦布寺民主管理委员会和僧众的请求，并参照历史惯例，国务院就治丧和转世问题决定如下：

（一）在日喀则市札什伦布寺修建第十世班禅额尔德尼·却吉坚赞灵塔和祀殿，供后人瞻仰朝拜，缅怀他爱国爱教的成绩，修建灵塔和祀殿事宜，责成西藏自治区人民政府和札什伦布寺民主管理委员会共同办理。经费由国家拨专款。

（二）由札什伦布寺民主管理委员会按照藏传佛教的仪规，举行宗教悼念活动，办理遗体保存等事宜，经费由国家拨专款。

（三）由札什伦布寺民主管理委员会负责，并请中国佛教协会、佛协西藏分会协助，办理第十世班禅额尔德尼·却吉坚赞转世灵童的寻访认定等事宜，报国务院批准。

六、国务院关于特准经金瓶掣签认定的坚赞诺布继任为第十一世班禅额尔德尼的批复

中华人民共和国国务院国函〔1995〕113号

西藏自治区人民政府：

你区1995年11月29日关于《请国务院批准经金瓶掣签认定的坚赞诺布继任为第十一世班禅额尔德尼的请示》悉。国务院特准经金瓶掣签认定的1990年2月13日（藏历第十七饶迥土蛇年十二月十九日）出生的西藏自治区嘉黎县坚赞诺布第十世班禅额尔德尼转世灵童，继任为第十一世班禅额尔德尼。

1995年11月29日
（注：日期上盖有中华人民共和国国务院红色印鉴）

七、国务院颁授第十一世班禅金册册文：
授第十一世班禅额尔德尼金册

  国务院特准经金瓶掣签认定的第十世班禅额尔德尼·却吉坚赞转世灵童坚赞诺布继任为第十一世班禅额尔德尼。盖历史班禅额尔德尼，皆倾心内向，捍卫国家统一，维护民族团结，潜修内典，明心见性，为佛门众望之所归，为世人之所崇敬。今班禅转世业已法定，特依历史定制，为第十一世班禅额尔德尼举行坐床典礼，并授汉藏两体文金印金册，用示荣褒，以期继续发扬爱国爱教之历史传统，广结善缘，以利西藏发展进步，人民富裕幸福，国家繁荣昌盛。

1995 年 11 月 29 日

中华人民共和国国务院颁

八、主要活佛佛号表

佛名号	住地与寺名
章嘉呼图克图	北京嵩祝寺、青海佑宁寺
敏珠尔呼图克图	北京东黄寺、青海广惠寺
阿嘉呼图克图	北京雍和宫、青海塔尔寺
噶勒丹锡哷图呼图克图	北京福祥寺、多伦善因寺
达克察济咙呼图克图	北京雍和宫
那木喀呼图克图	北京雍和宫
喇果呼图克图	北京嵩祝寺
察罕达尔汗呼图克图	北京黑寺
达赖喇嘛	西藏拉萨
班禅额尔德尼	西藏札什伦布寺
第穆呼图克图	西藏拉萨丹吉林阐宗寺
吉仲呼图克图	西藏拉萨贡德林
哷征呼图克图	西藏拉萨凝禧寺（即热振寺）
德柱呼图克图	西藏拉萨夏洛德柱寺
楚普结造呼毕勒罕	登龙楚普结造寺（即堆隆粗朴寺）
贡噶尔呼毕勒罕	后藏贡噶尔寺
打旺呼毕勒罕	打旺寺
觉木呼毕勒罕	朗卡孜桑顶寺
洛扎呼毕勒罕	拉康洛扎
济咙呼图克图	巴克硕洛龙寺
哲沃呼毕勒罕	仓孜哲沃寺
降巴呼毕勒罕	前藏普尔觉
扎工呼毕勒罕	硕板多夏柱岭
阿齐图呼图克图	彭多哷征寺
济仲呼毕勒罕	类伍齐杨贡寺
帕曲呼毕勒罕	热沃仔贡寺
仔巴呼毕勒罕	达隆仔巴
吉仲呼毕勒罕	类伍齐孜巴寺

续表

佛名号	住地与寺名
乍丫呼图克图	察雅详堆启仓
贾隆阿里呼毕勒罕	萨客贾隆阿里寺
江卡沃色沙布隆	沃卡沃色寺
练噶呼毕勒罕	工布栋噶寺
布赍绷沙布隆	雅桑布赍绷寺
直工呼图克图	墨竹工寺
觉尔隆阿里呼图克图	阿里托灵寺
温结色呼图克图	西藏温恪定寺
碱喀济仲呼图克图	西藏哩隆寺
罗色木巴呼图克图	西藏色木巴寺
布噜克巴呼图克图	西藏桑阿克吹灵寺
江达隆寺呼图克图	彭多江达隆寺
嘉克萨木呼图克图	公噶尔嘉克桑寺
彭多达隆呼图克图	彭多达隆寺
多尔济扎邻泽呼图克图	多尔济扎寺
智功小呼图克图	墨竹工智功寺
达拉冈布呼图克图	达拉寺
觉尔孜呼图克图	觉尔孜寺
觉拉沙布咙	伦孜磋纳寺
帕克巴拉呼图克图	察木多格勒丹曲科林
察雅呼图克图	察木多折雅寺
锡瓦拉呼图克图	察木多格勒丹曲科林
甲拉克呼图克图	察木多格勒丹曲科林
诺那呼图克图	西康驻京净觉寺
贾拉呼毕勒罕	察木多贾拉寺
滚都呼毕勒罕	察木多滚都寺
朝藏呼图克图	青海湟中塔尔寺
赛尕呼图克图	青海湟中塔尔寺
察罕诺门汗	青海湟中塔尔寺
嘉雅	青海湟中塔尔寺
土观呼图克图	青海互助佑宁寺
松巴呼图克图	青海互助佑宁寺

续表

佛名号	住地与寺名
洞阔尔呼图克图	青海洞阔尔寺
曲卜庄呼图克图	青海却藏寺
沙里瓦呼图克图	青海广惠寺
拉科呼图克图	青海广惠寺
丹津呼图克图	青海都兰寺
甘珠瓦尔呼图克图	青海大通广惠寺
赛尕诺门汗	青海贵德德庆寺
车臣诺门汗	青海湟源札藏寺
夏日诺门汗	青海同仁隆务寺
嘉木样呼图克图	甘肃拉卜楞寺
贡唐仓呼图克图	甘肃拉卜楞寺
萨木察仓呼图克图	甘肃拉卜楞寺
火尔藏仓呼图克图	甘肃拉卜楞寺
德哇仓呼图克图	甘肃拉卜楞寺
喇嘛尕若仓呼图克图	甘肃拉卜楞寺
阿莽仓呼图克图	甘肃拉卜楞寺
哲布尊丹巴	喀尔喀蒙古库伦
那鲁班禅呼图克图	喀尔喀蒙古库伦
额尔德尼呼毕勒罕	喀尔喀库伦
额尔德尼莫尔根班第达	喀尔喀库伦
呼毕勒罕	
多布洞巴勒呼毕勒罕	喀尔喀库伦
莫尔根巴勒呼毕勒罕	喀尔喀库伦
额尔德尼莫尔根班第达诺门罕	喀尔喀库伦
堪布诺门汗	喀尔喀库伦
莫尔根堪布诺门汗沙布隆	喀尔喀库伦
阿齐尔图们汗呼图克图	喀尔喀库伦
扎勒堪扎呼图克图	喀尔喀
依拉固克散呼图克图	喀尔喀
咱雅尔班第达呼图克图	喀尔喀
诺彦呼图克图	喀尔喀葛岭庙
那兰呼图克图	喀尔喀

续表

佛名号	住地与寺名
沙布隆呼毕勒罕	喀尔喀
额尔德尼班第达呼毕勒罕	喀尔喀
达拉瓦班第达呼毕勒罕	喀尔喀
阿齐图业图则尔达尔汗	喀尔喀车臣汗部
呼图克图	
萨玛迪巴克希扎拉甘扎	喀尔喀扎萨克汗部
呼图克图	
西瓦锡哷呼图克图	喀尔喀赛音诺颜部
阿齐图诺们罕洞阔尔呼图克图	喀尔喀库伦
席力图呼图克图	归化城（今呼和浩特，下同）
	席力图召
希拉格图呼图克图	归化城
达尔罕绰尔济呼图克图	归化城延禧寺
吹尔嘎巴迪彦齐呼图克图	归化城
额木齐呼图克图	归化城
宁宁呼图克图	归化城
业固咱尔托音呼图克图	归化城崇福寺
沙克固尔诺颜呼图克图	多伦诺尔
晒志呼图克图	多伦诺尔汇宗寺
庄浪班珠尔呼图克图	多伦诺尔汇宗寺
甘珠尔瓦呼图克图	多伦诺尔汇宗寺
阿旺扎木样呼图克图	锡哷库伦旗
迈达里呼图克图	库伦旗善因寺
扎木样丹增呼毕勒罕	库伦旗
绰尔济喇嘛呼毕勒罕	库伦旗
察汗喇嘛达尔汗绰尔济呼毕勒罕	哲盟科尔沁旗
呼毕勒罕	
额尔德尼莫尔根呼图克图	西土默特旗普顺寺
察汗第彦齐呼图克图	土默特旗贝勒庙
莫尔根堪布呼毕勒罕	土默特旗
阿优什莫尔根绰尔济	土默特旗
达尔汗呼图克图	科尔沁左翼中期集宁寺

续表

佛名号	住地与寺名
诺彦呼图克图	科尔沁右翼前旗
达赖莫尔根绰尔济锡勒图	科尔沁旗普惠寺
呼图克图	
禧宁寺呼图克图	郭尔罗斯前旗禧宁寺
奈齐托音呼图克图	扎赉特旗
阿噶依喇嘛呼毕勒罕	杜尔伯特旗
那鲁格喇嘛呼毕勒罕	杜尔伯特旗
察汗达尔汗呼图克图	阿鲁科尔沁旗
巴格什堪布呼图克图	巴林旗东庙
哈木格根呼图克图	小巴林旗
大喇嘛罗布桑拉什呼毕勒罕	苏尼特旗
察汗敖宝呼毕勒罕	苏尼特旗
班第达呼图克图	阿巴嘎那尔旗
喇嘛罗布仓尼玛呼毕勒罕	阿巴嘎那尔旗
沙布隆呼毕勒罕	阿巴嘎旗
毕里克诺门汗呼毕勒罕	浩齐特旗
崇教毕里克图诺门汗	浩齐特旗
莫洛木兰占巴呼毕勒罕	乌珠穆沁旗
固什里绰尔济呼毕勒罕	乌珠穆沁旗
喇嘛罗布仓多布丹的呼毕勒罕	乌珠穆沁旗
玛擦呼毕勒罕	多伦诺尔
萨迈呼毕勒罕	多伦诺尔
扎拉第呼毕勒罕	多伦诺尔
色尔德恩呼毕勒罕	多伦诺尔
立加呼毕勒罕	多伦诺尔
乌什呼毕勒罕	多伦诺尔
尚果绰尔济呼毕勒罕	多伦诺尔
莫尔根诺门汗	多伦诺尔
额尔德尼莫尔根对音库尔班	乌兰察布盟
第达呼图克图	
喇嘛罗布桑丹巴喇木齐的呼毕勒罕	四子部落

续表

佛名号	住地与寺名
额尔德尼达尔汗堪布呼毕勒罕	四子部落
对音库尔呼图克图	包头郊区广觉寺
洞阔尔班第达呼毕勒罕	乌拉特旗
喇嘛巴木多尔济呼毕勒罕	乌拉特旗
兰占巴达尔汗绰尔济呼图克图	土默特延祷寺
延祺尔祺格隆呼毕勒罕	土默特延祷寺
那旺端多布呼图克图	鄂尔多斯旗
多布藏呼图克图	阿拉善旗福因寺
达克布呼图克图	阿拉善旗广法寺
诺门汗凌希里伐布楚	阿拉善旗延福寺
莫尔根堪布	
阿里克散额尔德尼班第达呼毕勒罕	阿拉善旗广宗寺
固什绰尔济呼毕勒罕	察哈尔部
塔布呼毕勒罕	察哈尔部
玛林巴绰尔济呼毕勒罕	察哈尔部
堪布额尔德尼诺门汗	察哈尔部
额木奇达尔汗绰尔济呼毕勒罕	察哈尔泰安寺
固什呼毕勒罕	察哈尔寿光寺
毕里克图呼毕勒罕	察哈尔归仁寺
玛尼奇呼毕勒罕	察哈尔大经花寿寺
棍毕里克图沙布隆	察哈尔镶黄旗慈庆寺
绰尔济沙布隆	察哈尔镶黄旗仁化寺
堪布呼毕勒罕	察哈尔正白旗柴尔图庙
普教寺沙布隆喇嘛	察哈尔正红旗
玛林巴绰尔济呼毕勒罕	察哈尔镶红旗禧佑寺
堪布喇嘛呼毕勒罕	察哈尔镶红旗
绰尔济喇嘛呼毕勒罕	察哈尔镶红旗
呢克达克昌呼图克图	唐努乌梁海
那兰呼图克图	阿尔泰乌梁海众安寺
棍噶扎拉参呼图克图	塔城承恩寺
森钦呼图克图	新疆

续表

佛名号	住地与寺名
夏律瓦呼图克图	新疆
莫尔根诺门汗班第达格根喇嘛	伊犁保善寺
莫尔根绰尔济格根喇嘛	伊犁保安寺
达克隆呼图克图	庄浪红山堡报恩寺
固什喇嘛的呼毕勒罕	庄浪红山堡
锡瓦锡呼格呼图克图	庄浪红山堡

注：此表据《蒙藏佛教史》及《番僧源流考》等资料列出。

九、主要参考著作

1 妙舟法师编. 蒙藏佛教史. 上海佛学书局, 1933 年

2 吴丰培校订. 番僧源流考、西藏宗教源流考(合订). 西藏人民出版社, 1982 年

3 西藏志、卫藏通志(合订). 西藏人民出版社, 1982 年

4 第五世达赖喇嘛著. 郭和卿译. 西藏王臣记. 民族出版社, 1983 年

5 魏源著. 圣武记. 中华书局. 1984 年

6 蒙文原著, 陈任先译. 蒙古逸史. 广文书局印行

7 天纯著. 内蒙古格鲁派调查记. 德昌印书馆, 1930 年

8 牙含章编著. 达赖喇嘛传. 人民出版社, 1984 年

9 牙含章编著. 班禅额尔德尼传. 西藏人民出版社, 1987 年

10 王辅仁. 西藏佛教史略. 青海人民出版社, 1982 年

11 王森著. 西藏佛教发展史略. 中国社会科学出版社, 1987 年

12 刘家驹著. 班禅大师全集

13 国立北平研究院史学研究会. 清季筹藏奏牍. 1938 年

14 班钦索南查巴著. 黄颢译. 新红史. 西藏人民出版社, 1984 年

15 明实录藏族史料. 西藏人民出版社

16 清实录藏族史料. 西藏人民出版社, 1982 年

17 清史稿. 中华书局标点本卷四八藩部八西藏

18 土观·洛桑却吉尼玛著. 陈庆英, 马连龙译. 章嘉国师若必多吉传. 民族出版社, 1988 年

19 楚杰旺曲吉著. 宗喀巴大师传. 西德影印北京版同书

20 刘立千汉译本. 土观宗派源流

21 蒲文成汉译本. 七世达赖传. 西藏人民出版社

22 九世班禅圆寂致祭和十世班禅转世坐床档案选编. 中国藏学出版社, 1991 年

23 十三世达赖圆寂致祭和十四世达赖转世坐床档案选编. 中国藏学出版社, 1991 年

24 吴忠信著. 西藏纪要. 台北"中央"文物供应社, 1953 年

25 黄慕松著. 奉使新疆、西藏自述

26	陈炳光编. 清代边政通考. 边疆政教制度研究会, 1934 年
27	波斯德涅耶夫著. 刘汉明, 张梦玲等译. 蒙古及蒙古人一二卷. 内蒙古人民出版社
28	成崇德, 申晓亭编. 清代蒙古高僧传译辑. 1990 年全国图书馆文献缩微复制中心出版
29	丁实存. 历代内蒙章嘉呼图克图传略. 边政公论 6-4, 1947
30	丁实存. 历代哲布尊丹巴呼图克图传略. 学原 1-2-4, 1947
31	刘熙. 呼图克图考. 新亚细亚 7-4, 1934 年 4 月
32	扎奇斯钦著. 蒙古与西藏历史关系之研究. 正中书局印行
33	朱风, 贾敬颜. 汉译蒙古黄金史纲. 内蒙古人民出版社, 1985 年
34	色多·罗桑崔臣嘉措著. 郭和卿译. 塔尔寺志. 青海人民出版社, 1986 年
35	布顿大师著. 佛教史大宝藏考. 民族出版社, 1986 年
36	苗滋庶等编. 拉卜楞寺概况. 甘肃人民出版社, 1987 年
37	陶长松等编. 藏事论文选. 西藏人民出版社, 1985 年
38	桑木吉珠门巴·洛粟坚巴措成著. 毛继祖译注. 佑宁寺志. 青海人民出版社, 1990 年
39	张羽新著. 清政府与喇嘛教. 西藏人民出版社, 1988 年
40	西藏地方是中国不可分割的一部分. 西藏人民出版社, 1986 年
41	赵云田著. 清代蒙古政教制度. 中华书局, 1989 年
42	巴卧祖拉陈哇著. 黄颢译. 贤者喜宴（噶玛噶举卷）
43	智贡巴·贡去乎丹巴绕布杰著. 吴均, 尼玛太, 毛继祖, 星全成译. 安多政教史. 甘肃民族出版社
44	松巴堪布益西班觉著. 黄颢译. 青海史
45	金启琮. 呼和浩特召庙、清真寺历史概述. 中国蒙古史学会论文选集. 内蒙古人民出版社, 1981 年
46	金峰. 呼和浩特十五大寺院考. 内蒙古社会科学, 1982（4）
47	韩官却加. 西藏佛教的活佛转世制述略. 西藏研究, 1984（4）
48	蔡志纯. 试论格鲁派在内蒙古的传播和影响. 内蒙古社会科学, 1985（5）
49	颜民政. 简析西藏佛教的活佛转世制度. 西藏研究, 1985（3）
50	丹曲. 试论嘉木样活佛系统的形成. 西藏研究, 1987（3）
51	蔡志纯. 真假六世达赖是蒙藏各政治势力斗争的产物. 西藏研究, 1987（3）
52	张尚赢. 活佛转世之谜. 西藏研究, 1987（1）
53	蔡志纯. 蒙古喇嘛贵族的形成初探. 民族研究, 1987（1）

54　策仁旺杰著．汤地安译．颇罗鼐传．西藏人民出版社，1990 年

55　蔡志纯．清廷对蒙古格鲁派政策初探，中国民族史学会第三次学术讨论会论文集

56　西藏历代法规汇编．（雪域丛书之七，藏文）西藏藏文古籍出版社

57　达赖喇嘛传(3～10、13 世　藏文)

58　班禅喇嘛传(4～6 世　藏文)

59　达扎诺门汗传(藏文)

60　中国西藏地方历史资料选辑(藏文)．西藏人民出版社

61　多仁班哲达传．四川民族出版社（藏文）

62　噶伦传(中国民族学院藏文打印本)

63　大清会典事例

64　理藩院则例

65　西藏重要历史资料选编(藏文本)．西藏藏文古籍出版社，1991 年 2 月版，雪域丛书 16

后 记

活佛转世是我国信仰藏传佛教的少数民族中所特有的一种制度。新中国成立前从事佛教职业的据说约40万人。占信教人口的10%，有的地区达30%。活佛人数近千。从信仰的民族来说，有藏族、蒙古族、土族、裕固族、珞巴族、普米族。部分信仰的有羌、纳西、怒族、达斡尔、鄂温克等族。从地区来说，有西藏、内蒙古、青海、甘肃、四川、云南等地区。活佛转世是佛教中神秘的问题。

由于十世班禅额尔德尼却吉坚赞于1989年1月28日圆寂，班禅大师转世问题引起社会上一些人的关注和议论。中国社会科学出版社的周用宜同志与我们共同商讨，为适应当前社会的需要，为对活佛转世感兴趣的读者提供一本深入浅出、通俗易懂的著作，我们大胆地承担了撰稿任务。在吸收前人研究成果的基础上，尽可能从理论上把握其实质，透视活佛转世的方方面面。力图能精确、系统地加以阐述。经过我们的努力，奉献给读者这本著作。

我国少数民族中实行活佛转世制已经有700年的历史了。在社会上影响很大，有些问题还有待于深化研究，我们在书中只是把我们的观点表达出来，没有去论述不同的看法。有些问题有不同的学术观点，例如有的学者提出，"在菩提树下冥想出了善人转生入神、恶人堕入地狱的生死轮回之说。这种转生成佛、寻访灵童的行径，便是这种'轮回'的扩大和发展"。[1]我们在书中所叙述的汉语俗称活佛、藏语称"朱古"、蒙古语称"呼毕勒罕"实是化身。佛有

---
[1] 《西藏研究》1987年第1期，第92页。

很多化身不入轮回。世俗普通人轮回转生是一个人死后,转变成另一身,而活佛是佛的化身,是脱离了生死轮回的一种转世。佛的化身在西藏社会上早就存在,但到转世是经过了很长的一个阶段。长期以来,修行成佛,要经过长期努力,把希望寄托在来世成佛。而化身转世是即身成佛,这在佛教史上是一种新思想,具有重要的宗教意义,使出家僧人和信徒从可望而不可即的来世成佛而提升到了即身成佛,特别是格鲁派采用转世制后发展极迅速,对我国佛教的发展有很大的影响,丰富了我国佛教中具有显著特点的转世理论,打破了过去根据佛教教义,认为只有进入涅槃才能成佛的理论,并被很多信徒接受。

关于活佛转世是真是假,我们在书中作了叙述。所谓真,是合法的,所谓假,是不合法的。也就是说按规定的手续和各种制度进行办理取得合法的地位,也就是公认的、没有异议的,这就是真。六世达赖喇嘛因各世俗统治者争权,出现真假达赖喇嘛的斗争。高僧活佛转世的确认必须经过中央政府的批准才能取得合法的地位,如九世班禅曲吉尼玛 1935 年于青海玉树圆寂,在九世班禅转世灵童问题上,西藏噶厦政府与班禅堪布会议厅发生分歧。班禅堪布会议厅寻找到了青海地方的官宝慈丹,认为是九世班禅转世灵童,遂于 1949 年初赴广州,向国民党政府请求批准。1949 年 6 月 13 日在广州颁布命令批准青海官宝慈丹为十世班禅。8 月 10 日派蒙藏委员长到西宁主持坐床大典,这是合法的。而西藏噶厦政府私指的转世灵童,未经中央政府批准,则是非法的,得不到社会的承认。至于活佛转世是不是真的,不同信仰的人回答是不相同的。本书是从佛教的活佛转世进行叙述和介绍的。从历史上来说,除释迦牟尼、迦叶和阿难等确有其人外,大批的佛如文殊、普贤、观音等,都是编造出来的,其目的是要把人控制在神权之下,要人能俯首帖耳接受统治。特别是实行政教合一制度,使神权统治世俗化,使活佛成为凌驾于人之上的统治者。当然,作为群众的一种信仰,则是另一回事,政府特别是新中国成立后的中国政府,则执行宗教信仰自由政策。

我国是一个多民族的国家,历代中央政府以所谓"修其教不易其俗,齐其政不移其宜"的政策,利用佛教来统治人民,统治各民族。封赠民族上层的宗教首领,把宗教首领作为中央政府统治下披着袈裟的僧官。而宗教首领只有依靠中央政府,才能获得特权,其教才能昌盛。这种关系体现在活佛的转世过程中。

后 记

我们在1992年首次编写和出版《藏传佛教中的活佛转世》过程中得到郑文林、高中毅、周用宜、高淑芬、李冀诚、杨耀琴等同志的帮助和支持，在此表示谢忱。书中的图片多数由陈宗烈提供，也在此表示谢意。

此次该书之重印再版，是因有幸得到统战部、华文出版社领导的重视和支持。统战部宣传办公室有关同志对本书进行了审阅并提出了非常宝贵的修改意见。对此特致衷心感谢。特别是副总编高建中同志的运筹和鼓励是此书重印之关键，民委赵学毅同志的推动，使此书最终得以玉成重印。对此等盛情厚意，我们无法言谢，唯铭记于心。再版之责任编辑赵朝等人，以辛勤的劳动专注于此书的修改重印等诸多事宜，其精诚的事业心，令人感动，在此特深致谢忱。